Marcus Tullius Cicero

Select orations of M. T. Cicero

Accompanied with a Latin ordo and illustrated with English notes

Marcus Tullius Cicero

Select orations of M. T. Cicero
Accompanied with a Latin ordo and illustrated with English notes

ISBN/EAN: 9783337278731

Printed in Europe, USA, Canada, Australia, Japan

Cover: Foto ©Andreas Hilbeck / pixelio.de

More available books at **www.hansebooks.com**

THE ORDO SERIES. II.

SELECT ORATIONS

OF

M. T. CICERO,

ACCOMPANIED WITH A LATIN ORDO, AND ILLUSTRATED
WITH ENGLISH NOTES, EXPLANATORY
AND CRITICAL.

By CHARLES WILEY, D. D.
Rector of Montrose Classical and Military School.

ORDINIS *hæc virtus erit et venus, aut ego fallor,
Ut jam nunc dicat, jam nunc debentia dici.*
—HOR.

NEW YORK
HENRY HOLT AND COMPANY
1874

INDEX.

                                                                                PAGE.

I. The Original Text of Cicero 1

  1. The First Oration against Catiline................1–12
  2. The Second Oration against Catiline.............13–24
  3. The Third Oration against Catiline 25–36
  4. The Fourth Oration against Catiline.............37–47
  5. The Oration in behalf of T. Annius Milo...........48–83
  6. The Oration in behalf of A. Licinius Archias.......84–95

II. The Transformed Text of Cicero in Accordance with the English Order...,................ 97

  1. Introduction to the Four Orations against Catiline. 99–101
  2. Ordo and Notes to the First Oration against Catiline......................................103–123
  3. Ordo and Notes to the Second Oration against Catiline......................................124–142
  4. Ordo and Notes to the Third Oration against Catiline......................................143–162
  5. Ordo and Notes to the Fourth Oration against Catiline......................................163–181
  6. Introduction to the Oration in behalf of T. Annius Milo..182–184
  7. Ordo and Notes to the Oration in behalf of T. Annius Milo..................................185–249
  8. Introduction to the Oration in behalf of A. Licinius Archias.....................................250–251
  9. Notes to the Oration in behalf of A. Licinius Archias..252–260

PREFACE.

The present edition of Cicero is on the same plan with the volume of Caesar already published—the ordinary text in the front part of the volume, the transformed text or Ordo at the end, and English notes connected with the latter. The notes of the Cicero are somewhat more extended than those of Caesar, on account of the ideas of the orations being of a more abstract character, and not so level to the ordinary comprehension of boys. In selecting the orations to be illustrated, the editor chose the four orations against Catiline, as being in a manner indispensable, both on account of their own merit, and as the counterpart and complement of Sallust's history of Catiline's Conspiracy; to these he has added the defence of Milo, as being by far the most elaborate of Cicero's orations, and embodying, in a careful and thorough preparation, the best and most consummate expression of the great abilities of the orator; and lastly, the oration in behalf of Archias, as containing a delightful exhibition of Cicero's enthusiastic devotion to literature and fervent interest in the cause of liberal learning.

In this, as in the former volume, the editor has kept in view not any accumulation of learned matter, nor the introduction of incidental and only remotely related topics, such as might be of interest to the teacher, though they seldom engage the attention of unthoughtful boys; but only what directly aids the pupil in getting his allotted task of translation and analysis from day to day.

For the reasons which have prompted him to furnish an Ordo as a specific feature of the series, the editor refers to the preface to his Caesar, and here reproduces a part of the same.

1. Through the *Latin Ordo* as well as the original text the pupil is kept in constant communication with the very words of the original classic. He is conversant all the time with a pure Latin phraseology. In this respect the use of an *Ordo* is to be preferred to the device of a *Latin paraphrase*, adopted in the *Delphini* Editions of the Classics, which to the early student is sometimes as obscure as the original text, and offers to him a double task of translation—one of the classical Latin, and another of the paraphrase itself, of modern and sometimes of doubtful Latinity.

2. With the assistance of the Ordo and the diligent use of Lexicon and Grammar, the student can approach his lessons with some assurance of success. He will have a more confident feeling that he can get his own lesson; and no longer be discouraged by having to encounter, besides other difficulties, the intricacies of an involved and inverted phraseology. He will be under less temptation to resort to English translations or to look to others for assistance in his work.

3. With the use of the *Ordo* the student will be able to traverse more *preparatory ground* of a Latin course in the same space of time. In the view of the editor a foreign tongue, ancient or modern, is not to be learned so well in its *usus loquendi* and its idioms, by confining the attention with critical examination to a small portion of the language, as by much and continual reading

of the language in its various authorship. This, of course, is much facilitated by the use of an Ordo in the earlier stages of a Latin course.

4. More time can be given to the enlargement of the vocabulary, to the familiarizing of forms, to syntax and analysis, where less is taken up in extricating the puzzle and complication of the Latin order as it presents itself to the beginner. Relief at that point, such as is afforded by a carefully prepared *Ordo*, leaves opportunity for a more rapid advancement at every other, whilst the difficulties that remain to be surmounted are sufficient to give ample scope to discipline and mental invigoration.

C. A.

IN
L. CATILINAM
ORATIO PRIMA

HABITA IN SENATU.

I. 1. Quousque tandem abutere, Catilina, patientia nostra? Quamdiu etiam furor iste tuus nos eludet? Quem ad finem sese effrenata jactabit audacia? Nihilne, te nocturnum praesidium Palatii, nihil urbis vigiliae, nihil timor populi, nihil concursus bonorum omnium, nihil hic munitissimus habendi senatus locus, nihil horum ora vultusque moverunt? Patere tua consilia non sentis? Constrictam jam horum omnium conscientia teneri conjurationem tuam non vides? Quid proxima, quid superiore nocte egeris, ubi fueris, quos convocaveris, quid consilii ceperis, quem nostrum ignorare arbitraris? 2. O tempora! O mores! Senatus haec intelligit, consul videt: hic tamen vivit. Vivit? Immo vero etiam in senatum venit: fit publici consilii particeps: notat et designat oculis ad caedem unum quemque nostrum. Nos autem, viri fortes, satisfacere rei publicae videmur, si istius furorem ac tela vitemus. Ad mortem te, Catilina, duci jussu consulis jampridem oportebat; in te conferri pestem istam, quam tu in nos omnes jamdiu machinaris. 3. An vero vir amplissimus, P. Scipio, pontifex maximus, Ti. Gracchum mediocriter labefactantem statum rei publicae privatus interfecit: Catilinam orbem terrae caede atque incendiis vastare cupientem, nos consules perferemus? Nam illa nimis antiqua praetereo, quod C. Servilius Ahala, Sp. Maelium novis rebus studentem, manu sua occidit. Fuit, fuit ista quondam in hac re publica virtus, ut viri fortes acrioribus suppliciis civem perniciosum, quam acerbissimum hostem coercerent. Habemus senatus consultum in te, Catilina, vehemens et grave : non deest, rei publicae consilium, neque auctoritas hujus ordinis: nos, nos, dico aperte, consules desumus.

II. 4. Decrevit quondam senatus, ut L. Opimius consul videret, ne quid res publica detrimenti caperet. Nox nulla intercessit : interfectus est propter quasdam seditionum suspiciones C. Gracchus clarissimo patre, avo, majoribus; occisus est cum liberis M. Fulvius consularis. Simili senatus consulto C. Mario et L. Valerio consulibus est permissa res publica. Num unum diem postea L. Saturninum tribunum plebis, et C. Servilium praetorem mors ac rei publicae poena remorata est ? At vero nos vicesimum jam diem patimur hebescere aciem horum auctoritatis. Habemus enim hujusmodi senatus consultum, verumtamen inclusum in tabulis, tamquam in vagina reconditum: quo ex senatus consulto confestim interfectum te esse, Catilina, convenit. Vivis : et vivis non ad deponendam, sed ad confirmandam audaciam. Cupio, Patres conscripti, me esse clementem ; cupio in tantis rei publicae periculis me non dissolutum videri ; sed jam me ipsum inertiae nequitiaeque condemno. 5. Castra sunt in Italia contra rem publicam in Etruriae faucibus collocata: crescit in dies singulos hostium numerus: eorum autem castrorum imperatorem, ducemque hostium intra moenia atque adeo in senatu videmus, intestinam aliquam quotidie perniciem rei publicae molientem. Si te jam, Catilina, comprehendi, si interfici jussero, credo, erit verendum mihi, ne non hoc potius omnes boni serius a me, quam quisquam crudelius factum esse dicat. Verum ego hoc, quod jampridem factum esse oportuit, certa de causa nondum adducor, ut faciam. Tum denique interficiam te, quum jam nemo tam improbus, tam perditus, tam tui similis inveniri poterit, qui id non jure factum esse fateatur. 6. Quamdiu quisquam erit, qui te defendere audeat, vives: sed vives ita, ut vivis, multis meis et firmis praesidiis obsessus, ne commovere te contra rem publicam possis. Multorum te etiam oculi et aures non sentientem, sicut adhuc fecerunt, speculabuntur atque custodient.

III. Etenim quid est, Catilina, quod jam amplius exspectes, si neque nox tenebris obscurare coetus nefarios, nec privata domus parietibus continere voces conjurationis tuae potest? Si illustrantur, si erumpunt omnia? Muta jam istam mentem, mihi crede: obliviscere caedis atque incendiorum. Teneris undique: luce sunt clariora nobis tua consilia omnia: quae jam mecum licet recognoscas. 7. Meministine me ante diem XII. Kalendas Novembres dicere in senatu, fore in armis certo die, qui dies futurus esset ante diem VI. Kal. Novembres, C. Manlium, audaciae satellitem atque administrum tuae? Num me fefellit, Catilina, non modo res tanta, tam atrox, tam incredibilis, verum, id quod multo magis est admirandum, dies? Dixi ego idem in senatu, caedem te optimatium contulisse in ante diem V. Kalendas Novembres, tum, quum multi principes civitatis Roma, non tam sui conservandi, quam tuorum consiliorum reprimendorum causa profugerunt. Num infitiari potes te illo ipso die meis praesidiis, mea diligentia circumclusum, commovere te contra rem publicam non potuisse, quum tu, discessu ceterorum, nostra tamen, qui remansissemus, caede contentum te esse dicebas? 8. Quid? quum tu te Praeneste Kalendis ipsis Novembribus occupaturum nocturno impetu esse confideres: sensistine illam coloniam meo jussu, meis praesidiis, custodiis, vigiliisque esse munitam? Nihil agis, nihil moliris, nihil cogitas, quod ego non modo audiam, sed etiam videam planeque sentiam.

IV. Recognosce tandem mecum noctem illam superiorem: jam intelliges multo me vigilare acrius ad salutem quam te ad perniciem rei publicae. Dico te priore nocte venisse inter falcarios (non agam obscure), in M. Laecae domum : convenisse eodem complures ejusdem amentiae scelerisque socios. Num negare audes? Quid taces? Convincam, si negas. Video enim esse hic in senatu quosdam, qui tecum una fuerunt. 9. O dii immortales! ubinam gentium sumus? Quam rem publicam habemus? In qua urbe vivimus? Hic, hic sunt, nostro in numero Patres conscripti, in hoc orbis terrae sanctissimo gravissimoque consilio, qui de nostro omnium interitu, qui de hujus urbis atque adeo orbis terrarum exitio cogitent. Hosce ego video consul, et de re publica sententiam rogo! Et, quos ferro trucidari oportebat, eos nondum voce vulnero! Fuisti igitur apud Laecam illa nocte, Catilina; distribuisti partes Italiae : statuisti, quo quemque proficisci placeret : delegisti, quos Romae relinqueres, quos tecum educeres; descripsisti urbis partes ad incendia; confirmasti te ipsum jam esse exiturum; dixisti paullulum tibi esse etiam nunc morae, quod ego viverem. Reperti sunt duo equites Romani, qui te ista cura liberarent, et sese illa ipsa nocte paullo ante lucem me in meo lectulo interfecturos esse pollicerentur. 10. Haec ego omnia, vixdum etiam coetu vestro dimisso, comperi : domum meam majoribus praesidiis munivi atque firmavi : exclusi eos, quos tu mane ad me salutatum miseras, quum illi ipsi venissent, quos ego jam multis ac summis viris ad me id temporis venturos esse praedixeram.

V. Quae quum ita sint, Catilina, perge, quo coepisti : egredere aliquando ex urbe : patent portae : proficiscere. Nimium diu te imperatorem tua illa Manliana castra desiderant. Educ tecum etiam omnes tuos : si minus, quam plurimos. Purga urbem. Magno me metu liberabis, dummodo inter me atque te murus intersit. Nobiscum versari jam diutius non potes : non feram, non patiar, non sinam. 11. Magna diis immortalibus habenda est, atque huic ipsi Jovi Statori, antiquissimo custodi hujus urbis, gratia, quod hanc tam tetram, tam horribilem tamque infestam rei publicae pestem toties jam effugimus. Non est saepius in uno homine summa salus periclitanda rei publicae. Quamdiu mihi consuli designato, Catilina, insidiatus es, non publico me praesidio, sed privata diligentia defendi. Quum proximis comitiis consularibus me consulem in campo, et competitores tuos interficere voluisti, compressi conatus tuos nefarios amicorum praesidio et copiis, nullo tumultu publice concitato: denique, quotiescumque me petisti, per me tibi obstiti: quamquam videbam perniciem meam cum magna calamitate rei publicae esse conjunctam. Nunc jam aperte rem publicam universam petis: templa deorum immortalium, tecta urbis, vitam omnium civium, Italiam denique totam, ad exitium ac vastitatem vocas.

12. Quare, quoniam id, quod est primum, et quod hujus imperii disciplinaeque majorum proprium est, facere nondum audeo, faciam id, quod est ad severitatem lenius, et ad communem salutem utilius. Nam, si te interfici jussero, residebit in re publica reliqua conjuratorum manus; sin tu (quod te jamdudum hortor) exieris, exhaurietur ex urbe tuorum comitum magna et perniciosa sentina rei publicae. 13. Quid est, Catilina? Num dubitas id, me imperante, facere, quod jam tua sponte faciebas? Exire ex urbe jubet consul hostem. Interrogas me, num in exsilium? Non jubeo: sed si me consulis, suadeo.

· VI. Quid est enim, Catilina, quod te jam in hac urbe delectare possit? In qua nemo est extra istam conjurationem perditorum hominum, qui te non metuat; nemo, qui non oderit. Quae nota domesticae turpitudinis non inusta vitae tuae est? Quod privatarum rerum dedecus non haeret infamiae? Quae libido ab oculis, quod facinus a manibus unquam tuis, quod flagitium a toto corpore abfuit? - Cui tu adolescentulo, quem corruptelarum illecebris irretisses, non aut ad audaciam ferrum, aut ad libidinem facem praetulisti? 14. Quid vero? Nuper, quum morte superioris uxoris novis nuptiis domum vacuefecisses, nonne etiam alio incredibili scelere hoc scelus cumulasti? Quod ego praetermitto, et facile patior sileri; ne in hac civitate tanti facinoris immanitas aut exstitisse, aut non vindicata esse videatur. Praetermitto ruinas fortunarum tuarum, quas omnes impendere tibi proximis Idibus senties : ad illa venio, quae non ad privatam ignominiam vitiorum tuorum, non ad domesticam tuam difficultatem ac turpitudinem, sed ad summam rem publicam atque ad omnium nostrum vitam salutemque pertinent. 15. Potestne tibi haec lux, Catilina, aut hujus coeli spiritus esse jucundus, quum scias horum esse neminem, qui nesciat te pridie Kalendas Januarias, Lepido et Tullo consulibus, stetisse in comitio cum telo ? Manum, consulum et principum civitatis interficiendorum causa, paravisse ? Sceleri ac furori tuo non mentem aliquam aut timorem tuum, sed fortunam populi Romani obstitisse ? Ac jam illa omitto (neque enim sunt aut obscura aut non multa post commissa): quotiens tu me designatum, quotiens consulem interficere conatus es ! Quod ego tuas petitiones ita conjectas, ut vitari posse non viderentur, parva quadam declinatione, et, ut aiunt, corpore effugi ! Nihil agis, nihil assequeris, nihil moliris, neque tamen conari ac velle desistis. 16. Quotiens tibi jam extorta est sica ista de manibus ! Quotiens vero excidit casu aliquo et elapsa est ! Tamen ea carere diutius non potes : quae quidem quibus abs te initiata sacris ac devota sit, nescio, quod eam necesse putas esse in consulis corpore defigere.

VII. Nunc vero, quae tua est ista vita? Sic enim jam tecum loquar, non ut odio permotus esse videar, quo debeo, sed ut misericordia, quae tibi nulla debetur. Venisti paullo ante in senatum. Quis te ex hac tanta frequentia, tot ex tuis amicis ac necessariis salutavit ? Si hoc post hominum memoriam contigit nemini, vocis exspectas contumeliam, quum sis gravissimo judicio taciturnitatis oppressus ? Quid, quod adventu tuo ista subsellia vacuefacta sunt ? quod omnes consulares, qui tibi persaepe ad caedem constituti fuerunt, simul atque assedisti, partem istam subselliorum nudam atque inanem reliquerunt, quo tandem animo hoc tibi ferendum putas? 17. Servi mehercule mei si me isto pacto metuerent, ut te metuunt omnes cives tui, domum meam relinquendam putarem : tu tibi urbem non arbitraris ? Et, si me meis civibus injuria suspectum tam graviter atque offensum viderem, carere me adspectu civium, quam infestis oculis omnium conspici mallem : tu, quum conscientia scelerum tuorum agnoscas odium omnium justum et jam diu tibi debitum, dubitas, quorum mentes sensusque vulneras, eorum adspectum praesentiamque vitare ? Si te parentes timerent atque odissent tui, neque eos ulla ratione placare posses, ut opinor, ab eorum oculis aliquo concederes : nunc te patria, quae communis est omnium nostrum parens, odit ac metuit, et jamdiu te nihil judicat nisi de parricidio suo cogitare. Hujus tu neque auctoritatem verebere, nec judicium sequere, nec vim pertimesces ? 18. Quae tecum, Catilina, sic agit et quodam modo tacita loquitur : "Nullum jam aliquot annis facinus exstitit nisi per te ; nullum flagitium sine te ; tibi uni multorum civium neces, tibi vexatio direptioque sociorum impunita fuit ac libera ; tu non solum ad negligendas leges et quaestiones, verum etiam ad overtendas perfringendasque valuisti. Superiora illa, quamquam ferenda non fuerunt, tamen, ut potui, tuli : nunc vero me totam esse in metu propter unum te, quidquid increpuerit, Catilinam timeri, nullum videri contra me consilium iniri posse, quod a tuo scelere abhorreat, non est ferendum. Quamobrem discede, atque hunc mihi timorem eripe : si est verus, ne opprimar ; sin falsus, ut tandem aliquando timere desinam."

VIII. 19. Haec si tecum, ut dixi, patria loquatur, nonne impetrare debeat, etiam si vim adhibere non possit ? Quid, quod tu te ipse in custodiam dedisti ? quod vitandae suspicionis causa apud M'. Lepidum te habitare velle dixisti ? A quo non receptus, etiam ad me venire ausus es, atque, ut domi meae te asservarem, rogasti. Quum a me quoque id responsi tulisses, me nullo modo posse iisdem parietibus tuto esse tecum, qui magno in periculo essem, quod iisdem moenibus contineremur, ad Q. Metellum praetorem venisti. A quo repudiatus, ad sodalem tuum, virum optimum, M.

Marcellum demigrasti; quem tu videlicet et ad custodiendum te diligentissimum, et ad suspicandum sagacissimum, et ad vindicandum fortissimum fore putasti. Sed quam longe videtur a carcere atque a vinculis abesse debere, qui se ipse jam dignum custodia judicarit? 20. Quae quum ita sint, Catilina, dubitas, si emori aequo animo non potes, abire in aliquas terras, et vitam istam, multis suppliciis justis debitisque ereptam, fugae solitudinique mandare?

"Refer, inquis, ad senatum:" id enim postulas, et, si hic ordo sibi placere decreverit te ire in exsilium, obtemperaturum te esse dicis. Non referam, id quod abhorret a meis moribus: sed tamen faciam, ut intelligas, quid hi de te sentiant. Egredere ex urbe, Catilina: libera rem publicam metu: in exsilium, si hanc vocem exspectas, proficiscere. Quid est, Catilina? Ecquid attendis, ecquid animadvertis horum silentium? Patiuntur, tacent. Quid exspectas auctoritatem loquentium, quorum voluntatem tacitorum perspicis? 21. At si hoc idem huic adolescenti optimo, P. Sestio, si fortissimo viro, M. Marcello dixissem, jam mihi consuli hoc ipso in templo, jure optimo, senatus vim et manus intulisset. De te autem, Catilina, quum quiescunt, probant; quum patiuntur, decernunt; quum tacent, clamant. Neque hi solum, quorum tibi auctoritas est videlicet cara, vita vilissima: sed etiam illi equites Romani, honestissimi atque optimi viri, ceterique fortissimi cives, qui circumstant senatum, quorum tu et frequentiam videre, et studia perspicere, et voces paullo ante exaudire potuisti. Quorum ego vix abs te jamdiu manus ac tela contineo, eosdem facile adducam, ut te haec, quae jampridem vastare studes, relinquentem usque ad portas prosequantur.

IX. 22. Quanquam quid loquor? Te—ut ulla res frangat? Tu ut unquam te corrigas? Tu ut ullam fugam meditere? Tu ut ullum exsilium cogites? Utinam tibi istam mentem dii immortales duint! Tametsi video, si mea voce perterritus ire in exsilium animum induxeris, quanta tempestas invidiae nobis, si minus in praesens tempus,

ORATIO I. IN CATILINAM. 9

recenti memoria scelerum tuorum, at in posteritatem impendeat. Sed est tanti; dummodo ista privata sit calamitas, et a rei publicae periculis sejungatur. Sed tu ut vitiis
tuis commoveare, ut legum poenas pertimescas, ut temporibus rei publicae cedas, non est postulandum. Neque enim
is es, Catilina, ut te aut pudor a turpitudine, aut metus a
periculo, aut ratio a furore revocarit. 23. Quamobrem, ut
saepe jam dixi, proficiscere: ac, si mihi inimico, ut praedicas, tuo conflare vis invidiam, recta perge in exsilium:
vix feram sermones hominum, si id feceris: vix molem
istius invidiae, si in exsilium jussu consulis ieris, sustinebo.
Sin autem servire meae laudi et gloriae mavis, egredere cum
importuna sceleratorum manu; confer te ad Manlium;
concita perditos cives; secerne te a bonis, infer patriae
bellum; exsulta impio latrocinio, ut a me non ejectus ad
alienos, sed invitatus ad tuos isse videaris. 24. Quamquam quid ego te invitem, a quo jam sciam esse praemissos,
qui tibi ad Forum Aurelium praestolarentur armati? Cui
sciam pactam et constitutam cum Manlio diem? A quo
etiam aquilam illam argenteam, quam tibi ac tuis omnibus
perniciosam esse confido ac funestam futuram, cui domi tuae
sacrarium scelerum tuorum constitutum fuit, sciam esse
praemissam? Tu ut illa carere diutius possis, quam venerari
ad caedem proficiscens solebas? a cujus altaribus saepe
istam impiam dexteram ad necem civium transtulisti?

X. 25. Ibis tandem aliquando, quo te jampridem tua
ista cupiditas effrenata ac furiosa rapiebat. Neque enim tibi
haec res affert dolorem, sed quandam incredibilem voluptatem. Ad hanc te amentiam natura peperit, voluntas
exercuit, fortuna servavit. Nunquam tu non modo otium,
sed ne bellum quidem nisi nefarium concupisti. Nactus es
ex perditis, atque ab omni non modo fortuna, verum etiam
spe derelictis, conflatam improborum manum. 26. Hic tu
qua laetitia perfruere? Quibus gaudiis exsultabis? Quanta
in voluptate bacchabere, quum in tanto numero tuorum
neque audies virum bonum quemquam neque videbis? Ad

hujus vitae studium meditati sunt illi, qui feruntur, labores tui: jacere humi, non modo ad obsidendum stuprum, verum etiam ad facinus obeundum; vigilare non solum insidiantem somno maritorum, verum etiam bonis otiosorum. Habes, ubi ostentes illam tuam praeclaram patientiam famis, frigoris, inopiae rerum omnium, quibus te brevi tempore confectum esse senties. 27. Tantum profeci tum, quum te a consulatu repuli, ut exsul potius tentare, quam consul vexare rem publicam posses, atque ut id, quod esset abs te scelerate susceptum, latrocinium potius quam bellum nominaretur. XI. Nunc, ut a me, Patres conscripti, quandam prope justam patriae querimoniam detester ac deprecer, percipite, quaeso, diligenter; quae dicam, et ea penitus animis vestris mentibusque mandate. Etenim, si mecum patria, quae mihi vita mea multo est carior, si cuncta Italia, si omnis res publica loquatur: "M. Tulli, quid agis? Tune eum, quem esse hostem comperisti, quem ducem belli futurum vides, quem exspectari imperatorem in castris hostium sentis, auctorem sceleris, principem conjurationis, evocatorem servorum et civium perditorum, exire patiere, ut abs te non emissus ex urbe, sed immissus in urbem esse videatur? Nonne hunc in vincula duci, non ad mortem rapi, non summo supplicio mactari imperabis? 28. Quid tandem te impedit? Mosne majorum? At persaepe etiam privati in hac re publica perniciosos cives morte multarunt. An leges, quae de civium Romanorum supplicio rogatae sunt? At nunquam in hac urbe ii, qui a re publica defecerunt, civium jura tenuerunt. An invidiam posteritatis times? Praeclaram vero populo Romano refers gratiam, qui te hominem per te cognitum, nulla commendatione majorum tam mature ad summum imperium per omnes honorum gradus extulit, si propter invidiam, aut alicujus periculi metum, salutem civium tuorum negligis." 29. Sed, si quis est invidiae metus, num est vehementius severitatis ac fortitudinis invidia, quam inertiae ac nequitiae pertimescenda? An quum bello vastabitur Italia, vexabuntur urbes, tecta ardebunt, tum te non existimas invidiae incendio conflagraturum?"

XII. His ego sanctissimis rei publicae vocibus, et eorum hominum, qui hoc idem sentiunt, mentibus pauca respondebo. Ego, si hoc optimum factu judicarem, Patres conscripti, Catilinam morte multari, unius usuram horae gladiatori isti ad vivendum non dedissem. Etenim, si summi viri et clarissimi cives, Saturnini et Gracchorum et Flacci et superiorum complurium sanguine non modo se non contaminarunt, sed etiam honestarunt, certe verendum mihi non erat, ne quid, hoc parricida civium interfecto, invidiae mihi in posteritatem redundaret. Quod si ea mihi maxime impenderet, tamen hoc animo semper fui, ut invidiam virtute partam gloriam, non invidiam putarem. 30. Quamquam nonnulli sunt in hoc ordine, qui aut ea, quae imminent, non videant, aut ea, quae vident, dissimulent: qui spem Catilinae mollibus sententiis aluerunt, conjurationemque nascentem non credendo corroboraverunt: quorum auctoritatem secuti multi, non solum improbi, verum etiam imperiti, si in hunc animadvertissem, crudeliter et regie factum esse dicerent. Nunc intelligo, si iste, quo intendit, in Manliana castra pervenerit, neminem tam stultum fore, qui non videat conjurationem esse factam, neminem tam improbum, qui non fateatur. Hoc autem uno interfecto, intelligo hanc rei publicae pestem paullisper reprimi, non in perpetuum, comprimi posse. Quod si se ejecerit, secumque suos eduxerit, et eodem ceteros undique collectos naufragos aggregaverit, exstinguetur atque delebitur non modo haec tam adulta rei publicae pestis, verum etiam stirps ac semen malorum omnium.

XIII. 31. Etenim jamdiu, Patres conscripti, in his periculis conjurationis insidiisque, versamur; sed nescio quo pacto omnium scelerum ac veteris furoris et audaciae maturitas in nostri consulatus tempus erupit. Quod si ex tanto latrocinio iste unus tolletur, videbimur fortasse ad breve quoddam tempus cura et metu esse relevati: periculum autem residebit, et erit inclusum penitus in venis atque in visceribus rei publicae. Ut saepe homines aegri morbo gravi, quum aestu febrique jactantur, si aquam gelidam biberint, primo relevari videntur, deinde multo gravius vehementiusque afflictantur; sic hic morbus, qui est in re publica, relevatus istius poena, vehementius vivis reliquis ingravescet. 32. Quare secedant improbi, secernant se a bonis, unum in locum congregentur, muro denique id quod saepe jam dixi, secernantur a nobis, desinant insidiari domi suae consuli, circumstare tribunal praetoris urbani, obsidere cum gladiis curiam, malleolos et faces ad inflammandam urbem comparare; sit denique inscriptum in fronte unius cujusque, quid de re publica sentiat. Polliceor vobis hoc, Patres conscripti, tantam in nobis consulibus fore diligentiam, tantam in vobis auctoritatem, tantam in equitibus Romanis virtutem, tantam in omnibus bonis consensionem, ut Catilinae profectione omnia patefacta, illustrata, oppressa, vindicata esse videatis.

33. Hisce omnibus, Catilina, cum summa rei publicae salute, et cum tua peste ac pernicie, cumque eorum exitio, qui se tecum omni scelere parricidioque junxerunt, proficiscere ad impium bellum ac nefarium. Tum tu, Jupiter, qui iisdem, quibus haec urbs, auspiciis a Romulo es constitutus, quem Statorem hujus urbis atque imperii vere nominamus, hunc et hujus socios a tuis aris ceterisque templis, a tectis urbis ac moenibus, a vita fortunisque civium omnium arcebis: et homines bonorum inimicos, hostes patriae, latrones Italiae, scelerum foedere inter se ac nefaria societate conjunctos, aeternis suppliciis vivos mortuosque mactabis.

IN L. CATILINAM

ORATIO SECUNDA,

AD QUIRITES.

I. 1. Tandem aliquando, Quirites, L. Catilinam, furentem audacia, scelus anhelantem, pestem patriae nefarie molientem, vobis atque huic urbi ferro flammaque minitantem, ex urbe vel ejecimus vel emisimus, vel ipsum egredientem verbis prosecuti sumus. Abiit, excessit, evasit, erupit. Nulla jam pernicies a monstro illo atque prodigio moenibus ipsis intra moenia comparabitur. Atque hunc quidem unum hujus belli domestici ducem sine controversia vicimus. Non enim jam inter latera nostra sica illa versabitur: non in campo, non in foro, non in curia, non denique intra domesticos parietes pertimescemus. Loco ille motus est, quum est ex urbe depulsus. Palam jam cum hoste, nullo impediente, bellum justum geremus. Sine dubio perdidimus hominem magnificeque vicimus, quum illum ex occultis insidiis in apertum latrocinium conjecimus. 2. Quod vero non cruentum mucronem, ut voluit, extulit, quod vivis nobis egressus est, quod ei ferrum e manibus extorsimus, quod incolumes cives, quod stantem urbem reliquit: quanto tandem illum maerore esse afflictum et profligatum putatis? Jacet ille nunc prostratusque est, et se perculsum atque abjectum esse sentit, et retorquet oculos profecto saepe ad hanc urbem, quam e suis faucibus ereptam esse luget; quae quidem mihi laetari videtur, quod tantam pestem evomuerit forasque projecerit.

II. 3. At si quis est talis, quales esse omnes oportebat, qui in hoc ipso, in quo exsultat et triumphat oratio mea, me vehementer accuset, quod tam capitalem hostem non comprehenderim potius, quam emiserim : non est ista mea culpa, Quirites, sed temporum. Interfectum esse L. Catilinam, et gravissimo supplicio affectum jampridem oportebat : idque a me et mos majorum, et hujus imperii severitas, et res publica postulabat. Sed quam multos fuisse putatis, qui, (quae ego deferrem,) non crederent? Quam multos, qui propter stultitiam non putarent? Quam multos, qui etiam defenderent? Quam multos, qui propter improbitatem faverent? Ac si, illo sublato, depelli a vobis omne periculum judicarem, jampridem ego L. Catilinam non modo invidiae meae, verum etiam vitae periculo sustulissem. 4. Sed quum viderem ne vobis quidem omnibus re etiam tum probata, si illum, ut erat meritus, morte multassem, fore, ut ejus socios invidia oppressus persequi non possem, rem huc deduxi, ut tum palam pugnare possetis, quum hostem aperte videretis. Quem quidem ego hostem, Quirites, quam vehementer foris esse timendum putem, licet hinc intelligatis, quod etiam illud moleste fero, quod ex urbe parum comitatus exierit. Utinam ille omnes secum suas copias eduxisset! Tongilium mihi eduxit, quem amare in praetexta coeperat; Publicium et Munatium, quorum aes alienum contractum in popina nullum rei publicae motum afferre poterat: reliquit quos viros! quanto aere alieno! quam valentes! quam nobiles!

III. 5. Itaque ego illum exercitum et Gallicanis legionibus et hoc delectu, quem in agro Piceno et Gallico Q. Metellus habuit, et his copiis, quae a nobis quotidie comparantur, magno opere contemno, collectum ex senibus desperatis, ex agresti luxuria, ex rusticis decoctoribus, ex iis, qui vadimonia deserere quam illum exercitum maluerunt; quibus ego non modo si aciem exercitus nostri, verum etiam si edictum praetoris ostendero, concident. Hos, quos video volitare in foro, quos stare ad curiam, quos etiam in senatum venire; qui nitent unguentis, qui fulgent purpura, mallem secum suos milites eduxisset: qui si hic permanent, mementote non tam exercitum illum esse nobis, quam hos, qui exercitum deseruerunt, pertimescendos. Atque hoc etiam sunt timendi magis, quod, quid cogitent, me scire sentiunt, neque tamen permoventur. 6. Video, cui sit Apulia attributa, quis habeat Etruriam, quis agrum Picenum, quis Gallicum, quis sibi has urbanas insidias caedis atque incendiorum depoposcerit. Omnia superioris noctis consilia ad me perlata esse sentiunt; patefeci in senatu hesterno die; Catilina ipse pertimuit, profugit: hi quid exspectant? Nae illi vehementer errant, si illam meam pristinam lenitatem perpetuam sperant futuram.

IV. Quod exspectavi, jam sum assecutus, ut vos omnes factam esse aperte conjurationem contra rem publicam videretis. Nisi vero si quis est, qui Catilinae similes cum Catilina sentire non putet. Non est jam lenitati locus: severitatem res ipsa flagitat. Unum etiam nunc concedam: exeant, proficiscantur, ne patiantur desiderio sui Catilinam miserum tabescere. Demonstrabo iter: Aurelia via profectus est. Si accelerare volent, ad vesperam consequentur. 7. O fortunatam rem publicam, si quidem hanc sentinam hujus urbis ejecerit! Uno mehercule Catilina exhausto, relevata mihi et recreata res publica videtur. Quid enim mali aut sceleris fingi aut cogitari potest, quod non ille conceperit? Quis tota Italia veneficus, quis gladiator, quis latro, quis sicarius, quis parricida, quis testamentorum subjector, quis circumscriptor, quis ganeo, quis nepos, quis adulter, quae mulier infamis, quis corruptor juventutis, quis corruptus, quis perditus inveniri potest, qui se cum Catilina non familiarissime vixisse fateatur? Quae caedes per hosce annos sine illo facta est? Quod nefarium stuprum non per illum? 8. Jam vero quae tanta unquam in ullo homine juventutis illecebra fuit, quanta in illo? Qui alios ipse amabat turpissime, aliorum amori flagitiosissime serviebat, aliis fructum libidinum, aliis mortem parentum, non modo impellendo, verum etiam adjuvando, pollicebatur. Nunc vero quam subito non solum ex urbe, verum etiam ex agris, ingentem numerum perditorum hominum collegerat? Nemo, non modo Romae, sed nec ullo in angulo totius Italiae, oppressus aere alieno fuit, quem non ad hoc incredibile sceleris foedus adsciverit.

V. 9. Atque, ut ejus diversa studia in dissimili ratione perspicere possitis, nemo est in ludo gladiatorio paullo ad facinus audacior, qui se non intimum Catilinae esse fateatur; nemo in scena levior et nequior, qui se non ejusdem prope sodalem fuisse commemoret. Atque idem tamen stuprorum et scelerum exercitatione assuefactus, frigore et fame et siti et vigiliis perferendis, fortis ab istis praedicabatur, quum industriae subsidia atque instrumenta virtutis in libidine audaciaque consumerentur. 10. Hunc vero si secuti erunt sui comites; si ex urbe exierint desperatorum hominum flagitiosi greges: O nos beatos! O rem publicam fortunatam, O praeclaram laudem consulatus mei! Non enim jam sunt mediocres hominum libidines, non humanae audaciae ac tolerandae: nihil cogitant nisi caedes, nisi incendia, nisi rapinas: patrimonia sua profuderunt: fortunas suas obligaverunt: res eos jampridem, fides nuper deficere coepit: eadem tamen illa, quae erat in abundantia, libido permanet. Quod si in vino et alea comissationes solum, et scorta quaererent, essent illi quidem desperandi, sed tamen essent ferendi. Hoc vero quis ferre possit, inertes homines fortissimis viris insidiari, stultissimos prudentissimis, ebriosos sobriis, dormientes vigilantibus? Qui mihi accubantes in conviviis, complexi mulieres impudicas, vino languidi, conferti cibo, sertis redimiti, unguentis obliti, debilitati stupris, eructant sermonibus suis caedem bonorum, atque urbis incendia. 11. Quibus ego confido impendere fatum aliquod; et poenam jamdiu improbitati, nequitiae, sceleri, libidini debitam aut instare jam plane, aut certe appropinquare. Quos si meus consulatus, quoniam sanare non potest, sustulerit, non breve nescio quod tempus, sed multa secula propagarit rei publicae. Nulla est enim natio, quam pertimescamus; nullus rex, qui bellum populo Romano facere possit. Omnia sunt externa unius virtute terra marique pacata: domesticum bellum manet; intus insidiae sunt, intus inclusum periculum est; intus est hostis. Cum luxuria nobis, cum amentia, cum scelere certandum est. Huic ego me bello ducem profiteor, Quirites; suscipio inimicitias hominum perditorum. Quae sanari poterunt, quacunque ratione sanabo: quae resecanda erunt, non patiar ad perniciem civitatis manere. Proinde aut exeant, aut quiescant, aut, si et in urbe et in eadem mente permanent, ea, quae merentur, exspectent.

VI. 12. At etiam sunt, qui dicant, Quirites, a me in exsilium ejectum esse Catilinam. Quod ego si verbo assequi possem, istos ipsos ejicerem, qui haec loquuntur. Homo videlicet timidus aut etiam permodestus vocem consulis ferre non potuit: simul atque ire in exsilium jussus est, paruit, ivit. Hesterno die, quum domi meae paene interfectus essem, senatum in aedem Jovis Statoris convocavi; rem omnem ad patres conscriptos detuli. Quo quum Catilina venisset, quis eum senator appellavit? quis salutavit? quis denique ita adspexit ut perditum civem, ac non potius ut importunissimum hostem? Quin etiam principes ejus ordinis partem illam subselliorum, ad quam ille accesserat, nudam atque inanem reliquerunt. 13. Hic ego vehemens ille consul, qui verbo cives in exsilium ejicio, quaesivi a Catilina, nocturno conventu apud M. Laecam fuisset necne. Quum ille, homo audacissimus, conscientia convictus, primo reticuisset, patefeci cetera; quid ea nocte egisset, quid proxima constituisset, quemadmodum esset ei ratio totius belli descripta, edocui. Quum haesitaret, quum teneretur, quaesivi, quid dubitaret proficisci eo, quo jampridem pararet: quum arma, quum secures, quum fasces, quum tubas, quum signa militaria, quum aquilam illam argenteam, cui ille etiam sacrarium scelerum domi suae fecerat, scirem esse praemissam. 14. In exsilium ejiciebam, quem jam ingressum esse in bellum videbam?

Etenim, credo, Mallius iste centurio, qui in agro Faesulano castra posuit, bellum populo Romano suo nomine indixit; et illa castra nunc non Catilinam ducem exspectant, et ille, ejectus in exsilium, se Massiliam, ut aiunt, non in haec castra conferet.

VII. O conditionem miseram, non modo administrandae, verum etiam conservandae rei publicae! Nunc, si L. Catilina consiliis, laboribus, periculis meis circumclusus ac debilitatus subito pertimuerit, sententiam mutaverit, deseruerit suos, consilium belli faciundi abjecerit, ex hoc cursu sceleris et belli iter ad fugam atque in exsilium converterit, non ille a me spoliatus armis audaciae, non obstupefactus ac perterritus mea diligentia, non de spe conatuque depulsus, sed indemnatus, innocens, in exsilium ejectus a consule vi et minis esse dicetur: et erunt, qui illum, si hoc fecerit, non improbum, sed miserum, me non diligentissimum consulem, sed crudelissimum tyrannum existimari velint. 15. Est mihi tanti, Quirites, hujus invidiae falsae atque iniquae tempestatem subire, dummodo a vobis hujus horribilis belli ac nefarii periculum depellatur. Dicatur sane ejectus esse a me, dummodo eat in exsilium. Sed mihi credite, non est iturus. Nunquam ego a diis immortalibus optabo, Quirites, invidiae meae levandae causa, ut L. Catilinam ducere exercitum hostium, atque in armis volitare audiatis; sed triduo tamen audietis: multoque magis illud timeo, ne mihi sit invidiosum aliquando, quod illum emiserim potius, quam quod ejecerim. Sed quum sint homines, qui illum, quum profectus sit, ejectum esse dicant, iidem, si interfectus esset, quid dicerent? 16. Quamquam isti, qui Catilinam Massiliam ire dictitant, non tam hoc queruntur, quam verentur. Nemo est istorum tam misericors, qui illum non ad Manlium quam ad Massilienses ire malit. Ille autem, si mehercule hoc, quod agit, nunquam ante cogitasset, tamen latrocinantem se interfici mallet, quam exsulem vivere. Nunc vero, quum ei nihil adhuc praeter ipsius voluntatem cogitationemque acciderit, nisi quod vivis nobis Roma profectus est, optemus potius, ut eat in exsilium, quam quaeramur.

VIII. 17. Sed cur tamdiu de uno hoste loquimur, et de eo hoste, qui jam fatetur se esse hostem, et quem, quia, quod semper volui, murus interest, non timeo: de his, qui dissimulant, qui Romae remanent, qui nobiscum sunt, nihil dicimus? Quos quidem ego, si ullo modo fieri possit, non tam ulcisci studeo quam sanare, et ipsos placare rei publicae; neque id quare fieri non possit, si me audire volent, intelligo. Exponam enim vobis Quirites, ex quibus generibus hominum istae copiae comparentur: deinde singulis medicinam consilii atque orationis meae, si quam potero, afferam. 18. Unum genus est eorum, qui magno in aere alieno majores etiam possessiones habent, quarum amore adducti, dissolvi nullo modo possunt. Horum hominum species est honestissima; sunt enim locupletes: voluntas vero et causa impudentissima. Tu agris, tu aedificiis, tu argento, tu familia, tu rebus omnibus ornatus et copiosus sis, et dubites de possessione detrahere, acquirere ad fidem? Quid enim exspectas? Bellum? Quid? Ergo in vastatione omnium tuas possessiones sacrosanctas futuras putas? An tabulas novas? Errant, qui istas a Catilina exspectant. Meo beneficio tabulae novae proferentur, verum auctionariae. Neque enim isti, qui possessiones habent, alia ratione ulla salvi esse possunt. Quod si maturius facere voluissent, neque (id quod stultissimum est) certare cum usuris fructibus praediorum, et locupletioribus his et melioribus civibus uteremur. Sed hosce homines minime puto pertimescendos, quod aut deduci de sententia possunt; aut, si permanebunt, magis mihi videntur vota facturi contra rem publicam, quam arma laturi.

IX. 19. Alterum genus est eorum, qui quamquam premuntur aere alieno, dominationem tamen exspectant, rerum potiri volunt, honores, quos quieta re publica desperant, perturbata consequi se posse arbitrantur. Quibus hoc praecipiendum videtur, unum scilicet et idem, quod reliquis omnibus, ut desperent, se id, quod conantur, consequi posse: primum omnium, me ipsum vigilare, adesse, providere rei publicae; deinde magnos animos esse in bonis viris, magnam concordiam, maximam multitudinem, magnas praeterea copias militum; deos denique immortales huic invicto populo, clarissimo imperio, pulcherrimae urbi contra tantam vim sceleris praesentes auxilium esse laturos. Quod si jam sint id, quod cum summo furore cupiunt, adepti, num illi in cinere urbis et in sanguine civium, quae mente conscelerata ac nefaria concupierunt, consules se, aut dictatores, aut etiam reges sperant futuros? Non vident id se cupere, quod si adepti sint, fugitivo alicui aut gladiatori concedi sit necesse? 20. Tertium genus est aetate jam affectum, sed tamen exercitatione robustum: quo ex genere iste est Manlius, cui nunc Catilina succedit. Hi sunt homines ex iis coloniis, quas Faesulis Sulla constituit: quas ego universas civium esse optimorum et fortissimorum virorum sentio: sed tamen hi sunt coloni, qui se in insperatis ac repentinis pecuniis sumptuosius insolentiusque jactarunt. Hi dum aedificant, tamquam beati, dum praediis, lecticis, familiis magnis, conviviis apparatis delectantur, in tantum aes alienum inciderunt, ut, si salvi esse velint, Sulla sit iis ab inferis excitandus. Qui etiam nonnullos agrestes, homines tenues atque egentes, in eandem illam spem rapinarum veterum impulerunt; quos ego, Quirites, in eodem genere praedatorum direptorumque pono. Sed eos hoc moneo: desinant furere, et proscriptiones et dictaturas cogitare. Tantus enim illorum temporum dolor inustus est civitati, ut iam ista non modo homines, sed ne pecudes quidem mihi passurae esse videantur.

X. 21. Quartum genus est sane varium et mixtum et turbulentum; qui jampridem premuntur, qui nunquam emergunt; qui partim inertia, partim male gerendo negotio, partim etiam sumptibus in vetere aere alieno vacillant; qui vadimoniis, judiciis, proscriptionibus bonorum defatigati, permulti et ex urbe, et ex agris se in illa castra conferre dicuntur. Hosce ego non tam milites acres, quam infitiatores lentos esse arbitror. Qui homines primum si stare non possunt, corruant: sed ita, ut non modo civitas, sed ne vicini quidem proximi sentiant. Nam illud non intelligo, quamobrem, si vivere honeste non possunt, perire turpiter velint, aut cur minore dolore, perituros se cum multis, quam si soli pereant, arbitrentur. 22. Quintum genus est parricidarum, sicariorum, denique omnium facinorosorum; quos ego a Catilina non revoco; nam neque divelli ab eo possunt, et pereant sane in latrocinio, quoniam sunt ita multi, ut eos carcer capere non possit. Postremum autem genus est, non solum numero, verum etiam genere ipso atque vita, quod proprium Catilinae est, de ejus delectu, immo vero, de complexu ejus ac sinu; quos pexo capillo, nitidos, aut imberbes, aut bene barbatos videtis, manicatis et talaribus tunicis, velis amictos, non togis; quorum omnis industria vitae, et vigilandi labor in antelucanis coenis expromitur. 23. In his gregibus omnes aleatores, omnes adulteri, omnes impuri impudicique versantur. Hi pueri tam lepidi ac delicati non solum amare et amari, neque cantare et psallere, sed etiam sicas vibrare et spargere venena didicerunt; qui nisi exeunt, nisi pereunt, etiam si Catilina perierit, scitote hoc in re publica seminarium Catilinarium futurum. Verumtamen quid sibi isti miseri volunt? Num suas secum mulierculas sunt in castra ducturi? Quemadmodum autem illis carere poterunt, his praesertim jam noctibus? Quo autem pacto illi Apenninum, atque illas pruinas ac nives perferent? Nisi idcirco se facilius hiemem toleraturos putant, quod nudi in conviviis saltare didicerunt.

XI. 24. O bellum magno opere pertimescendum, quum hanc sit habiturus Catilina scortorum cohortem praetoriam! Instruite nunc, Quirites, contra has tam praeclaras Catilinae copias, vestra praesidia, vestrosque exercitus; et primum gladiatori illi confecto et saucio consules imperatoresque vestros opponite: deinde contra illam naufragorum ejectam ac debilitatam manum, florem totius Italiae ac robur educite. Jam vero urbes coloniarum ac municipiorum respondebunt Catilinae tumulis silvestribus. Neque ego ceteras copias, ornamenta, praesidia vestra, cum illius latronis inopia atque egestate conferre debeo. Sed, si, omissis his rebus omnibus, quibus nos suppeditamur, eget ille, senatu, equitibus Romanis, populo, urbe, aerario, vectigalibus, cuncta Italia, provinciis omnibus, exteris nationibus, si, his rebus omissis, causas ipsas, quae inter se confligunt, contendere velimus: ex eo ipso, quam valde illi jaceant intelligere possumus. Ex hac enim parte pudor pugnat, illinc petulantia: hinc pudicitia, illinc stuprum: hinc fides, illinc fraudatio: hinc pietas, illinc scelus: hinc constantia, illinc furor: hinc, honestas, illinc turpitudo: hinc continentia, illinc libido: denique (aequitas, temperantia, fortitudo, prudentia,) virtutes omnes, certant cum iniquitate, luxuria, ignavia, temeritate, cum vitiis omnibus: postremo copia cum egestate, bona ratio cum perdita, mens sana cum amentia, bona denique spes cum omnium rerum desperatione confligit. In hujusmodi certamine ac proelio, nonne, etiam si hominum studia deficiant, dii ipsi immortales cogent ab his praeclarissimis virtutibus tot et tanta vitia superari?

XII. 26. Quae quum ita sint, Quirites, vos, quemadmodum jam antea, vestra tecta custodiis vigiliisque defendite: mihi, ut urbi sine vestro motu, ac sine ullo tumultu satis esset praesidii, consultum atque provisum est. Coloni omnes municipesque vestri, certiores a me facti de hac nocturna excursione Catilinae, facile urbes suas finesque defendent: gladiatores, quam sibi ille manum certissimam fore putavit, quamquam meliore animo sunt quam pars patriciorum, potestate tamen nostra continebuntur. Q. Metellus, quem ego hoc prospiciens in agrum Gallicum Picenumque praemisi, aut opprimet hominem, aut ejus omnes motus conatusque prohibebit. Reliquis autem de rebus constituendis, maturandis, agendis, jam ad senatum referemus, quem vocari videtis.

27. Nunc illos, qui in urbe remanserunt, atque adeo qui contra urbis salutem omniumque nostrum in urbe a Catilina relicti sunt, quamquam sunt hostes, tamen, quia nati sunt cives, monitos eos etiam atque etiam volo. Mea lenitas adhuc si cui solutior visa est, hoc expectavit, ut id, quod latebat, erumperet. Quod reliquum est, jam non possum oblivisci meam hanc esse patriam, me horum esse consulem, mihi aut cum his vivendum, aut pro his esse moriendum. Nullus est portis custos, nullus insidiator viae : si qui exire volunt, connivere possum : qui vero se in urbe commoverit, cujus ego non modo factum, sed inceptum ullum conatumve contra patriam deprehendero, sentient in hac urbe esse consules vigilantes, esse egregios magistratus, esse fortem senatum, esse arma, esse carcerem, quem vindicem nefariorum ac manifestorum scelerum majores nostri esse voluerunt.

XIII. 28. Atque haec omnia sic agentur, Quirites, ut res maxima minimo motu, pericula summa nullo tumultu, bellum intestinum ac domesticum post hominum memoriam crudelissimum et maximum, me uno togato duce et imperatore, sedetur. Quod ego sic administrabo, Quirites, ut, si ullo modo fieri poterit, ne improbus quidem quisquam in hac urbe poenam sui sceleris sufferat. Sed si vis manifestae audaciae, si impendens patriae periculum me necessario de hac animi lenitate deduxerit, illud profecto perficiam, quod in tanto et tam insidioso bello vix optandum videtur, ut neque bonus quisquam intereat, paucorumque poena vos jam omnes salvi esse possitis. 29. Quae quidem ego neque mea prudentia, neque humanis consiliis fretus polliceor vobis, Quirites; sed multis et non dubiis deorum immortalium significationibus, quibus ego ducibus in hanc spem sententiamque sum ingressus; qui jam non procul, ut quondam solebant, ab externo hoste atque longinquo, sed hic praesentes suo numine atque auxilio sua templa atque urbis tecta defendunt; quos vos, Quirites, precari, venerari, atque implorare debetis, ut, quam urbem pulcherrimam, florentissimam, potentissimamque esse voluerunt, hanc, omnibus hostium copiis terra marique superatis, a perditissimorum civium nefario scelere defendant.

IN
L. CATILINAM
ORATIO TERTIA,
AD QUIRITES.

I. 1. REM PUBLICAM, Quirites, vitamque omnium vestrum, bona, fortunas, conjuges, liberosque vestros, atque hoc domicilium clarissimi imperii, fortunatissimam pulcherrimamque urbem hodierno die deorum immortalium summo erga vos amore, laboribus, consiliis, periculis meis, ex flamma atque ferro, ac paene ex faucibus fati ereptam et vobis conservatam ac restitutam videtis. 2. Et, si non minus nobis jucundi atque illustres sunt ii dies, quibus conservamur, quam illi, quibus nascimur, quod salutis certa laetitia est, nascendi incerta conditio, et quod sine sensu nascimur, cum voluptate servamur, profecto, quoniam illum, qui hanc urbem condidit, ad deos immortales benevolentia famaque sustulimus, esse apud vos posterosque vestros in honore debebit is, qui eandem hanc urbem conditam amplificatamque servavit. Nam toti urbi, templis, delubris, tectis ac moenibus subjectos prope jam ignes circumdatosque restinximus, iidemque gladios in rem publicam destrictos retudimus, mucronesque eorum a jugulis vestris dejecimus. 3. Quae quoniam in senatu illustrata, patefacta, comperta sunt per me, vobis jam exponam breviter, Quirites, ut et quanta, et quam manifesta, et qua ratione investigata et comprehensa sint, vos, qui ignoratis, ex actis scire possitis.

Principio, ut Catilina paucis ante diebus erupit ex urbe, quum sceleris sui socios, hujusce nefarii belli acerrimos duces Romae reliquisset, semper vigilavi et providi, Quirites, quemadmodum in tantis et tam absconditis insidiis salvi esse possemus.

II. Nam tum, quum ex urbe Catilinam ejiciebam (non enim jam vereor hujus verbi invidiam, quum illa magis sit timenda, quod vivus exierit), sed tum, quum illum exterminari volebam, aut reliquam conjuratorum manum simul exituram, aut eos, qui restitissent, infirmos sine illo ac debiles fore putabam. 4. Atque ego, ut vidi, quos maxime furore et scelere esse inflammatos sciebam, eos nobiscum esse et Romae remansisse, in eo omnes dies noctesque consumpsi, ut, quid agerent, quid molirentur, sentirem ac viderem : ut, quoniam auribus vestris, propter incredibilem magnitudinem sceleris, minorem fidem faceret oratio mea, rem ita comprehenderem, ut tum demum animis saluti vestrae provideretis, quum oculis maleficium ipsum videretis. 5. Itaque ut comperi legatos Allobrogum, belli Transalpini et tumultus Gallici excitandi causa, a P. Lentulo esse sollicitatos, eosque in Galliam ad suos cives eodemque itinere cum literis mandatisque ad Catilinam esse missos, comitemque iis adjunctum T. Volturcium, atque huic esse ad Catilinam datas literas, facultatem mihi oblatam putavi, ut, quod erat difficillimum, quodque ego semper optabam a diis immortalibus, ut tota res non solum a me, sed etiam a senatu et a vobis manifesto deprehenderetur. Itaque hesterno die L. Flaccum et C. Pomptinum, praetores, fortissimos atque amantissimos rei publicae viros, ad me vocavi ; rem omnem exposui ; quid fieri placeret, ostendi. Illi autem, qui omnia de re publica praeclara atque egregia sentirent, sine recusatione ac sine ulla mora negotium susceperunt, et, quum advesperasceret, occulte ad pontem Mulvium pervenerunt, atque ibi in proximis villis ita bipartito fuerunt, ut Tiberis inter eos et pons interesset. Eodem autem et ipsi sine cujusquam suspicione multos fortes viros

eduxerunt, et ego ex praefectura Reatina complures delectos
adolescentes, quorum opera utor assidue in re publica,
praesidio cum gladiis miseram. Interim, tertia fere
vigilia exacta, quum jam pontem Mulvium magno comitatu
legati Allobrogum ingredi inciperent unaque Volturcius, fit
in eos impetus; educuntur et ab illis gladii et a nostris.
Res erat praetoribus nota solis; ignorabatur a ceteris.
III. Tum interventu Pomptini atque Flacci pugna, quae
erat commissa, sedatur. Literae, quaecunque erant in eo
comitatu, integris signis praetoribus traduntur; ipsi comprehensi ad me, quum jam dilucesceret, deducuntur. Atque
horum omnium, scelerum improbissimum machinatorem
Cimbrum Gabinium statim ad me nihil dum suspicantem
vocavi. Deinde item arcessitur L. Statilius, et post eum
C. Cethegus. Tardissime autem Lentulus venit, credo quod
in literis his dandis praeter consuetudinem proxima nocte
vigilaverat. 7. Quum vero summis et clarissimis hujus
civitatis viris, qui audita re frequentes ad me mane convenerant, literas a me prius aperiri quam ad senatum referri
placeret, ne, si nihil esset inventum, temere a me tantus
tumultus injectus civitati videretur, negavi me esse facturum, ut de periculo publico non ad consilium publicum rem
integram deferrem. Etenim, Quirites, si ea, quae erant ad
me delata, reperta non essent, tamen ego non arbitrabar, in
tantis rei publicae periculis, esse mihi nimiam diligentiam
pertimescendam. Senatum frequentem celeriter, ut vidistis,
coegi. 8. Atque interea statim admonitu Allobrogum C.
Sulpicium praetorem, fortem virum, misi, qui ex aedibus
Cethegi, si quid telorum esset, efferret; ex quibus ille maximum sicarum numerum et gladiorum extulit.
IV. Introduxi Volturcium sine Gallis: fidem ei publicam jussu senatus dedi; hortatus sum, ut ea, quae sciret,
sine metu indicaret. Tum ille dixit, quum vix se ex magno
timore recreasset, a P. Lentulo se habere ad Catilinam
mandata et literas, ut servorum praesidio uteretur, et ad
urbem quam primum cum exercitu accederet: id autem eo

consilio, ut, quum urbem ex omnibus partibus, quemadmodum descriptum distributumque erat, incendissent, caedemque infinitam civium fecissent, praesto esset ille, qui et fugientes exciperet, et se cum his urbanis ducibus conjungeret. 9. Introducti autem Galli jusjurandum sibi et literas a Lentulo, Cethego, Statilio ad suam gentem datas esse dixerunt, atque ita sibi ab his et a L. Cassio esse praescriptum, ut equitatum in Italiam quam primum mitterent: pedestres sibi copias non defuturas; Lentulum autem sibi confirmasse ex fatis Sibyllinis haruspicumque responsis, esse se tertium illum Cornelium, ad quem regnum hujus urbis atque imperium pervenire esset necesse; Cinnam ante se et Sullam fuisse; eundemque dixisse fatalem hunc esse annum ad interitum hujus urbis atque imperii, qui esset decimus annus post Virginum absolutionem, post Capitolii autem incensionem vicesimus. 10. Hanc autem Cethego cum ceteris controversiam fuisse dixerunt, quod Lentulo et aliis caedem Saturnalibus fieri atque urbem incendi placeret, Cethego nimium id longum videretur.

V. Ac, ne longum sit, Quirites, tabellas proferri jussimus, quae a quoque dicebantur datae. Primum ostendimus Cethego signum; cognovit. Nos linum incidimus; legimus. Erat scriptum ipsius manu Allobrogum senatui et populo, sese, quae eorum legatis confirmasset, facturum esse: orare, ut item illi facerent, quae sibi eorum legati recepissent. Tum Cethegus, qui paullo ante aliquid tamen de gladiis ac sicis, quae apud ipsum erant deprehensae, respondisset, dixissetque se semper bonorum ferramentorum studiosum fuisse, recitatis literis debilitatus atque abjectus, conscientia convictus, repente conticuit. Introductus est Statilius; cognovit et signum et manum suam. Recitatae sunt tabellae in eandem fere sententiam: confessus est. Tum ostendi tabellas Lentulo et quaesivi, cognosceretne signum. Annuit. —" Est vero, inquam, notum signum, imago avi tui, clarissimi viri, qui amavit unice patriam et cives suos: quae quidem te a tanto scelere etiam muta revocare debuit."

ORATIO III. IN CATILINAM.

11. Leguntur eadem ratione ad senatum Allobrogum populumque literae. Si quid de his rebus dicere vellet, feci potestatem. Atque ille primo quidem negavit; post autem aliquanto, toto jam indicio exposito atque edito, surrexit; quaesivit a Gallis, quid sibi esset cum iis; quamobrem domum suam venissent; itemque a Volturcio. Qui quum illi breviter constanterque respondissent, per quem ad eum quotiensque venissent, quaesissentque ab eo, nihilne secum esset de fatis Sibyllinis locutus, tum ille subito, scelere demens, quanta conscientiae vis esset, ostendit. Nam, quum id posset infitiari, repente praeter opinionem omnium confessus est. Ita eum non modo ingenium illud et dicendi exercitatio, qua semper valuit, sed etiam, propter vim sceleris manifesti atque deprehensi, impudentia, qua superabat omnes, improbitasque defecit. 12. Volturcius vero subito literas proferri atque aperiri jussit, quas sibi a Lentulo ad Catilinam datas esse dicebat. Atque ibi vehementissime perturbatus Lentulus, tamen et signum et manum suam cognovit. Erant autem scriptae sine nomine, sed ita: *Qui sim, scies ex eo, quem ad te misi. Cura, ut vir sis, et cogita quem in locum sis progressus et vide, quid jam tibi sit necesse. Et cura, ut omnium tibi auxilia adjungas, etiam infimorum.* Gabinius deinde introductus, quum primo impudenter respondere coepisset, ad extremum nihil ex iis, quae Galli insimulabant, negavit. 13. Ac mihi quidem, Quirites, quum illa certissima sunt visa argumenta atque indicia sceleris, tabellae, signa, manus, denique unius cujusque confessio, tum multo certiora illa, color, oculi, vultus, taciturnitas. Sic enim obstupuerant, sic terram intuebantur, sic furtim nonnunquam inter se adspiciebant, ut non jam ab aliis indicari, sed ipsi a se viderentur.

VI. Indiciis expositis atque editis, Quirites, senatum consului, de summa re publica quid fieri placeret. Dictae sunt a principibus acerrimae ac fortissimae sententiae, quas senatus sine ulla varietate est consecutus. Et quoniam nondum est perscriptum senatus consultum, ex memoria vobis,

Quirites, quid senatus censuerit, exponam. 14. Primum mihi gratiae verbis amplissimis aguntur, quod virtute, consilio, providentia mea, res publica maximis periculis sit liberata; deinde L. Flaccus et C. Pomptinus, praetores, quod eorum opera forti fidelique usus essem, merito ac jure laudantur: atque etiam viro forti, collegae meo, laus impertitur, quod eos, qui hujus conjurationis participes fuissent, a suis et rei publicae consiliis removisset. Atque ita censuerunt, ut P. Lentulus, quum se praetura abdicasset, in custodiam traderetur: atque idem hoc decretum est in L. Cassium, qui sibi procurationem incendendae urbis depoposcerat: in M. Caeparium, cui ad sollicitandos pastores Apuliam esse attributam, erat indicatum: in P. Furium, qui est ex iis colonis, quos Faesulas L. Sulla deduxit: in Q. Manlium Chilonem, qui una cum hoc Furio semper erat in hac Allobrogum sollicitatione versatus: in P. Umbrenum, libertinum hominem, a quo primum Gallos ad Gabinium perductos esse constabat. 15. Atque ea lenitate senatus usus est, Quirites, ut ex tanta conjuratione, tantaque vi ac multitudine domesticorum hostium, novem hominum perditissimorum poena re publica conservata, reliquorum mentes sanari posse arbitraretur. Atque etiam supplicatio diis immortalibus, pro singulari eorum merito, meo nomine decreta est, Quirites; quod mihi primum post hanc urbem conditam togato contigit: et his decreta verbis est, QUOD URBEM INCENDIIS, CAEDE CIVES, ITALIAM BELLO LIBERASSEM. Quae supplicatio si cum ceteris supplicationibus conferatur, Quirites, hoc intersit, quod ceterae bene gesta, haec una, conservata re publica, constituta est. Atque illud, quod faciendum primum fuit, factum atque transactum est. Nam P. Lentulus, quamquam patefactus indiciis et confessionibus suis, judicio senatus, non modo praetoris jus, verum etiam civis amiserat, tamen magistratu se abdicavit: ut, quae religio C. Mario, clarissimo viro, non fuerat, quo minus C. Glauciam, de quo nihil nominatim erat decretum, praetorem occideret, ea nos religione in privato P. Lentulo puniendo liberaremur.

VII. 16. Nunc, quoniam, Quirites, sceleratissimi periculosissimique belli nefarios duces captos jam et comprehensos tenetis, existimare debetis, omnes Catilinae copias, omnes spes atque opes, his depulsis urbis periculis, concidisse. Quem quidem ego quum ex urbe pellebam, hoc providebam animo, Quirites, remoto Catilina non mihi esse P. Lentuli somnum, nec L. Cassii adipem, nec C. Cethegi furiosam temeritatem pertimescendam. Ille erat unus timendus ex his omnibus, sed tamdiu, dum moenibus urbis continebatur. Omnia norat, omnium aditus tenebat; appellare, tentare, sollicitare poterat, audebat; erat ei consilium ad facinus aptum; consilio autem neque lingua, neque manus deerat; jam ad certas res conficiendas certos homines delectos ac descriptos habebat; neque vero, quum aliquid mandaverat, confectum putabat. Nihil erat, quod non ipse obiret, occurreret, vigilaret, laboraret; frigus, sitim, famem ferre poterat. 17. Hunc ego hominem tam acrem, tam paratum, tam audacem, tam callidum, tam in scelere vigilantem, tam in perditis rebus diligentem, nisi ex domesticis insidiis in castrense latrocinium compulissem (dicam id, quod sentio, Quirites), non facile hanc tantam molem mali a cervicibus vestris depulissem. Non ille nobis Saturnalia constituisset, neque tanto ante exitii ac fati diem rei publicae denuntiavisset, nec commisisset, ut signum, ut literae suae, testes manifesti sceleris deprehenderentur. Quae nunc, illo absente, sic gesta sunt, ut nullum in privata domo furtum unquam sit tam palam inventum, quam haec in tota re publica conjuratio manifesto inventa atque deprehensa est. Quod si Catilina in urbe ad hanc diem remansisset, quamquam, quoad fuit, omnibus ejus consiliis occurri atque obstiti, tamen, ut levissime dicam, dimicandum nobis cum illo fuisset, neque nos unquam, quum ille in urbe hostis esset, tantis periculis rem publicam, tanta pace, tanto otio, tanto silentio, liberassemus.

VIII. 18. Quamquam haec omnia, Quirites, ita sunt a me administrata, ut deorum immortalium nutu atque consilio et gesta et provisa esse videantur. Idque quum conjectura consequi possumus, quod vix videtur humani consilii tantarum rerum gubernatio esse potuisse; tum vero ita praesentes his temporibus opem et auxilium nobis tulerunt, ut eos paene oculis videre possemus. Nam, ut illa omittam, visas nocturno tempore ab occidente faces, ardoremque coeli, ut fulminum jactus, ut terrae motus, ceteraque, quae tam multa nobis consulibus facta sunt, ut haec, quae nunc fiunt, canere dii immortales viderentur : hoc certe, Quirites, quod sum dicturus, neque praetermittendum, neque relinquendum est. 19. Nam profecto memoria tenetis, Cotta et Torquato consulibus, complures in Capitolio res de coelo esse percussas, quum et simulacra deorum immortalium depulsa sunt, et statuae veterum hominum dejectae, et legum aera liquefacta; tactus est etiam ille, qui hanc urbem condidit, Romulus; quem inauratum in Capitolio parvum atque lactantem, uberibus lupinis inhiantem, fuisse meministis. Quo quidem tempore, quum haruspices ex tota Etruria convenissent, caedes atque incendia, et legum interitum et bellum civile ac domesticum, et totius urbis atque imperii occasum appropinquare. dixerunt, nisi dii immortales, omni ratione placati, suo numine prope fata ipsa flexissent. 20. Itaque illorum responsis tunc et ludi per decem dies facti sunt, neque res ulla, quae ad placandos deos pertineret, praetermissa est: iidemque jusserunt simulacrum Jovis facere majus, et in excelso collocare, et, contra atque ante fuerat, ad orientem convertere : ac se sperare dixerunt, si illud signum, quod videtis, solis ortum, et forum, curiamque conspiceret, fore, ut ea consilia, quae clam essent inita contra salutem urbis atque imperii, illustrarentur, ut a senatu populoque Romano perspici possent. Atque illud signum ita collocandum consules illi locaverunt, sed tanta fuit operis tarditas, ut neque a superioribus consulibus, neque a nobis ante hodiernum diem collocaretur.

IX. 21. Hic quis potest esse, Quirites, tam aversus a vero, tam praeceps, tam mente captus, qui neget haec omnia, quae videmus, praecipueque hanc urbem, deorum immortalium nutu ac potestate administrari? Etenim quum esset ita responsum, caedes, incendia, interitumque rei publicae comparari, et ea per cives, quae tum propter magnitudinem scelerum nonnullis incredibilia videbantur, ea non modo cogitata a nefariis civibus, verum etiam suscepta esse sensistis. Illud vero nonne ita praesens est, ut nutu Jovis Optimi Maximi factum esse videatur, ut, quum hodierno die mane per forum meo jussu et conjurati, et eorum indices, in aedem Concordiae ducerentur, eo ipso tempore signum statueretur? Quo collocato, atque ad vos senatumque converso, omnia et senatus et vos, quae erant contra salutem omnium cogitata, illustrata et patefacta vidistis. 22. Quo etiam majore sunt isti odio supplicioque digni, qui non solum vestris domiciliis atque tectis, sed etiam deorum templis atque delubris sunt funestos ac nefarios ignes inferre conati. Quibus ego si me restitisse dicam, nimium mihi sumam, et non sim ferendus: ille, ille Jupiter restitit: ille Capitolium, ille haec templa, ille hanc urbem, ille vos omnes salvos esse voluit. Diis ego immortalibus ducibus hanc mentem, Quirites, voluntatemque suscepi, atque ad haec tanta indicia perveni. Jam vero illa Allobrogum sollicitatio, sic a P. Lentulo ceterisque domesticis hostibus, tam dementer, tanta res, credita et ignotis et barbaris, commissaeque literae nunquam essent profecto, nisi ab diis immortalibus huic tantae audaciae consilium esset ereptum. Quid vero? ut homines Galli, ex civitate male pacata, quae gens una restat, quae bellum populo Romano facere et posse et non nolle videatur, spem imperii ac rerum amplissimarum ultro sibi a patriciis hominibus oblatam negligerent, vestramque salutem suis opibus anteponerent; id non divinitus factum esse putatis? Praesertim qui nos non pugnando, sed tacendo superare potuerunt.

X. 23. Quamobrem, Quirites, quoniam ad omnia pulvinaria supplicatio decreta est, celebratote illos dies cum conjugibus ac liberis vestris. Nam multi saepe honores diis immortalibus justi habiti sunt ac debiti, sed profecto justiores nunquam. Erepti enim estis ex crudelissimo ac miserrimo interitu, et crepti sine caede, sine sanguine, sine exercitu, sine dimicatione; togati, me uno togato duce et imperatore, vicistis. 24. Etenim recordamini, Quirites, omnes civiles dissensiones, non solum eas, quas audistis, sed eas, quas vosmet ipsi meministis atque vidistis: L. Sulla P. Sulpicium oppressit: ex urbe ejecit C. Marium, custodem hujus urbis, multosque fortes viros partim ejecit ex civitate, partim interemit. Cn. Octavius, consul, armis expulit ex urbe collegam suum; omnis hic locus acervis corporum et civium sanguine redundavit. Superavit postea Cinna cum Mario. Tum vero, clarissimis viris interfectis, lumina civitatis exstincta sunt. Ultus est hujus victoriae crudelitatem postea Sulla; ne dici quidem opus est, quanta deminutione civium, et quanta calamitate rei publicae. Dissensit M. Lepidus a clarissimo ac fortissimo viro, Q. Catulo. Attulit non tam ipsius interitus rei publicae luctum, quam ceterorum. 25. Atque illae tamen omnes dissensiones erant ejusmodi, Quirites, quae non ad delendam, sed ad commutandam rem publicam pertinerent; non illi nullam esse rem publicam, sed in ea, quae esset, se esse principes; neque hanc urbem conflagrare, sed se in hac urbe florere voluerunt. Atque illae tamen omnes dissensiones, quarum nulla exitium rei publicae quaesivit, ejusmodi fuerunt, ut non reconciliatione concordiae, sed internecione civium dijudicatae sint. In hoc autem uno post hominum memoriam maximo crudelissimoque bello, quale bellum nulla unquam barbaria cum sua gente gessit, quo in bello lex haec fuit a Lentulo, Catilina, Cethego, et Cassio constituta, ut omnes, qui salva urbe salvi esse possent, in hostium numero ducerentur; ita me gessi, Quirites, ut omnes salvi conservaremini; et, quum hostes vestri tantum civium superfuturum esse putassent, quantum infinitae caedi restitisset, tantum autem urbis, quantum flamma obire non potuisset, et urbem et cives integros incolumesque servavi.

XI. 26. Quibus pro tantis rebus, Quirites, nullum ego a vobis praemium virtutis, nullum insigne honoris, nullum monumentum laudis postulabo praeterquam hujus diei memoriam sempiternam. In animis ego vestris omnes triumphos meos, omnia ornamenta honoris, monumenta gloriae, laudis insignia, condi et collocari volo. Nihil me mutum potest delectare, nihil tacitum, nihil denique ejusmodi, quod etiam minus digni assequi possint. Memoria vestra, Quirites, nostrae res alentur, sermonibus crescent, literarum monumentis inveterascent et corroborabuntur: eandemque diem intelligo, quam spero aeternam fore, et ad salutem urbis, et ad memoriam consulatus mei propagatam; unoquo tempore in hac re publica duos cives exstitisse, quorum alter fines vestri imperii non terrae, sed coeli regionibus terminaret, alter ejusdem imperii domicilium sedemque servaret.

XII. 27. Sed, quoniam earum rerum, quas ego gessi, non eadem est fortuna atque conditio, quae illorum, qui externa bella gesserunt: quod mihi cum iis vivendum est, quos vici ac subegi, illi hostes aut interfectos aut oppressos reliquerunt: vestrum est, Quirites, si ceteris recte facta sua prosunt, mihi mea ne quando obsint, providere. Mentes enim hominum audacissimorum sceleratae ac nefariae ne vobis nocere possent, ego providi: ne mihi noceant, vestrum est providere. Quamquam, Quirites, mihi quidem ipsi nihil ab istis jam noceri potest. Magnum enim est in bonis praesidium, quod mihi in perpetuum comparatum est; magna in re publica dignitas, quae me semper tacita defendet; magna vis conscientiae; quam qui negligent, quum me violare volent, se ipsi indicabunt. 28. Est etiam in nobis is animus, Quirites, ut non modo nullius audaciae cedamus, sed etiam omnes improbos ultro semper lacessamus. Quod si omnis impetus domesticorum hostium depulsus a vobis, se in me unum converterit, vobis erit videndum, Quirites, qua conditione posthac eos esse velitis, qui se pro salute vestra obtulerint invidiae periculisque omnibus. Mihi quidem ipsi quid est, quod jam ad vitae fructum possit acquiri, praesertim quum neque in honore vestro, neque in gloria virtutis quidquam videam altius, quo mihi libeat ascendere? 29. Illud perficiam profecto, Quirites, ut ea, quae gessi in consulatu, privatus tuear atque ornem; ut, si qua est invidia in conservanda re publica suscepta, laedat invidos, mihi valeat ad gloriam. Deinde ita me in re publica tractabo, ut meminerim semper quae gesserim, curemque, ut ea virtute, non casu, gesta esse videantur. Vos, Quirites, quoniam jam nox est, veneramini illum Jovem, custodem hujus urbis ac vestrum, atque in vestra tecta discedite: et ea, quamquam jam periculum est depulsum, tamen aeque ac priore nocte, custodiis vigiliisque defendite. Id ne vobis diutius faciendum sit, atque ut in perpetua pace esse possitis, providebo, Quirites.

L. CATILINAM.

ORATIO QUARTA,

HABITA IN SENATU.

I. 1. VIDEO, Patres conscripti, in me omnium vestrum ora atque oculos esse conversos. Video vos non solum de vestro ac rei publicae, verum etiam, si id depulsum sit, de meo periculo esse sollicitos. Est mihi jucunda in malis, et grata in dolore, vestra erga me voluntas : sed eam, per deos immortales! deponite, atque obliti salutis meae, de vobis ac de vestris liberis cogitate. Mihi si haec conditio consulatus data est, ut omnes acerbitates, omnes dolores cruciatusque perferrem, feram non solum fortiter, verum etiam libenter, dummodo meis laboribus vobis populoque Romano dignitas salusque pariatur. 2. Ego sum ille consul, Patres conscripti, cui non forum, in quo omnis aequitas continetur; non campus consularibus auspiciis consecratus; non curia, summum auxilium omnium gentium; non domus, commune perfugium; non lectus ad quietem datus; non denique haec sedes honoris, sella curulis, unquam vacua mortis periculo atque insidiis fuit. Ego multa tacui, multa pertuli, multa concessi, multa meo quodam dolore in vestro timore sanavi. Nunc, si hunc exitum consulatus mei dii immortales esse voluerunt, ut vos, Patres conscripti, populumque Romanum ex caede miserrima; conjuges, liberosque vestros, virginesque Vestales ex acerbissima vexatione; templa atque delubra, hanc pulcherrimam patriam omnium nostrum ex foedissima flamma, totam Italiam ex bello et vastitate eriperem, quaecunque mihi uni proponetur fortuna, subeatur. Etenim, si P. Lentulus suum nomen, inductus a vatibus, fatale ad perniciem populi Romani fore putavit, cur ego non laeter, meum consulatum ad salutem rei publicae prope fatalem exstitisse?

II. 3. Quare, Patres conscripti, consulite vobis, prospicite patriae, conservate vos, conjuges, liberos, fortunasque vestras, populi Romani nomen salutemque defendite, mihi parcere ac de me cogitare desinite. Nam primum debeo sperare, omnes deos, qui huic urbi praesident, pro eo mihi, ac mereor, relaturos esse gratiam; deinde, si quid obtigerit, aequo animo paratoque moriar. Nam neque turpis mors forti viro potest accidere, neque immatura consulari, nec misera sapienti. Nec tamen ego sum ille ferreus, qui fratris carissimi et amantissimi praesentis maerore non movear, horumque omnium lacrimis, a quibus me circumsessum videtis. Neque meam mentem non domum saepe revocat exanimata uxor, et abjecta metu filia, et parvulus filius, quem mihi videtur amplecti res publica tamquam obsidem consulatus mei; neque ille, qui, expectans hujus exitum diei, adstat in conspectu meo, gener. Moveor his rebus omnibus, sed in eam partem, uti salvi sint vobiscum omnes, etiam si me vis aliqua oppresserit, potius quam et illi et nos una rei publicae peste pereamus. 4. Quare, Patres conscripti, incumbite ad salutem rei publicae; circumspicite omnes procellas, quae impendent, nisi providetis. Non Ti. Gracchus, quod iterum tribunus plebis fieri voluit, non C. Gracchus, quod agrarios concitare conatus est, non L. Saturninus, quod C. Memmium occidit, in discrimen aliquod, atque in vestrae severitatis judicium adducitur: tenentur ii, qui ad urbis incendium, ad vestram omnium caedem, ad Catilinam accipiendum, Romae restiterunt. Tenentur literae, signa, manus, denique unius cujusque confessio; sollicitantur Allobroges; servitia excitantur; Catilina arcessitur; id est initum consilium, ut, in-

terfectis omnibus, nemo ne ad deplorandum quidem populi
Romani nomen, atque ad lamentandam tanti imperii calamitatem relinquatur.

III. 5. Haec omnia indices detulerunt, rei confessi sunt;
vos multis jam judiciis judicastis: primum, quod mihi gratias egistis singularibus verbis, et mea virtute atque diligentia perditorum hominum conjurationem patefactam esse
decrevistis: deinde quod P. Lentulum, ut se abdicaret praetura, coegistis; tum quod eum et ceteros, de quibus judicastis, in custodiam dandos censuistis, maximeque, quod meo
nomine supplicationem decrevistis, qui honos togato habitus
ante me est nemini; postremo, hesterno die praemia legatis
Allobrogum Titoque Volturcio dedistis amplissima. Quae
sunt omnia ejusmodi, ut ii, qui in custodiam nominatim dati
sunt, sine ulla dubitatione a vobis damnati esse videantur.

6. Sed ego institui referre ad vos, Patres conscripti, tamquam integrum, et de facto, quid judicetis, et de poena, quid
censeatis. Illa praedicam, quae sunt consulis. Ego magnum
in re publica versari furorem, et nova quaedam misceri et
concitari mala jampridem videbam; sed hanc tantam, tam
exitiosam haberi conjurationem a civibus nunquam putavi.
Nunc, quidquid est, quocunque vestrae mentes inclinant
atque sententiae, statuendum vobis ante noctem est. Quantum facinus ad vos delatum sit, videtis. Huic si paucos
putatis affines esse, vehementer erratis. Latius opinione
disseminatum est hoc malum; manavit non solum per Italiam, verum etiam transcendit Alpes, et, obscure serpens,
multas jam provincias occupavit. Id opprimi sustentando
ac prolatando nullo pacto potest. Quacunque ratione placet,
celeriter vobis vindicandum est.

IV. 7. Video duas adhuc esse sententias: unam D.
Silani, qui censet, eos, qui haec delere conati sunt, morte
esse multandos; alteram C. Caesaris, qui mortis poenam
removet, ceterorum suppliciorum omnes acerbitates amplectitur. Uterque et pro sua dignitate, et pro rerum magnitudine in summa severitate versatur. Alter eos, qui nos

omnes, qui populum Romanum vita privare conati sunt, qui delere imperium, qui populi Romani nomen exstinguere, punctum temporis frui vita, et hoc communi spiritu, non putat oportere; atque hoc genus poenae saepe in improbos cives in hac re publica esse usurpatum recordatur. Alter intelligit, mortem a diis immortalibus non esse supplicii causa constitutam; sed aut necessitatem naturae, aut laborum ac miseriarum quietem esse. Itaque eam sapientes nunquam inviti, fortes saepe etiam libenter appetiverunt. Vincula vero, et ea sempiterna, certe ad singularem poenam nefarii sceleris inventa sunt. Municipiis dispertiri jubet. Habere videtur ista res iniquitatem, si imperare velis; difficultatem, si rogare. Decernatur tamen, si placet. 8. Ego enim suscipiam, et, ut spero, reperiam, qui id, quod salutis omnium causa statueritis, non putent esse suae dignitatis recusare. Adjungit gravem poenam municipiis, si quis eorum vincula ruperit; horribiles custodias circumdat, et digna scelere hominum perditorum sancit, ne quis eorum poenam, quos condemnat, aut per senatum aut per populum levare possit; eripit etiam spem, quae sola homines in miseriis consolari solet. Bona praeterea publicari jubet: vitam solam relinquit nefariis hominibus; quam si eripuisset, multos uno dolore animi atque corporis, et omnes scelerum poenas ademisset. Itaque, ut aliqua in vita formido improbis esset posita, apud inferos ejusmodi quaedam illi antiqui supplicia impiis constituta esse voluerunt; quod videlicet intelligebant, his remotis, non esse mortem ipsam pertimescendam.

V. 9. Nunc, Patres conscripti, ego mea video quid intersit. Si eritis secuti sententiam C. Caesaris, quoniam hanc is in re publica viam, quae popularis habetur, secutus est, fortasse minus erunt, hoc auctore et cognitore hujusce sententiae, mihi populares impetus pertimescendi: sin illam alteram, nescio, an amplius mihi negotii contrahatur. Sed tamen meorum periculorum rationes utilitas rei publicae vincat. Habemus enim a C. Caesare, sicut ipsius dignitas, et majorum ejus amplitudo postulabat, sententiam, tamquam obsidem perpetuae in rem publicam voluntatis. Intellectum est, quid intersit inter levitatem concionatorum, et animum vero popularem, saluti populi consulentem. 10. Video de istis, qui se populares haberi volunt, abesse non neminem, ne de capite videlicet civium Romanorum sententiam ferat. Is et nudiustertius in custodiam cives Romanos dedit, et supplicationem mihi decrevit, et indices hesterno die maximis praemiis affecit. Jam hoc nemini dubium est, qui reo custodiam, quaesitori gratulationem, indici praemium decrevit, quid de tota re et causa judicarit. At vero C. Caesar intelligit, legem Semproniam esse de civibus Romanis constitutam; qui autem rei publicae sit hostis, eum civem esse nullo modo posse: denique ipsum latorem Semproniae legis jussu populi poenas rei publicae dependisse. Idem ipsum largitorem Lentulum et prodigum non putat, quum de pernicie populi Romani, exitio hujus urbis tam acerbe tamque crudeliter cogitarit, etiam appellari posse popularem. Itaque homo mitissimus atque lenissimus non dubitat P. Lentulum aeternis tenebris vinculisque mandare, et sancit in posterum, ne quis hujus supplicio levando se jactare, et in pernicie populi Romani posthac popularis esse possit. Adjungit etiam publicationem bonorum, ut omnes animi cruciatus et corporis etiam egestas ac mendicitas consequatur.

VI. 11. Quamobrem sive hoc statueritis, dederitis mihi comitem ad concionem, populo carum atque jucundum; sive Silani sententiam sequi malueritis, facile me atque vos crudelitatis vituperatione populo Romano exsolvetis, atque obtinebo, eam multo leniorem fuisse. Quamquam, Patres conscripti, quae potest esse in tanti sceleris immanitate punienda crudelitas? Ego enim de meo sensu judico. Nam ita mihi salva re publica vobiscum perfrui liceat, ut ego, quod in hac causa vehementior sum, non atrocitate animi moveor, (quis enim est me mitior?) sed singulari quadam humanitate et misericordia. Videor enim mihi videre hanc urbem, lucem orbis terrarum, atque arcem omnium gentium, subito uno incendio concidentem; cerno animo sepulta in patria, miseros atque insepultos acervos civium; versatur mihi ante oculos adspectus Cethegi et furor in vestra caede bacchantis. 12. Quum vero mihi proposui regnantem Lentulum, sicut ipse se ex fatis sperasse confessus est, purpuratum esse huic Gabinium, cum exercitu venisse Catilinam, tum lamentationem matrumfamilias, tum fugam virginum atque puerorum, ac vexationem virginum Vestalium perhorresco; et, quia mihi vehementer haec videntur misera atque miseranda, idcirco in eos, qui ea perficere voluerunt, me severum vehementemque praebebo. Etenim quaero, si quis paterfamilias liberis suis a servo interfectis, uxore occisa, incensa domo, supplicium de servis quam acerbissimum sumpserit; utrum is clemens ac misericors, an inhumanissimus et crudelissimus esse videatur? Mihi vero importunus ac ferreus, qui non dolore ac cruciatu nocentis suum dolorem cruciatumque lenierit. Sic nos in his hominibus, qui nos, qui conjuges, qui liberos nostros trucidare voluerunt; qui singulas unius cujusque nostrum domos, et hoc universum rei publicae domicilium delere conati sunt; qui id egerunt, ut gentem Allobrogum in vestigiis hujus urbis, atque in cinere deflagrati imperii collocarent; si vehementissimi fuerimus, misericordes habebimur; sin remissiores esse voluerimus, summae nobis crudelitatis in patriae civiumque pernicie fama subeunda est. 13. Nisi vero cuipiam L. Caesar, vir fortissimus et amantissimus rei publicae, crudelior nudiustertius visus est, quum sororis suae, feminae lectissimae, virum praesentem et audientem, vita privandum esse dixit; quum avum jussu consulis interfectum filiumque ejus impuberem, legatum a patre missum, in carcere necatum esse dixit. Quorum quod simile factum? quod initum delendae rei publicae consilium? Largitionis voluntas tum in re publica versata est, et partium quaedam contentio. Atque illo tempore hujus avus Lentuli, clarissimus vir, armatus Gracchum est persecutus: ille etiam grave tum vulnus accepit, ne quid de summa re publica minueretur: hic ad evertenda fundamenta rei publicae Gallos arcessit, servitia concitat, Catilinam vocat, attribuit nos trucidandos Cethego, ceteros cives interficiendos Gabinio, urbem inflammandam Cassio, totam Italiam vastandam diripiendamque Catilinae. Vereamini, censeo, ne in hoc scelere tam immani ac nefando, nimis aliquid severius statuisse videamini. Multo magis est verendum, ne remissione poenae crudeles in patriam, quam ne severitate animadversionis nimis vehementes in acerbissimos hostes fuisse videamur.

VII. 14. Sed ea, quae exaudio, Patres conscripti, dissimulare non possum. Jaciuntur enim voces, quae perveniunt ad aures meas, eorum, qui vereri videntur, ut habeam satis praesidii ad ea, quae vos statueritis hodierno die, transigunda. Omnia et provisa, et parata, et constituta sunt, Patres conscripti, quum mea summa cura atque diligentia, tum multo etiam majore populi Romani ad summum imperium retinendum, et ad communes fortunas conservandas, voluntate. Omnes adsunt omnium ordinum homines, omnium denique aetatum; plenum est forum, plena templa circum forum, pleni omnes aditus hujus templi et loci. Causa est enim post urbem conditam haec inventa sola, in qua omnes sentirent unum atque idem, praeter eos, qui, quum sibi viderent esse pereundum, cum omnibus potius, quam soli perire voluerunt. 15. Hosce ego homines excipio et secerno libenter; neque in improborum civium, sed in acerbissimorum hostium numero habendos puto. Ceteri vero, dii immortales! qua frequentia, quo studio, qua virtute ad communem salutem dignitatemque consentiunt? Quid ego hic equites Romanos commemorem? qui vobis ita summam ordinis consiliique concedunt, ut vobiscum de amore rei publicae certent; quos, ex multorum annorum dissensione hujus ordinis ad societatem concordiamque revocatos, hodiernus dies vobiscum atque haec causa conjungit; quam si conjunctionem in consulatu confirmatam meo, perpetuam in re publica tenuerimus, confirmo vobis, nullum posthac malum civile ac domesticum ad ullam rei publicae partem esse venturum. Pari studio defendendae rei publicae convenisse video tribunos aerarios, fortissimos viros; scribas item universos; quos quum casu hic dies ad aerarium frequentasset, video ab exspectatione sortis ad salutem communem esse conversos. 16. Omnis ingenuorum adest multitudo, etiam tenuissimorum. Quis est enim, cui non haec templa, adspectus urbis, possessio libertatis, lux denique haec ipsa, et hoc commune patriae solum, quum sit carum, tum vero dulce atque jucundum?

VIII. Operae pretium est, Patres conscripti, libertinorum hominum studia cognoscere; qui, sua virtute fortunam hujus civitatis consecuti, vere hanc suam patriam esse judicant, quam quidam hic nati, et summo nati loco, non patriam suam, sed urbem hostium esse judicaverunt. Sed quid ego hujusce ordinis homines commemoro, quos privatae fortunae, quos communis res publica, quos denique libertas, ea, quae dulcissima est, ad salutem patriae defendendam excitavit? Servus est nemo, qui modo tolerabili conditione sit servitutis, qui non audaciam civium perhorrescat; qui non haec stare cupiat; qui non quantum audet et quantum potest conferat ad communem salutem voluntatis. 17. Quare si quem vestrum forte commovet hoc, quod auditum est, lenonem quendam Lentuli concursare circum tabernas, pretio sperare sollicitari posse animos egentium atque imperitorum, est id quidem coeptum atque tentatum; sed nulli sunt inventi tam aut fortuna miseri, aut voluntate perditi, qui non illum ipsum sellae atque operis et quaestus quotidiani locum, qui non cubile ac lectulum suum, qui denique non cursum hunc otiosum vitae suae salvum esse velint. Multo vero maxima pars eorum, qui in tabernis sunt, nisi vero (id enim potius est dicendum) genus hoc universum amantissimum est otii. Etenim omne instrumentum, omnis opera atque quaestus, frequentia civium sustentatur, alitur otio: quorum si quaestus, occlusis tabernis, minui solet, quid tandem incensis futurum fuit?

IX. 18. Quae quum ita sint, Patres conscripti, vobis populi Romani praesidia non desunt: vos ne populo Romano deesse videamini, providete. Habetis consulem ex plurimis periculis et insidiis, atque ex media morte, non ad vitam suam, sed ad salutem vestram reservatum; omnes ordines ad conservandam rem publicam mente, voluntate, studio, virtute, voce consentiunt; obsessa facibus et telis impiae conjurationis vobis supplex manus tendit patria communis; vobis se, vobis vitam omnium civium, vobis arcem et Capitolium, vobis aras Penatium, vobis ignem illum Vestae sempiternum, vobis omnia deorum templa atque delubra, vobis muros et urbis tecta commendat. Praeterea de vestra vita, de conjugum vestrarum atque liberorum anima, de fortunis omnium, de sedibus, de focis vestris, hodierno die vobis judicandum est. 19. Habetis ducem memorem vestri, oblitum sui, quae non semper facultas datur; habetis omnes ordines, omnes homines, universum populum Romanum, id quod in civili causa hodierno die primum videmus, unum atque idem sentientem. Cogitate, quantis laboribus fundatum imperium, quanta virtute stabilitam libertatem, quanta deorum benignitate auctas exaggeratasque fortunas una nox paene delerit. Id ne unquam posthac non modo confici, sed ne cogitari, quidem possit a civibus, hodierno die providendum est. Atque haec, non ut vos, qui mihi studio paene praecurritis, excitarem, locutus sum; sed ut mea vox, quae debet esse in re publica princeps, officio functa consulari videretur.

X. 20. Nunc antequam, Patres conscripti, ad sententiam redeo, de me pauca dicam. Ego, quanta manus est conjuratorum, quam videtis esse permagnam, tantam me inimicorum multitudinem suscepisse video, sed eam esse turpem judico, infirmam et abjectam. Quod si aliquando, alicujus furore et scelere concitata, manus ista plus valuerit quam vestra ac rei publicae dignitas, me tamen meorum factorum atque consiliorum nunquam, Patres conscripti, poenitebit. Etenim mors, quam mihi illi fortasse minitantur, omnibus est parata: vitae tantam laudem, quanta vos me vestris decretis honestastis, nemo est assecutus. Ceteris enim bene gesta, mihi uni conservata re publica gratulationem decrevistis. 21. Sit Scipio clarus ille, cujus consilio atque virtute Hannibal in Africam redire, atque Italia decedere coactus est; ornetur alter eximia laude Africanus, qui duas urbes huic imperio infestissimas, Carthaginem Numantiamque delevit; habeatur vir egregius Paullus ille, cujus currum rex potentissimus quondam et nobilissimus, Perses, honestavit: sit aeterna gloria Marius, qui bis Italiam obsidione et metu servitutis liberavit; anteponatur omnibus Pompeius, cujus res gestae atque virtutes iisdem, quibus solis cursus, regionibus ac terminis continentur: erit profecto inter horum laudes aliquid loci nostrae gloriae; nisi forte majus est patefacere nobis provincias, quo exire possimus, quam curare, ut etiam illi, qui absunt, habeant, quo victores revertantur. 22. Quamquam est uno loco conditio melior externae victoriae, quam domesticae, quod hostes alienigenae aut oppressi serviunt, aut recepti beneficio se obligatos putant: qui autem ex numero civium dementia aliqua depravati, hostes patriae semel esse coeperunt, eos, quum a pernicie rei publicae repuleris, nec vi coercere nec beneficio placare possis; quare mihi cum perditis civibus aeternum bellum susceptum esse video. Id ego vestro, bonorumque omnium auxilio, memoriaque tantorum periculorum, quae non modo in hoc populo, qui servatus est, sed etiam in omnium gentium sermonibus ac mentibus semper haerebit, a me atque a meis facile propulsari posse confido. Neque ulla profecto tanta vis reperietur, quae conjunctionem vestram equitumque Romanorum, et tantam conspirationem bonorum omnium confringere et labefactare possit.

XI. 23. Quae quum ita sint, Patres conscripti, pro imperio, pro exercitu, pro provincia, quam neglexi, pro triumpho ceterisque laudis insignibus, quae sunt a me propter urbis vestraeque salutis custodiam repudiata, pro clientelis hospitiisque provincialibus, quae tamen urbanis opibus non minore labore tueor, quam comparo: pro his igitur omnibus rebus, pro meis in vos singularibus studiis, proque hac, quam conspicitis, ad conservandam rem publicam diligentia, nihil a vobis, nisi hujus temporis, totiusque mei consulatus memoriam postulo; quae dum erit in vestris fixa mentibus, tutissimo me muro septum esse arbitrabor. Quod si meam spem vis improborum fefellerit atque superaverit, commendo vobis parvum meum filium; cui profecto satis erit praesidii, non solum ad salutem, verum etiam ad dignitatem, si ejus, qui haec omnia suo solius periculo conservaverit, illum filium esse memineritis. 24. Quapropter de summa salute vestra populique Romani, Patres conscripti, de vestris conjugibus ac liberis, de aris ac focis, de fanis atque templis, de totius urbis tectis ac sedibus, de imperio ac libertate, de salute Italiae, de universa re publica decernite diligenter, ut instituistis, ac fortiter. Habetis cum consulem, qui et parere vestris decretis non dubitet, et ea, quae statueritis, quoad vivet, defendere et per se ipsum praestare possit.

ORATIO
PRO T. ANNIO MILONE.

I. 1. Etsi vereor, judices, ne turpe sit, pro fortissimo viro dicere incipientem timere, minimeque deceat, quum T. Annius ipse magis de rei publicae salute, quam de sua perturbetur, me ad ejus causam parem animi magnitudinem afferre non posse, tamen haec novi judicii nova forma terret oculos, qui, quocunque inciderunt, consuetudinem fori, et pristinum morem judiciorum requirunt. Non enim corona concessus vester cinctus est, ut solebat; 2. non usitata frequentia stipati sumus; nec illa praesidia, quae pro templis omnibus cernitis, etsi contra vim collocata sunt, non afferunt tamen oratori aliquid, ut in foro et in judicio, quamquam praesidiis salutaribus et necessariis septi sumus, tamen ne non timere quidem sine aliquo timore possimus. Quae si opposita Miloni putarem, cederem tempori, judices, nec inter tantam vim armorum existimarem esse orationi locum. Sed me recreat et reficit Cn. Pompeii, sapientissimi et justissimi viri, consilium, qui profecto nec justitiae suae putaret esse, quem reum sententiis judicum tradidisset, eundum telis militum dedere; nec sapientiae, temeritatem concitatae multitudinis auctoritate publica armare. 3. Quamobrem illa arma, centuriones, cohortes non periculum nobis, sed praesidium denuntiant, neque solum, ut quieto, sed etiam, ut magno animo simus, hortantur, neque auxilium modo defensioni meae, verum etiam silentium pollicentur. Reliqua vero multitudo, quae quidem est civium, tota nostra est,

neque eorum quisquam, quos undique intuentes, unde aliqua
fori pars adspici potest, et hujus exitum judicii exspectantes
videtis, non quum virtuti Milonis favet, tum de se, de liberis
suis, de patria, de fortunis hodierno die decertari putat.

II. Unum genus est adversum infestumque nobis corum,
quos P. Clodii furor rapinis, et incendiis, et omnibus exitiis
publicis pavit; qui hesterna etiam concione incitati sunt, ut
vobis voce praeirent, quid judicaretis. Quorum clamor, si
qui forte fuerit, admonere vos debebit, ut cum civem
retineatis, qui semper genus illud hominum, clamoresque
maximos pro vestra salute neglexit. 4. Quamobrem adeste
animis, judices, et timorem, si quem habetis, deponite. Nam,
si unquam de bonis et fortibus viris, si unquam de bene
meritis civibus potestas vobis judicandi fuit, si denique unquam locus amplissimorum ordinum delectis viris datus est,
ut sua studia erga fortes et bonos cives, quae vultu et verbis
saepe significassent, re et sententiis declararent, hoc profecto
tempore eam potestatem omnem vos habetis, ut statuatis,
utrum nos, qui semper vestrae auctoritati dediti fuimus,
semper miseri lugeamus, an, diu vexati a perditissimis civibus, aliquando per vos, ac per vestram fidem, virtutem
sapientiamque recreemur. 5. Quid enim nobis duobus,
judices, laboriosius, quid magis sollicitum, magis exercitum
dici aut fingi potest, qui, spe amplissimorum praemiorum, ad
rem publicam adducti, metu crudelissimorum suppliciorum
carere non possumus? Equidem ceteras tempestates et
procellas in illis dumtaxat fluctibus concionum semper putavi Miloni esse subeundas, quia semper pro bonis contra
improbos senserat; in judicio vero, et in eo consilio, in quo
ex cunctis ordinibus amplissimi viri judicarent, nunquam
existimavi spem ullam esse habituros Milonis inimicos ad
ejus non modo salutem exstinguendam, sed etiam gloriam per
tales viros infringendam. 6. Quamquam in hac causa,
judices, T. Annii tribunatu, rebusque omnibus pro salute rei
publicae gestis, ad hujus criminis defensionem non abutemur,
nisi oculis videritis insidias Miloni a Clodio factas: nec de-

precaturi sumus, ut crimen hoc nobis propter multa praeclara in rem publicam merita condonetis ; nec postulaturi, ut, si mors P. Clodii salus vestra fuerit, idcirco eam virtuti Milonis potius quam populi Romani felicitati assignetis. Sin illius insidiae clariores hac luce fuerint, tum denique obsecrabo, obtestaborque vos, judices, si cetera amisimus, hoc saltem nobis ut relinquatur, vitam ab inimicorum audacia telisque ut impune liceat defendere.

III. 7. Sed antequam ad eam orationem venio, quae est propria vestrae quaestionis, videntur ea esse refutanda, quae et in senatu ab inimicis saepe jactata sunt, et in concione ab improbis, et paulo ante ab accusatoribus, ut, omni errore sublato, rem plane, quae veniat in judicium, videre possitis. Negant intueri lucem esse fas ei, qui a se hominem occisum esse fateatur. In qua tandem urbe hoc homines stultissimi disputant? Nempe in ea, quae primum judicium de capite vidit M. Horatii, fortissimi viri, qui, nondum libera civitate, tamen populi Romani comitiis liberatus est, quum sua manu sororem esse interfectam fateretur. 8. An est quisquam, qui hoc ignoret, quum de homine occiso quaeratur, aut negari solere omnino esse factum, aut recte et jure factum esse defendi? Nisi vero existimatis, dementem P. Africanum fuisse, qui, quum a C. Carbone, tribuno plebis, seditiose in concione interrogaretur, quid de Ti. Gracchi morte sentiret, responderit, jure caesum videri. Neque enim posset aut Ahala ille Servilius, aut P. Nasica, aut L. Opimius, aut C. Marius, aut, me consule, senatus non nefarius haberi, si sceleratos cives interfici nefas esset. Itaque hoc, judices, non sine causa, etiam fictis fabulis, doctissimi homines memoriae prodiderunt, eum, qui patris ulciscendi causa matrem necavisset, variatis hominum sententiis, non solum divina, sed etiam sapientissimae deae sententia liberatum. 9. Quod si duodecim tabulae nocturnum furem quoquo modo, diurnum autem, si se telo defenderet, interfici impune voluerunt, quis est, qui, quoquo modo quis interfectus sit, puniendum putet, quum videat aliquando gladium nobis ad hominem occidendum ab ipsis porrigi legibus?

IV. Atqui si tempus est ullum jure hominis necandi, quae multa sunt, certe illud est non modo justum, verum etiam necessarium, quum vi vis illata defenditur. Pudicitiam quum eriperet militi tribunus militaris in exercitu C. Marii, propinquus ejus imperatoris, interfectus ab eo est, cui vim afferebat. Facere enim probus adolescens periculose, quam perpeti turpiter maluit. Atque hunc ille summus vir, scelere solutum, periculo liberavit. 10. Insidiatori vero, et latroni quae potest inferri injusta nex? Quid comitatus nostri, quid gladii volunt? quos habere certe non liceret, si uti illis nullo pacto liceret. Est igitur haec, judices, non scripta, sed nata lex, quam non didicimus, accepimus, legimus, verum ex natura ipsa arripuimus, hausimus, expressimus, ad quam non docti, sed facti; non instituti, sed imbuti sumus; ut, si vita nostra in aliquas insidias, si in vim, et in tela aut latronum aut inimicorum incidisset, omnis honesta ratio esset expediendae salutis. Silent enim leges inter arma, nec se exspectari jubent, quum ei, qui exspectare velit, ante injusta poena luenda sit quam justa repetenda. 11. Etsi persapienter, et quodammodo tacite, dat ipsa lex potestatem defendendi, quae non hominem occidi, sed esse cum telo hominis occidendi causa vetat; ut, quum causa, non telum quaereretur, qui sui defendendi causa telo esset usus, non hominis occidendi causa habuisse telum judicaretur. Quapropter hoc maneat in causa, judices; non enim dubito, quin probaturus sim vobis defensionem meam, si id memineritis, quod oblivisci non potestis, insidiatorem interfici jure posse.

V. 12. Sequitur illud, quod a Milonis inimicis saepissime dicitur, caedem, in qua P. Clodius occisus est, senatum judicasse, contra rem publicam esse factam. Illam vero senatus non senteniis suis solum, sed etiam studiis comprobavit. Quoties enim est illa causa a nobis acta in senatu? quibis assensionibus universi ordinis? quam nec tacitis, nec occultis? Quando enim frequentissimo senatu quatuor, aut summum quinque sunt inventi, qui Milonis causam non probarent? Declarant hujus ambusti tribuni plebis illae intermortuae conciones, quibus quotidie meam potentiam invidiose criminabatur, quum diceret, senatum non quod sentiret, sed quod ego vellem, decernere. Quae quidem si potentia est appellanda potius, quam aut propter magna in rem publicam merita mediocris in bonis causis auctoritas, aut propter hos officiosos labores meos nonnulla apud bonos gratia, appelletur ita sane, dummodo ea nos utamur pro salute bonorum contra amentiam perditorum. 13. Hanc vero quaestionem, etsi non est iniqua, nunquam tamen senatus constituendam putavit. Erant enim leges, erant quaestiones, vel de caede vel de vi; nec tantum moerorem ac luctum senatui mors P. Clodii afferebat, ut nova quaestio constitueretur. Cujus enim de illo incesto stupro judicium decernendi senatui potestas esset erepta; de ejus interitu, quis potest credere, senatum judicium novum constituendum putasse? Cur igitur incendium curiae, oppugnationem aedium M. Lepidi, caedem hanc ipsam contra rem publicam senatus factam esse decrevit? Quia nulla vis unquam est in libera civitate suscepta inter cives, non contra rem publicam. 14. Non enim est illa defensio contra vim unquam optanda, sed nonnunquam est necessaria. Nisi vero aut ille dies, quo Ti. Gracchus est caesus, aut ille, quo Caius, aut arma Saturnini non, etiamsi e re publica oppressa sunt, rem publicam tamen vulnerarunt.

VI. Itaque ego ipse decrevi, quum caedem in Appia factam esse constaret, non eum, qui se defendisset, contra rem publicam fecisse; sed, quum inessent in re vis et insidiae, crimen judicio reservavi, rem notavi. Quod si per furiosum illum tribunum senatui, quod sentiebat, perficere licuisset, novam quaestionem nullam haberemus. Decernebat enim, ut veteribus legibus, tantummodo extra ordinem, quaereretur. Divisa sententia est, postulante nescio quo; nihil enim ncesse est omnium me flagitia proferre. Sic reliqua auctoritas senatus empta intercessione sublata est. 15. At enim

Cn. Pompeius rogatione sua, et de re, et de causa judicavit; tulit enim de caede, quae in Appia via facta esset, in qua P. Clodius occisus esset. Quid ergo tulit? Nempe ut quaereretur. Quid porro quaerendum est? Factumne sit? At constat. A quo? At paret. Vidit igitur, etiam in confessione facti, juris tamen defensionem suscipi posse. Quod nisi vidisset, posse absolvi eum, qui fateretur, quum videret nos fateri, neque quaeri unquam jussisset, nec vobis tam hanc salutarem in judicando literam, quam illam, tristem dedisset. Mihi vero Cn. Pompeius non modo nihil gravius contra Milonem judicasse, sed etiam statuisse videtur, quid vos in judicando spectare oporteret. Nam qui non poenam confessioni, sed defensionem dedit, is causam interitus quaerendam, non interitum putavit. 16. Jam illud ipse dicet profecto, quod sua sponte fecit, Publione Clodio tribuendum putarit, an tempori.

VII. Domi suae nobilissimus vir, senatus propugnator, atque, illis quidem temporibus, paene patronus, avunculus hujus judicis nostri, fortissimi viri, M. Catonis, tribunus plebis M. Drusus occisus est. Nihil de ejus morte populus consultus, nulla quaestio decreta a senatu est. Quantum luctum in hac urbe fuisse, a nostris patribus accepimus, quum P. Africano, domi suae quiescenti, illa nocturna vis esset illata? quis tum non gemuit? quis non arsit dolore, quem immortalem, si fieri posset, omnes esse cuperent, ejus ne necessariam quidem exspectatam esse mortem? Num igitur ulla quaestio de Africani morte lata est? Certe nulla. 17. Quid ita? Quia non alio facinore clari homines, alio obscuri necantur. Intersit inter vitae dignitatem summorum atque infimorum; mors quidem illata per scelus iisdem et poenis teneatur et legibus. Nisi forte magis erit parricida, si qui consularem patrem, quam si quis humilem necaverit, aut eo mors atrocior erit P. Clodii, quod is in monumentis majorum suorum sit interfectus. Hoc enim ab istis saepe dicitur; proinde quasi Appius ille Caecus viam muniverit, non qua populus uteretur, sed ubi impune sui posteri latrocinarentur. 18. Itaque in eadem ista Appia via, quum ornatissimum equitem Romanum P. Clodius M. Papirium occidisset, non fuit illud facinus puniendum; homo enim nobilis in suis monumentis equitem Romanum occiderat; nunc ejusdem Appiae nomen quantas tragoedias excitat! Quae cruentata antea caede honesti atque innocentis viri silebatur, eadem nunc crebro usurpatur, posteaquam latronis et parricidae sanguine imbuta est. Sed quid ego illa commemoro? Comprehensus est in templo Castoris servus P. Clodii, quem ille ad Cn. Pompeium interficiendum collocarat; extorta est confitenti sica de manibus; caruit foro postea Pompeius, caruit senatu, caruit publico; janua se, ac parietibus, non jure legum judiciorumque texit. 19. Num quae rogatio lata, num quae nova quaestio decreta est? Atqui, si res, si vir, si tempus ullum dignum fuit, certe haec in illa causa summa omnia fuerunt. Insidiator erat in foro collocatus, atque in vestibulo ipso senatus; ei viro autem mors parabatur, cujus in vita nitebatur salus civitatis; eo porro rei publicae tempore, quo, si unus ille occidisset, non haec solum civitas, sed gentes omnes concidissent. Nisi vero, quia perfecta res non est, non fuit punienda; proinde quasi exitus rerum, non hominum consilia legibus vindicentur. Minus dolendum fuit, re non perfecta, sed puniendum certe nihilo minus. 20. Quoties ego ipse, judices, ex P. Clodii telis et ex cruentis ejus manibus effugi? ex quibus si me non vel mea, vel rei publicae fortuna servasset, quis tandem de interitu meo quaestionem tulisset?

VIII. Sed stulti sumus, qui Drusum, qui Africanum, Pompeium, nosmet ipsos cum P. Clodio conferre audeamus. Tolerabilia fuerunt illa; P. Clodii mortem nemo aequo animo ferre potest. Luget senatus, moeret equester ordo, tota civitas confecta senio est, squalent municipia, afflictantur coloniae, agri denique ipsi tam beneficum, tam salutarem, tam mansuetum civem desiderant. 21. Non fuit ea causa, judices, profecto, non fuit, cur sibi censeret Pom-

peius quaestionem ferendam ; sed homo sapiens, atque alta
et divina quadam mente praeditus, multa vidit; fuisse illum
sibi inimicum, familiarem Milonem ; in communi omnium
laetitia si etiam ipse gauderet, timuit, ne videretur infirmior
fides reconciliatae gratiae; multa etiam alia vidit, sed illud
maxime, quamvis atrociter ipse tulisset, vos tamen fortiter
judicaturos. Itaque delegit e florentissimis ordinibus ipsa
lumina. Neque vero, quod nonnulli dictitant, secrevit in
judicibus legendis amicos meos. Neque enim hoc cogitavit
vir justissimus, neque in bonis viris legendis id assequi
potuisset, etiamsi cupisset. Non enim mea gratia familiaritatibus continetur, quae late patere non possunt, propterea
quod consuetudines victus non possunt esse cum multis ;
sed, si quid possumus, ex eo possumus, quod res publica
nos conjunxit cum bonis ; ex quibus ille quum optimos
viros legeret, idque maxime ad fidem suam pertinere arbitraretur, non potuit legere non studiosos mei. 22. Quod
vero te, L. Domiti, huic quaestioni praeesse maxime voluit,
nihil quaesivit aliud, nisi justitiam, gravitatem, humanitatem, fidem. Tulit, ut consularem necesse esset ; credo,
quod principum munus esse ducebat, resistere et levitati
multitudinis, et perditorum temeritati. Ex consularibus
te creavit potissimum. Dederas enim, quam contemneres
populares insanias, jam ab adolescentia documenta maxima.

IX. 23. Quamobrem, judices, ut aliquando ad causam
crimenque veniamus, si neque omnis confessio facti est inusitata, neque de causa nostra quidquam aliter, ac nos
vellemus, a senatu judicatum est, et lator ipse legis, quum
esset controversia nulla facti, juris tamen disceptationem
esse voluit, et electi judices, isque praepositus quaestioni,
qui haec juste sapienterque disceptet, reliquum est, judices,
ut nihil jam quaerere aliud debeatis, nisi, uter utri insidias
fecerit. Quod quo facilius argumentis perspicere possitis,
rem gestam vobis dum breviter expono, quaeso, diligenter
attendite. 24. P. Clodius quum statuisset omni scelere in
praetura vexare rem publicam, videretque ita tracta esse

comitia anno superiore, ut non multos menses praeturam gerere posset, qui non honoris gradum spectaret, ut ceteri, sed et L. Paullum collegam effugere vellet, singulari virtute civem, et annum integrum ad dilacerandam rem publicam quaereret, subito reliquit annum suum, seseque in proximum annum transtulit, non, ut fit, religione aliqua, sed ut haberet, quod ipse dicebat, ad praeturam gerendam, hoc est, ad evertendam rem publicam, plenum annum atque integrum. 25. Occurrebat ei, mancam ac debilem praeturam suam futuram, consule Milone; eum porro summo consensu populi Romani consulem fieri videbat. Contulit se ad ejus competitores, sed ita, totam ut petitionem ipse solus, etiam invitis illis, gubernaret; tota ut comitia suis, ut dictitabat, humeris sustineret. Convocabat tribus; se interponebat; Collinam novam delectu perditissimorum civium conscribebat. Quanto ille plura miscebat, tanto hic magis in dies convalescebat. Ubi vidit homo ad omne facinus paratissimus, fortissimum virum, inimicissimum suum, certissimum consulem, idque intellexit non solum sermonibus, sed etiam suffragiis populi Romani saepe esse declaratum, palam agere coepit, et aperte dicere, occidendum Milonem. 26. Servos agrestes et barbaros, quibus silvas publicas depopulatus erat, Etruriamque vexarat, ex Apennino deduxerat, quos videbatis. Res erat minime obscura. Etenim dictitabat palam, consulatum eripi Miloni non posse, vitam posse. Significavit hoc saepe in senatu; dixit in concione; quin etiam M. Favonio, fortissimo viro, quaerenti ex eo, qua spe fureret, Milone vivo, respondit, triduo illum, aut summum quatriduo esse periturum; quam vocem ejus ad hunc M. Catonem statim Favonius detulit.

X. 27. Interim, quum sciret Clodius (neque enim erat difficile scire), iter sollemne, legitimum, necessarium, ante diem XIII. Kalendas Februarias, Miloni esse Lanuvium ad flaminem prodendum, quod erat dictator Lanuvii Milo, Roma subito ipse profectus pridie est, ut ante suum fundum (quod re intellectum est) Miloni insidias collocaret. Atque

ita profectus est, ut concionem turbulentam, in qua ejus
furor desideratus est, quae illo ipso die habita est, relinqueret, quam, nisi obire facinoris locum tempusque voluisset, nunquam reliquisset. 28. Milo autem quum in senatu
fuisset eo die, quoad senatus est dimissus, domum venit;
calceos et vestimenta mutavit; paulisper, dum se uxor (ut
fit) comparat, commoratus est, deinde profectus id temporis,
quum jam Clodius, si quidem eo die Romam venturus erat,
redire potuisset. Obviam fit ei Clodius, expeditus, in equo,
nulla rheda, nullis impedimentis, nullis Graecis comitibus,
ut solebat, sine uxore, quod nunquam fere, quum hic insidiator, qui iter illud ad caedem faciendam apparasset, cum
uxore veheretur in rheda, paenulatus, magno et impedito,
et muliebri ac delicato ancillarum puerorumque comitatu.
29. Fit obviam Clodio ante fundum ejus, hora fere undecima, aut non multo secus. Statim complures cum telis
in hunc faciunt de loco superiore impetum; adversi rhedarium occidunt; quum autem hic de rheda, rejecta paenula,
desiluisset, seque acri animo defenderet, illi, qui erant cum
Clodio, gladiis eductis, partim recurrere ad rhedam, ut a
tergo Milonem adorirentur, partim, quod hunc jam interfectum putarent, caedere incipiunt ejus servos, qui post
erant, ex quibus, qui animo fideli in dominum et praesenti
fuerunt, partim occisi sunt, partim, quum ad rhedam pugnari viderent, domino succurrere prohiberentur, Milonem
occisum ex ipso Clodio audirent, et re vera putarent, fecerunt id servi Milonis (dicam enim aperte non derivandi
criminis causa, sed ut factum est), nec imperante, nec sciente,
nec praesente domino, quod suos quisque servos in tali re
facere voluisset.

XI. 30. Haec, sicut exposui, ita gesta sunt, judices; insidiator superatus est; vi victa vis, vel potius oppressa virtute audacia est. Nihil dico, quid res publica consecuta sit,
nihil, quid vos, nihil, quid omnes boni. Nihil sane id prosit
Miloni, qui hoc fato natus est, ut ne se quidem servare potuerit, quin una rem publicam vosque servaret. Si id jure

fieri non potuit, nihil habeo, quod defendam. Sin hoc et ratio doctis, et necessitas barbaris, et mos gentibus, et feris etiam belluis natura ipsa praescripsit, ut omnem semper vim, quacunque ope possent, a corpore, a capite, a vita sua propulsarent, non potestis hoc facinus improbum judicare, quin simul judicetis, omnibus, qui in latrones inciderint, aut illorum telis, aut vestris sententiis esse pereundum. 31. Quod si ita putasset, certe optabilius Miloni fuit dare jugulum P. Clodio, non semel ab illo, neque tum primum petitum, quam jugulari a vobis, quia se non jugulandum illi tradidisset. Sin hoc nemo vestrum ita sentit, illud jam in judicium venit, non, occisusne sit, quod fatemur; sed jure, an injuria; quod multis in causis saepe quaesitum est. Insidias factas esse constat, et id est, quod senatus contra rem publicam factum judicavit; ab utro factae sint, incertum est. De hoc igitur latum est ut quaereretur. Ita et senatus rem, non hominem, notavit, et Pompeius de jure, non de facto, quaestionem tulit.

XII. Numquid igitur aliud in judicium venit, nisi, uter utri insidias fecerit? Profecto nihil; si hic illi, ut ne sit impune; si ille huic, tum nos scelere solvamur.

32. Quonam igitur pacto probari potest, insidias Miloni fecisse Clodium? Satis est in illa quidem tam audaci, tam nefaria bellua docere, magnam ei causam, magnam spem in Milonis morte propositam, magnas utilitates fuisse. Itaque illud Cassianum, CUI BONO FUERIT, in his personis valeat; etsi boni nullo emolumento impelluntur in fraudem, improbi saepe parvo. Atqui, Milone interfecto, Clodius hoc assequebatur, non modo ut praetor esset non eo consule, quo sceleris facere nihil posset, sed etiam, ut iis consulibus praetor esset, quibus si non adjuvantibus, at conniventibus certe, speraret, se posse eludere in illis suis cogitatis furoribus; cujus illi conatus, ut ipse ratiocinabatur, nec cuperent reprimere, si possent, quum tantum beneficium ei se debere arbitrarentur, et, si vellent, fortasse vix possent frangere hominis sceleratissimi corroboratam jam vetustate audaciam. 33. An vero,

judices, vos soli ignoratis, vos hospites in hac urbe versamini? vestrae peregrinantur aures, neque in hoc pervagato civitatis sermone versantur, quas ille leges (si leges nominandae sunt, ac non faces urbis, pestes rei publicae) fuerit impositurus nobis omnibus atque inusturus? Exhibe, quaeso, Sexte Clodi, exhibe librarium illud legum vestrarum, quod te aiunt eripuisse e domo, et ex mediis armis, turbaque nocturna, tamquam Palladium extulisse, ut praeclarum videlicet munus, atque instrumentum tribunatus ad aliquem, si nactus esses, qui tuo arbitrio tribunatum gereret, deferre posses. An hujus ille legis, quam Sex. Clodius a se inventam gloriatur, mentionem facere ausus esset, vivo Milone, ne dicam consule? De nostrum omnium—non audeo totum dicere. Videte, quid ea vitii lex habitura fuerit, cujus periculosa etiam reprehensio est. Et adspexit me illis quidem oculis, quibus tum solebat, quum omnibus omnia minabatur. Movet me quippe lumen curiae.

XIII. Quid? tu me tibi iratum, Sexte, putas, cujus tu inimicissimum multo crudelius etiam punitus es, quam erat humanitatis meae postulare? Tu P. Clodii cruentum cadaver ejecisti domo, tu in publicum abjecisti, tu spoliatum imaginibus, exsequiis, pompa, laudatione, infelicissimis lignis semustilatum, nocturnis canibus dilaniandum reliquisti. Quare etsi nefarie fecisti, tamen, quoniam in meo inimico crudelitatem exprompsisti tuam, laudare non possum, irasci certe non debeo. 34. [*Demonstravi, judices, quantum Clodii inter*] fuerit occidi Milonem. Convertite animos nunc vicissim ad Milonem. Quid Milonis intererat interfici Clodium? Quid erat, cur Milo, non dicam admitteret, sed optaret?—Obstabat in spe consulatus Miloni Clodius.—At eo repugnante fiebat; immo vero eo fiebat magis, nec me suffragatore meliore utebatur quam Clodio. Valebat apud vos, judices, Milonis erga me remque publicam meritorum memoria; valebant preces et lacrimae nostrae, quibus ego tum vos mirifice moveri sentiebam; sed plus multo valebat periculorum impendentium timor. Quis enim erat civium, qui sibi solutam P. Clodii praeturam sine maximo rerum novarum metu proponeret? Solutam autem fore videbatis, nisi esset is consul, qui eam auderet possetque constringere. Eum Milonem unum esse quum sentiret universus populus Romanus, quis dubitaret suffragio suo se metu, periculo rem publicam liberare? At nunc, Clodio remoto, usitatis jam rebus enitendum est Miloni, ut tueatur dignitatem suam; singularis illa et huic uni concessa gloria, quae quotidie augebatur frangendis furoribus Clodianis, jam Clodii morte cecidit. Vos adepti estis, ne quem civem metueretis; hic exercitationem virtutis, suffragationem consulatus, fontem perennem gloriae suae perdidit. Itaque Milonis consulatus, qui, vivo Clodio, labefactari non poterat, mortuo denique tentari coeptus est. Non modo igitur nihil prodest, sed obest etiam Clodii mors Miloni. 35. At valuit odium, fecit iratus, fecit inimicus, fuit ultor injuriae, punitor doloris sui. Quid? si haec, non dico, majora fuerunt in Clodio, quam in Milone, sed in illo maxima, nulla in hoc? quid vultis amplius? Quid enim odisset Clodium Milo, segetem ac materiem suae gloriae, praeter hoc civile odium, quo omnes improbos odimus? Ille, erat, ut odisset, primum salutis meae defensorem, deinde vexatorem furoris, domitorem armorum suorum, postremo etiam accusatorem suum. Reus enim Milonis, lege Plotia, fuit Clodius, quoad vixit. Quo tandem animo hoc tyrannum illum tulisse creditis? quantum odium illius, et, in homine injusto, quam etiam justum fuisse?

XIV. 36. Reliquum est, ut jam illum natura ipsius, consuetudoque defendat, hunc autem haec eadem coarguant. Nihil per vim unquam Clodius, omnia per vim Milo. Quid? ego, judices, quum, moerentibus vobis, urbe cessi, judiciumne timui? non servos, non arma, non vim? Quae fuisset igitur justa causa restituendi mei, nisi fuisset injusta ejiciendi? Diem mihi, credo, dixerat, multam irrogarat, actionem perduellionis intenderat, et mihi videlicet in causa aut mala aut mea, non et praeclarissima et vestra, judicium timendum fuit. Servorum, et egentium civium, et faci-

norosorum armis meos cives, meis consiliis periculisque
servatos, pro me objici nolui. 37. Vidi enim, vidi, hunc
ipsum Q. Hortensium, lumen et ornamentum rei publicae,
paene interfici servorum manu, quum mihi adesset; qua in
turba C. Vibienus, senator, vir optimus, cum hoc quum esset
una, ita est mulcatus, ut vitam amiserit. Itaque quando
illius postea sica illa, quam a Catilina acceperat, conquievit?
Haec intentata nobis est; huic ego vos objici pro me non
sum passus; haec insidiata Pompeio est; haec istam Appiam, monumentum sui nominis, nece Papirii cruentavit;
haec, haec eadem, longo intervallo, conversa rursus est in
me; nuper quidem, ut scitis, me ad regiam paene confecit.
38. Quid simile Milonis? cujus vis omnis haec semper fuit,
ne P. Clodius, quum in judicium detrahi non posset, vi
oppressam civitatem teneret. Quem si interficere voluisset,
quantae, quoties occasiones, quam praeclarae fuerunt? Potuitne, quum domum ac deos penates suos, illo oppugnante,
defenderet, jure se ulcisci? potuitne, civi egregio et viro
fortissimo, P. Sestio, collega suo, vulnerato? potuitne, Q.
Fabricio, viro optimo, quum de reditu meo legem ferret,
pulso, crudelissima in foro caede facta? potuitne L. Caecilii,
justissimi fortissimique praetoris, oppugnata domo? potuitne illo die, quum est lata lex de me? quum totius Italiae
concursus, quem mea salus concitarat, facti illius gloriam
libens agnovisset, ut, etiamsi id Milo fecisset, cuncta civitas
eam laudem pro sua vindicaret?

XV. 39. At quod erat tempus! Clarissimus et fortissimus consul, inimicus Clodio, P. Lentulus, ultor sceleris
illius, propugnator senatus, defensor vestrae voluntatis, patronus publici consensus, restitutor salutis meae; septem
praetores, octo tribuni plebis, illius adversarii, defensores
mei; Cn. Pompeius auctor et dux mei reditus, illius hostis,
cujus sententiam senatus omnis de salute mea gravissimam et
ornatissimam secutus est, qui populum Romanum est cohortatus, qui, quum decretum de me Capuae fecit, ipse cunctae
Italiae cupienti et ejus fidem imploranti signum dedit, ut ad

me restituendum Romam concurrerent; omnia tum denique in illum odia civium ardebant desiderio mei; quem qui tum interemisset, non de impunitate ejus, sed de praemiis cogitaretur. 40. Tamen se Milo continuit, et P. Clodium in judicium bis, ad vim nunquam vocavit. Quid? privato Milone, et reo ad populum, accusante P. Clodio, quum in Cn. Pompeium pro Milone dicentem impetus factus est, quae tum non modo occasio, sed etiam causa illius opprimendi fuit? Nuper vero quum M. Antonius summam spem salutis bonis omnibus attulisset, gravissimamque adolescens nobilissimus rei publicae partem fortissime suscepisset, atque illam belluam, judicii laqueos declinantem, jam irretitam teneret; qui locus, quod tempus illud, dii immortales, fuit? Quum se ille fugiens in scalarum tenebras abdidisset, magnum Miloni fuit conficere illam pestem nulla sua invidia, Antonii vero maxima gloria. 41. Quid? comitiis in campo quoties potestas fuit, quum ille in septa irrupisset, gladios destringendos, lapides jaciendos curavisset, dein subito, vultu Milonis perterritus, fugeret ad Tiberim, vos et omnes boni vota faceretis, ut Miloni uti virtute sua liberet?

XVI. Quem igitur cum omnium gratia noluit, hunc voluit cum aliquorum querela? quem jure, quem loco, quem tempore, quem impune non est ausus, hunc injuria, iniquo loco, alieno tempore, periculo capitis, non dubitavit occidere? 42. praesertim, judices, quum honoris amplissimi contentio, et dies comitiorum subesset; quo quidem tempore (scio enim, quam timida sit ambitio, quantaque et quam sollicita sit cupiditas consulatus), omnia non modo, quae reprehendi palam, sed etiam quae obscure cogitari possunt, timemus, rumorem, fabulam fictam, levem perhorrescimus, ora omnium atque oculos intuemur. Nihil est enim tam molle, tam tenerum, tam aut fragile aut flexibile, quam voluntas erga nos, sensusque civium, qui non modo improbitati irascuntur candidatorum, sed etiam in recte factis saepe fastidiunt. 43. Hunc igitur diem campi speratum atque

exoptatum sibi proponens Milo, cruentis manibus, scelus et
facinus prae se ferens et confitens, ad illa augusta centuriarum auspicia veniebat? Quam hoc non credibile in hoc!
quam idem in Clodio non dubitandum, qui se interfecto
Milone regnaturum putaret! Quid? quod caput est audaciae, judices, quis ignorat, maximam illecebram esse peccandi impunitatis spem? In utro igitur haec fuit? in
Milone, qui etiam nunc reus est facti, aut praeclari, aut
certe necessarii, an in Clodio, qui ita judicia poenamque
contempserat, ut eum nihil delectaret, quod aut per naturam
fas esset, aut per leges liceret? 44. Sed quid ego argumentor? quid plura disputo? Te Q. Petili, appello, optimum et
fortissimum civem; te, M. Cato, testor; quos mihi divina
quaedam sors dedit judices. Vos ex M. Favonio audistis,
Clodium sibi dixisse, et audistis vivo Clodio, periturum
Milonem triduo. Post diem tertium gesta res est, quam
dixerat. Quum ille non dubitarit aperire, quid cogitaret,
vos potestis dubitare, quid fecerit?

XVII. 45. Quemadmodum igitur eum dies non fefellit?
Dixi equidem modo. Dictatoris Lanuvini stata sacrificia
nosse negotii nihil erat. Vidit, necesse esse Miloni, proficisci Lanuvium illo ipso, quo est profectus, die. Itaque
antevertit. At quo die? Quo, ut ante dixi, fuit insanissima concio, ab ipsius mercenario tribuno plebis concitata;
quem diem ille, quam concionem, quos clamores, nisi ad
cogitatum facinus approperaret, nunquam reliquisset. Ergo
illi ne causa quidem itineris, etiam causa manendi; Miloni
manendi nulla facultas, exeundi non causa solum, sed etiam
necessitas fuit. Quid? si, ut ille scivit, Milonem fore eo
die in via, sic Clodium Milo ne suspicari quidem potuit?
46. Primum quaero, qui scire potuerit? quod vos idem in
Clodio quaerere non potestis. Ut enim neminem alium, nisi
T. Patinam, familiarissimum suum, rogasset, scire potuit,
illo ipso die Lanuvii a dictatore Milone prodi flaminem
necesse esse. Sed erant permulti alii, ex quibus id facillime
scire posset; omnes scilicet Lanuvini. Milo de Clodii reditu

unde quaesivit? Quaesierit sane. Videte, quid vobis largiar. Servum etiam, ut Q. Arrius, meus amicus, dixit, corruperit. Legite testimonia testium vestrorum. Dixit C. Cassinius Schola, Interamnanus, familiarissimus et idem comes Clodii, cujus jampridem testimonio Clodius eadem hora Interamnae fuerat et Romae, P. Clodium illo die in Albano mansurum fuisse, sed subito esse ei nuntiatum, Cyrum architectum esse mortuum; itaque repente Romam constituisse proficisci. Dixit hoc, comes item P. Clodii, C. Clodius.

XVIII. 47. Videte, judices, quantae res his testimoniis sint confectae. Primum certe liberatur Milo, non eo consilio profectus esse, ut insidiaretur in via Clodio; quippe; si ille obvius ei futurus omnino non erat. Deinde (non enim video, cur non meum quoque agam negotium) scitis, judices, fuisse, qui in hac rogatione suadenda dicerent, Milonis manu caedem esse factam, consilio vero majoris alicujus. Me videlicet latronem ac sicarium abjecti homines et perditi describebant. Jacent suis testibus hi, qui Clodium negant eo die Romam, nisi de Cyro audisset, fuisse rediturum. Respiravi; liberatus sum; non vereor, ne, quod ne suspicari quidem potuerim, videar id cogitasse. 48. Nunc persequar cetera. Nam occurrit illud: Igitur ne Clodius quidem de insidiis cogitavit, quoniam fuit in Albano mansurus. Si quidem exiturus ad caedem e villa non fuisset. Video enim, illum, qui dicatur de Cyri morte nuntiasse, non id nuntiasse, sed Milonem appropinquare. Nam quid de Cyro nuntiaret, quem Clodius, Roma proficiscens, reliquerat morientem? Una fui; testamentum simul obsignavi cum Clodio; testamentum autem palam fecerat, et illum heredem et me scripserat. Quem pridie hora tertia animam efflantem reliquisset, eum mortuum postridie hora decima denique ei nuntiabatur?

XIX. 49. Age, sit ita factum; quae causa, cur Romam properaret? cur in noctem se conjiceret? Quid afferebat causam festinationis? Quod heres erat? Primum erat

nihil, cur properato opus esset; deinde, si quid esset, quid
tandem erat, quod ea nocte consequi posset, amitteret autem,
si postridie Romam mane venisset? Atque ut illi nocturnus ad urbem adventus vitandus potius, quam expetendus
fuit, sic Miloni, quum insidiator esset, si illum ad urbem
noctu accessurum sciebat, subsidendum atque exspectandum
fuit. 50. Noctu, insidioso et pleno latronum in loco
occidisset; nemo ei neganti non credidisset, quem esse
omnes salvum, etiam confitentem volunt. Sustinuisset hoc
crimen primum ipse ille latronum occultator et receptor
locus; tum neque muta solitudo indicasset, neque caeca nox
ostendisset Milonem; deinde ibi multi ab illo violati, spoliati, bonis expulsi, multi haec etiam timentes in suspicionem
caderent; tota denique rea citaretur Etruria. 51. Atque
illo die certe Aricia rediens devertit Clodius ad se in
Albanum. Quod ut sciret Milo, illum Ariciae fuisse, suspicari tamen debuit, cum, etiamsi Romam illo die reverti
vellet, ad villam suam, quae viam tangeret, deversurum.
Cur neque ante occurrit, ne ille in villa resideret, nec eo in
loco subsedit, quo ille noctu venturus esset?

Video constare adhuc, judices, omnia; Miloni etiam utile
fuisse Clodium vivere, illi ad ea quae concupierat, optatissimum interitum Milonis; odium fuisse illius in hunc acerbissimum, nullum hujus in illum; consuetudinem illius perpetuam in vi inferenda, hujus tantum in repellenda; 52.
mortem ab illo denuntiatam Miloni, et praedictam palam,
nihil unquam auditum ex Milone; profectionis hujus diem
illi notum, reditus illius huic ignotum fuisse; hujus iter
necessarium, illius etiam potius alienum; hunc prae se
tulisse, illo se die Roma exiturum, illum eo die se dissimulasse rediturum; hunc nullius rei mutasse consilium, illum
causam mutandi consilii finxisse; huic, si insidiaretur, noctem prope urbem exspectandam, illi, etiamsi hunc non
timeret, tamen accessum ad urbem nocturnum fuisse
metuendum.

XX 53. Videamus nunc id, quod caput est, locus ad

insidias ille ipse, ubi congressi sunt, utri tandem fuerit aptior. Id vero, judices, etiam dubitandum, et diutius cogitandum est? Ante fundum Clodii, quo in fundo, propter insanas illas substructiones, facile hominum mille versabantur valentium; edito adversarii atque excelso loco, superiorem se fore putarat Milo, et ob eam rem, eum locum ad pugnam potissimum elegerat? an in eo loco est potius exspectatus ab eo, qui ipsius loci spe facere impetum cogitarat? Res loquitur ipsa, judices, quae semper valet plurimum. 54. Si haec non gesta audiretis, sed picta videretis, tamen appareret, uter esset insidiator, uter nihil cogitaret mali, quum alter veheretur in rheda paenulatus, una sederet uxor. Quid horum non impeditissimum? vestitus, an vehiculum, an comes? quid minus promptum ad pugnam, quum paenula irretitus, rheda impeditus, uxore paene constrictus esset? Videte nunc illum, primum egredientem e villa, subito; cur? vesperi; quid necesse est? tarde; qui convenit, praesertim id temporis? Devertit in villam Pompeii. Pompeium ut videret? sciebat, in Alsiensi esse; villam ut perspiceret? millies in ea fuerat; quid ergo erat? mora et tergiversatio; dum hic veniret, locum relinquere noluit.

XXI. 55. Age, nunc iter expediti latronis cum Milonis impedimentis comparate. Semper ille antea cum uxore; tum sine ea; nunquam nisi in rheda; tum in equo; comites Graeculi, quocunque ibat, etiam quum in castra Etrusca properabat; tum in comitatu nugarum nihil. Milo, qui nunquam, tum casu pueros symphoniacos uxoris ducebat et ancillarum greges. Ille, qui semper secum scorta, semper exoletos, semper lupas duceret, tum neminem, nisi ut virum a viro lectum esse diceres. Cur igitur victus est? Quia non semper viator a latrone, nonnunquam etiam latro a viatore occiditur; quia, quamquam paratus in imparatos Clodius, tamen mulier inciderat in viros. 56. Nec vero sic erat unquam non paratus Milo contra illum, ut non satis fere esset paratus. Semper ille, et quantum interesset P. Clodii, se perire, et quanto illi odio esset, et quantum ille auderet, cogitabat. Quamobrem vitam suam, quam maximis praemiis propositam et paene addictam sciebat, nunquam in periculum sine praesidio et sine custodia projiciebat. Adde casus, adde incertos exitus pugnarum Martemque communem, qui saepe spoliantem jam et exsultantem evertit, et perculit ab abjecto; adde inscitiam prausi, poti, oscitantis ducis, qui quum a tergo hostem interclusum reliquisset, nihil de ejus extremis comitibus cogitavit, in quos incensos ira vitamque domini desperantes quum incidisset, haesit in iis poenis, quas ab eo servi fideles pro domini vita expetiverunt. 57. Cur igitur eos manumisit? Metuebat scilicet, ne indicarent, ne dolorem perferre non possent, ne tormentis cogerentur occisum esse a servis Milonis in Appia via P. Clodium confiteri. Quid opus est tortore? Quid quaeris? Occideritne? Occidit. Jure, an injuria? Nihil ad tortorem. Facti enim in equuleo quaestio est, juris in judicio.

XXII. Quod igitur in causa quaerendum est, id agamus hic; quod tormentis invenire vis, id fatemur. Manu vero cur miserit, si id potius quaeris, quam cur parum amplis affecerit praemiis, nescis inimici factum reprehendere. 58. Dixit enim hic idem, qui omnia semper constanter et fortiter, M. Cato, et dixit in turbulenta concione, quae tamen hujus auctoritate placata est, non libertate solum, sed etiam omnibus praemiis dignissimos fuisse, qui domini caput defendissent. Quod enim praemium satis magnum est tam benevolis, tam bonis, tam fidelibus servis, propter quos vivit? Etsi id quidem non tanti est, quam quod propter eosdem non sanguine et vulneribus suis crudelissimi inimici mentem oculosque satiavit. Quos nisi manumisisset, tormentis etiam dedendi fuerunt conservatores domini, ultores sceleris, defensores necis. Hic vero nihil habet in his malis, quod minus moleste ferat, quam, etiamsi quid ipsi accidat, esse tamen illis meritum praemium persolutum. 59. Sed quaestiones urgent Milonem, quae sunt habitae nunc in atrio Libertatis. Quibusnam de servis? Rogas? De P. Clodii. Quis eos postulavit? Appius. Quis produxit? Appius. Unde? Ab Appio. Dii boni! quid potest agi severius? De servis nulla lege quaestio est in dominum, nisi de incestu, ut fuit in Clodium. Proxime deos accessit Clodius, propius quam tum, quum ad ipsos penetrarat, cujus de morte, tamquam de caerimoniis violatis, quaeritur. Sed tamen majores nostri in dominum de servo quaeri noluerunt, non quia non posset verum inveniri, sed quia videbatur indignum, et dominis morte ipsa tristius. In reum de servo accusatoris quum quaeritur, verum inveniri potest? 60. Age vero, quae erat, aut qualis quaestio? Heus tu, Rufio, verbi causa, cave sis mentiare. Clodius insidias fecit Miloni? Fecit. Certa crux. Nullas fecit. Sperata libertas. Quid hac quaestione certius? Subito abrepti in quaestionem tamen separantur a ceteris, et in arcas conjiciuntur, ne quis cum iis colloqui possit. Hi centum dies penes accusatorem quum fuissent, ab eo ipso accusatore producti sunt. Quid hac quaestione dici potest integrius? quid incorruptius?

XXIII. 61. Quod si nondum satis cernitis, quum res ipsa tot tam claris argumentis signisque luceat, pura mente atque integra Milonem, nullo scelere imbutum, nullo metu perterritum, nulla conscientia exanimatum, Romam revertisse, recordamini, per deos immortales! quae fuerit celeritas reditus ejus, qui ingressus in forum, ardente curia, quae magnitudo animi, qui vultus, quae oratio. Neque vero se populo solum, sed etiam senatui commisit, neque senatui modo, sed etiam publicis praesidiis et armis, neque his tantum, verum etiam ejus potestati, cui senatus totam rem publicam, omnem Italiae pubem, cuncta populi Romani arma commiserat; cui nunquam se hic profecto tradidisset, nisi causae suae confideret, praesertim omnia audienti, magna metuenti, multa suspicanti, nonnulla credenti. Magna vis est conscientiae, judices, et magna in utramque partem, ut neque timeant, qui nihil commiserint, et poenam semper ante oculos versari putent, qui peccarint. 62. Neque vero, sine ratione certa, causa Milonis semper a senatu probata est. Videbant enim sapientissimi homines facti rationem, praesentiam animi, defensionis constantiam. An vero obliti estis, judices, recenti illo nuntio necis Clodianae, non modo inimicorum Milonis sermones et opiniones, sed nonnullorum etiam imperitorum? Negabant eum Romam esse rediturum. 63. Sive enim illud animo irato ac percito fecisset, ut incensus odio trucidaret inimicum, arbitrabantur, cum tanti mortem P. Clodii putasse, ut aequo animo patria careret, quum sanguine inimici explesset odium suum; sive etiam illius morte patriam liberare voluisset, non dubitaturum fortem virum, quin, quum suo periculo salutem rei publicae attulisset, cederet aequo animo legibus; secum auferret gloriam sempiternam; nobis haec fruenda relinqueret, quae ipse servasset. Multi etiam Catilinam, atque illa portenta loquebantur: "Erumpet, occupabit aliquem locum, bellum patriae faciet." Miseros interdum cives optime de re publica meritos, in quibus homines non modo res praeclarissimas obliviscuntur, sed etiam nefarias suspicantur! 64. Ergo illa falsa fuerunt; quae certe vera exstitissent, si Milo admisisset aliquid, quod non posset honeste vereque defendere.

XXIV. Quid? quae postea sunt in eum congesta, quae quemvis etiam mediocrium delictorum conscientia perculissent, ut sustinuit! dii immortales! sustinuit? immo vero ut contempsit, ac pro nihilo putavit! quae neque maximo animo nocens, neque innocens, nisi fortissimus vir, negligere potuisset. Scutorum, gladiorum, frenorum, pilorumque etiam multitudo deprehendi posse indicabatur; nullum in urbe vicum, nullum angiportum esse dicebant, in quo non Miloni conducta esset domus; arma in villam Ocriculanam devecta Tierbi; domus in clivo Capitolino scutis referta; plena omnia melleolorum ad urbis incendia comparatorum. Haec non delata solum, sed paene credita, nec ante repudiata sunt, quam quaesita. 65. Laudabam equidem incredibilem diligentiam Cn. Pompeii; sed dicam, ut sentio, judices. Nimis multa coguntur audire, neque aliter facere possunt ii, quibus tota commissa est res publica; cui etiam fuerit audiendus popa Licinius nescio qui de circo maximo; servos Milonis apud se ebrios factos sibi confessos esse, de interficiendo Pompeio conjurasse, dein postea se gladio percussum esse ab uno de illis, ne indicaret, Pompeio in hortos nuntiavit. Arcessor in primis. De amicorum sententia rem defert ad senatum. Non poteram in illius mei patriaeque custodis tanta suspicione non metu exanimari, sed mirabar tamen, credi popae; confessionem servorum audiri; vulnus in latere, quod acu punctum videretur, pro ictu gladiatoris probari. 66. Verum, ut intelligo, cavebat magis Pompeius, quam timebat, non ea solum, quae timenda erant, sed omnia, ne vos aliquid timeretis. Oppugnata domus C. Caesaris, clarissimi et fortissimi viri, per multas noctis horas nuntiabatur. Nemo audierat tam celebri loco, nemo senserat; tamen audiebatur. Non poteram Cn. Pompeium, praestantissima virtute virum, timidum suspicari; diligentiam, tota re publica suscepta, nimiam nullam putabam. Frequentissimo senatu nuper in Capitolio senator inventus est, qui Milonem cum telo esse diceret. Nudavit se in sanctissimo templo, quoniam vita talis et civis et viri fidem non faciebat, ut, eo tacente, res ipsa loqueretur.

XXV. 67. Omnia falsa atque insidiose ficta comperta sunt; quum tamen metuitur etiam nunc Milo. Non jam hoc Clodianum crimen timemus, sed tuas, Cn. Pompei (te enim jam appello, et ea voce, ut me exaudire possis), tuas, tuas, inquam, suspiciones perhorrescimus. Si Milonem times, si hunc de tua vita nefarie aut nunc cogitare, aut molitum aliquando aliquid putas; si Italiae delectus, ut nonnulli conquisitores tui dictitarunt; si haec arma, si Capitolinae cohortes, si excubiae, si vigiliae, si delecta juventus, quae tuum corpus domumque custodit, contra Milonis impetum armata est; atque illa omnia in hunc unum instituta, parata, intenta sunt, magna certe in hoc vis, et incredibilis animus, et non unius viri vires atque opes indicantur, si quidem in hunc unum, et praestantissimus dux electus, et tota res publica armata est. 68. Sed quis non intelligit, omnes tibi rei publicae partes aegras et labantes, ut eas his armis sanares et confirmares, esse commissas? Quod si locus Miloni datus esset, probasset profecto tibi ipsi, neminem unquam hominem homini cariorem fuisse quam te sibi; nullum se unquam periculum pro tua dignitate fugisse; cum illa ipsa teterrima peste se saepissime pro tua gloria contendisse; tribunatum suum ad salutem meam, quae tibi carissima fuisset, consiliis tuis gubernatum; se a te postea defensum in periculo capitis, adjutum in petitione praeturae; duos se habere semper amicissimos sperasse, te tuo beneficio, me suo. Quae si non probaret, si tibi ita penitus inhaesisset ista suspicio, nullo ut evelli modo posset, si denique Italia a delectu, urbs ab armis sine Milonis clade nunquam esset conquietura, nae iste haud dubitans cessisset patria, is, qui ita natus est, et ita consuevit; te, Magne, tamen antestaretur, quod nunc etiam facit.

XXVI. 69. Vide, quam sit varia vitae commutabilisque ratio, quam vaga volubilisque fortuna, quantae infidelitates in amicitiis, quam ad tempus aptae simulationes, quantae in periculis fugae proximorum, quantae timiditates. Erit, erit illud profecto tempus, et illuscescet ille aliquando dies, quum tu, salutaribus, ut spero, rebus tuis, sed fortasse motu aliquo communium temporum (qui quam crebro accidat, experti scire debemus), et amicissimi benevolentiam, et gravissimi hominis fidem, et unius post homines natos fortissimi viri magnitudinem animi desideres. 70. Quamquam quis hoc credat, Cn. Pompeium, juris publici, moris majorum, rei denique publicae peritissimum, quum senatus ei commiserit, ut videret, NE QUID RES PUBLICA DETRIMENTI CAPERET, quo uno versiculo satis armati semper consules fuerunt, etiam nullis armis datis, hunc exercitu, hunc delectu dato, judicium exspectaturum fuisse in ejus consiliis vindicandis, qui vi judicia ipsa tolleret? Satis judicatum est a Pompeio, satis, falso ista conferri in Milonem, qui legem tulit, qua, ut ego sentio, Milonem absolvi a vobis oporteret, ut omnes confitentur, liceret. 71. Quod vero in illo loco atque illis publicorum praesidiorum copiis circumfusus sedet, satis declarat, se non terrorem inferre vobis (quid enim minus illo dignum, quam cogere, ut vos eum condemnetis, in quem animadvertere ipse et more majorum et suo jure posset?), sed praesidio esse, ut intelligatis, contra hesternam illam concionem licere vobis, quod sentiatis, libere judicare.

XXVII. 72. Nec vero me, judices, Clodianum crimen movet, nec tam sum demens, tamque vestri sensus ignarus atque expers, ut nesciam, quid de morte Clodii sentiatis. De qua, si jam nollem ita diluere crimen, ut dilui, tamen impune Miloni palam clamare ac mentiri gloriose liceret: " Occidi, occidi, non Sp. Maelium, qui annona levanda jacturisque rei familiaris, quia nimis amplecti plebem videbatur, in suspicionem incidit regni appetendi, non Ti. Gracchum, qui collegae magistratum per seditionem abrogavit, quorum interfectores impleverunt orbem terrarum nominis sui gloria, sed eum (auderet enim dicere, quum patriam periculo suo liberasset), cujus nefandum adulterium in pulvinaribus sanctissimis nobilissimae feminae comprehenderunt; 73. eum, cujus supplicio, senatus sollemnes religiones expiandas saepe censuit; eum, quem cum sorore germana nefarium stuprum fecisse, L. Lucullus juratus se, quaestionibus habitis, dixit comperisse; eum, qui civem, quem senatus, quem populus Romanus, quem omnes gentes urbis ac vitae civium conservatorem judicarant, servorum armis exterminavit; eum, qui regna dedit, ademit, orbem terrarum, quibuscum voluit, partitus est; eum, qui, plurimis caedibus in foro factis, singulari virtute et gloria civem domum vi et armis compulit; eum, cui nihil unquam nefas fuit, nec in facinore nec in libidine; eum, qui aedem Nympharum incendit, ut memoriam publicam recensionis, tabulis publicis impressam, exstingueret; 74. eum denique, cui jam nulla lex erat, nullum civile jus, nulli possessionum termini; qui non calumnia litium, non injustis vindiciis ac sacramentis,

alienos fundos, sed castris, exercitu, signis inferendis, petebat; qui non solum Etruscos (eos enim penitus contemp-
'serat), sed hunc P. Varium, fortissimum atque optimum
civem, judicem nostrum, pellere possessionibus, armis cas-
trisque conatus est; qui cum architectis et decempedis
villas multorum, hortosque peragrabat; qui Janiculo et
Alpibus spem possessionum terminabat suarum; qui, quum
ab equite Romano splendido et forti, M. Paconio, non impetrasset, ut sibi insulam in lacu Prilio venderet, repente
lintribus in eam insulam materiem, calcem, caementa, arma
convexit, dominoque trans ripam inspectante non dubitavit
aedificium exstruere in alieno; 75. qui huic T. Furfanio,
cui viro? dii immortales! (quid enim ego de muliercula
Scantia, quid de adolescente P. Apinio dicam? quorum
utrique mortem est minitatus, nisi sibi hortorum possessione
cessissent); sed ausus est Furfanio dicere, si sibi pecuniam,
quantam poposcerat, non dedisset, mortuum se in domum
ejus illaturum, qua invidia huic esset tali viro conflagrandum; qui Appium fratrem, hominem mihi conjunctum
fidissima gratia, absentem de possessione fundi dejecit; qui
parietem sic per vestibulum sororis instituit ducere, sic agere
fundamenta, ut sororem non modo vestibulo privaret, sed
omni aditu et limine."

XXVIII. 76. Quamquam haec quidem jam tolerabilia
videbantur, etsi aequabiliter in rem publicam, in privatos,
in longinquos, in propinquos, in alienos, in suos irruebat;
sed nescio quomodo jam usu obduruerat, et percalluerat
civitatis incredibilis patientia. Quae vero aderant jam, et
impendebant, quonam modo ea aut depellere potuissetis
aut ferre? Imperium ille si nactus esset, omitto socios,
exteras nationes, reges, tetrarchas; vota enim faceretis,
ut in eos se potius immitteret quam in vestras possessiones, vestra tecta, vestras pecunias; pecunias dico? a
liberis, medius fidius, et a conjugibus vestris nunquam
ille effrenatas suas libidines cohibuisset. Fingi haec putatis, quae patent, quae nota sunt omnibus, quae tenen-

tur? servorum exercitus illum in urbe conscripturum fuisse, per quos totam rem publicam, resque privatas omnium possideret? 77. Quamobrem, si cruentum gladium tenens clamaret T. Annius : " Adeste, quaeso, atque audite, cives; P. Clodium interfeci ; ejus furores, quos nullis jam legibus, nullis judiciis frenare poteramus, hoc ferro, et hac dextera, a cervicibus vestris repuli, per me ut unum jus, aequitas, leges, libertas, pudor, pudicitia in civitate manerent," esset vero timendum, quonam modo id ferret civitas! Nunc enim quis est, qui non probet? qui non laudet? qui non unum post hominum memoriam T. Annium plurimum rei publicae profuisse, maxima laetitia populum Romanum, cunctam Italiam, nationes omnes affecisse, et dicat, et sentiat? Non queo, vetera illa populi Romani gaudia quanta fuerint, judicare. Multas tamen jam summorum imperatorum clarissimas victorias aetas nostra vidit, quarum nulla neque tam diuturnam attulit laetitiam, nec tantam. 78. Mandate hoc memoriae, judices. Spero multa vos, liberosque vestros in re publica bona esse visuros; in iis singulis ita semper existimabitis, vivo P. Clodio nihil eorum vos visuros fuisse. In spem maximam, et, quemadmodum confido, verissimam sumus adducti, hunc ipsum annum, hoc ipso summo viro consule, compressa hominum licentia, cupiditatibus fractis, legibus et judiciis constitutis, salutarem civitati fore. Num quis est igitur tam demens, qui hoc, P. Clodio vivo, contingere potuisse arbitretur? Quid? ea, quae tenetis, privata atque vestra, dominante homine furioso, quod jus perpetuae possessionis habere potuissent?

XXIX. Non timeo, judices, ne odio mearum inimicitiarum inflammatus, libentius haec in illum evomere videar, quam verius. Etenim etsi praecipuum esse debebat, tamen ita communis erat omnium ille hostis, ut in communi odio paene aequaliter versaretur odium meum. Non potest dici satis, ne cogitari quidem, quantum in illo sceleris, quantum exitii fuerit. 79. Quin sic attendite, judices. Nempe haec est quaestio de interitu P. Clodii. Fingite animis (liberae sunt enim nostrae cogitationes, et, quae volunt, sic intuentur, ut ea cernimus, quae videmus), fingite igitur cogitatione imaginem hujus conditionis meae, si possim efficere, ut Milonem absolvatis, sed ita, si P. Clodius revixerit. Quid vultu extimuistis? Quonam modo ille vos vivus afficeret, quos mortuus inani cogitatione percussit? Quid? si ipse Cn. Pompeius, qui ea virtute ac fortuna est, ut ea potuerit semper, quae nemo praeter illum, si is, inquam, potuisset aut quaestionem de morte P. Clodii ferre, aut ipsum ab inferis excitare, utrum putatis potius facturum fuisse? Etiamsi propter amicitiam vellet illum ab inferis evocare, propter rem publicam non fecisset. Ejus igitur mortis sedetis ultores, cujus vitam si putetis per vos restitui posse, nolitis, et de ejus nece lata quaestio est, qui si eadem lege reviviscere posset, lata lex nunquam esset. Hujus ergo interfector si esset, in confitendo ab iisne poenam timeret, quos liberavisset? 80. Graeci homines deorum honores tribuunt iis viris, qui tyrannos necaverunt. Quae ego vidi Athenis? quae aliis in urbibus Graeciae? quas res divinas talibus institutas viris? quos cantus? quae carmina? Prope ad immortalitatis et religionem et memoriam consecrantur. Vos tanti conservatorem populi, tanti sceleris ultorem non modo honoribus nullis afficietis, sed etiam ad supplicium rapi patiemini? Confiteretur, confiteretur, inquam, si fecisset, et magno animo et libente, fecisse se libertatis omnium causa, quod esset ei non confitendum modo, verum etiam praedicandum.

XXX. 81. Etenim, si id non negat, ex quo nihil petit, nisi ut ignoscatur, dubitaret id fateri, ex quo etiam praemia laudis essent petenda? nisi vero gratius putat esse vobis, sui se capitis, quam vestri defensorem fuisse; quum praesertim in ea confessione, si grati esse velletis, honores assequeretur amplissimos; si factum vobis non probaretur (quamquam qui poterat salus sua cuiquam non probari?), sed tamen si minus fortissimi viri virtus civibus grata cecidisset, magno animo constantique cederet ex ingrata civitate. Nam quid esset ingratius, quam laetari ceteros, lugere cum solum, propter quem ceteri laetarentur? 82. Quamquam hoc animo semper omnes fuimus in patriae proditoribus opprimendis, ut, quoniam nostra futura esset gloria, periculum quoque et invidiam nostram putaremus. Nam quae mihi ipsi tribuenda laus esset, quum tantum in consulatu meo pro vobis ac liberis vestris ausus essem, si id, quum conabar, sine maximis dimicationibus meis me esse ausurum arbitrarer? Quae mulier sceleratum ac perniciosum civem occidere non auderet, si periculum non timeret? Proposita invidia, morte, poena, qui nihilo segnius rem publicam defendit, is vir vere putandus est. Populi grati est, praemiis afficere bene meritos de re publica cives, viri fortis, ne suppliciis quidem moveri, ut fortiter fecisse poeniteat. 83. Quamobrem uteretur eadem confessione T. Annius, qua Ahala, qua Nasica, qua Opimius, qua Marius, qua nosmet ipsi, et, si grata res publica esset, laetaretur, si ingrata, tamen in gravi fortuna conscientia sua niteretur.

Sed hujus beneficii gratiam, judices, fortuna populi Romani, et vestra felicitas, et dii immortales sibi deberi putant. Nec vero quisquam aliter arbitrari potest, nisi qui nullam vim esse ducit, numenve divinum, quem neque imperii nostri magnitudo, neque sol ille, nec coeli signorumque motus, nec vicissitudines rerum atque ordines movent, neque, id quod maximum est, majorum sapientia, qui sacra, qui caerimonias, qui auspicia et ipsi sanctissime coluerunt, et nobis, suis posteris, prodiderunt.

XXXI. 84. Est, est profecto illa vis, neque in his corporibus, atque in hac imbecillitate nostra inest quiddam, quod vigeat et sentiat, et non inest in hoc tanto naturae tam praeclaro motu. Nisi forte idcirco non putant, quia non apparet, nec cernitur; proinde quasi nostram ipsam mentem, qua sapimus, qua providemus, qua haec ipsa agimus ac dicimus, videre aut plane, qualis aut ubi sit, sentire possimus. Ea vis igitur ipsa, quae saepe incredibiles huic urbi felicitates atque opes attulit, illam perniciem exstinxit ac sustulit, cui primum mentem injecit, ut vi irritare, ferroque lacessere fortissimum virum auderet, vincereturque ab eo, quem si vicisset, habiturus esset impunitatem et licentiam sempiternam. 85. Non est humano consilio, ne mediocri quidem, judices, deorum immortalium cura res illa perfecta. Religiones mehercule ipsae, quae illam belluam cadere viderunt, commovisse se videntur, et jus in illo suum retinuisse. Vos enim jam, Albani tumuli atque luci, vos, inquam, imploro atque testor, vosque Albanorum obrutae arae, sacrorum populi Romani sociae et aequales, quas ille, praeceps amentia, caesis prostratisque sanctissimis lucis, substructionum insanis molibus oppresserat; vestrae tum, arae, vestrae religiones viguerunt, vestra vis valuit, quam ille omni scelere polluerat, tuque ex tuo edito monte, Latiaris sancte Jupiter, cujus ille lacus, nemora, finesque saepe omni nefario stupro et scelere macularat, aliquando ad eum puniendum oculos aperuisti; vobis illae, vobis vestro in conspectu serae, sed justae tamen, et debitae poenae solutae sunt. 86. Nisi forte hoc etiam casu factum esse dicemus, ut ante ipsum sacrarium Bonae Deae, quod est in fundo T. Sestii Galli, in primis honesti et ornati adolescentis, ante ipsam, inquam, Bonam Deam, quum proelium commisisset, primum illud vulnus acciperet, quo teterrimam mortem obiret, ut non absolutus judicio illo nefario videretur, sed ad hanc insignem poenam reservatus.

XXXII. Nec vero non eadem ira deorum hanc ejus satellitibus injecit amentiam, ut sine imaginibus, sine cantu atque ludis, sina exsequiis, sine lamentis, sine laudationibus, sine funere, oblitus cruore et luto, spoliatus illius supremi diei celebritate, cui cedere etiam inimici solent, ambureretur abjectus. Non fuisse credo fas, clarissimorum virorum formas illi teterrimo parricidae aliquid decoris afferre, neque ullo in loco potius mortem ejus lacerari, quam in quo esset vita damnata.

87. Dura, medius fidius, mihi jam fortuna populi Romani et crudelis videbatur, quae tot annos illum in hanc rem pub-

licam insultare pateretur. Polluerat stupro sanctissimas religiones, senatus gravissima decreta perfregerat, pecunia se a judicibus palam redemerat, vexarat in tribunatu senatum, omnium ordinum consensu pro salute rei publicae gesta resciderat, me patria expulerat, bona diripuerat, domum incenderat, liberos, conjugem meam vexarat, Cn. Pompeio nefarium bellum indixerat, magistratuum privatorumque caedes effecerat, domum mei fratris incenderat, vastarat Etruriam, multos sedibus ac fortunis ejecerat; instabat, urgebat; capere ejus amentiam civitas, Italia, provinciae, regna non poterant; incidebantur jam domi leges, quae nos servis nostris addicerent; nihil erat cujusquam, quod quidem ille adamasset, quod non hoc anno suum fore putaret. 88. Obstabat ejus cogitationibus nemo, praeter Milonem. Illum ipsum, qui poterat obstare, novo reditu in gratiam quasi devinctum arbitrabatur; Caesaris potentiam suam esse dicebat; bonorum animos in meo casu contempserat; Milo unus urgebat.

XXXIII. Hic dii immortales, ut supra dixi, mentem illi perdito ac furioso dederunt, ut huic faceret insidias. Aliter perire pestis illa non potuit; nunquam illum res publica suo jure esset ulta. Senatus, credo, praetorem eum circumscripsisset. Ne quum solebat quidem id facere, in privato eodem hoc aliquid profecerat. 89. An consules in praetore coercendo fortes fuissent? Primum, Milone occiso, habuisset suos consules; deinde quis in eo praetore consul fortis esset, per quem tribunum virtutem consularem crudelissime vexatam esse meminisset? Oppressisset omnia, possideret, teneret; lege nova, quae est inventa apud eum cum reliquis legibus Clodianis, servos nostros libertos suos fecisset. Postremo, nisi eum dii immortales in eam mentem impulissent, ut homo effeminatus fortissimum virum conaretur occidere, hodie rem publicam nullam haberetis. 90. An ille praetor, ille vero consul, si modo haec templa atque ipsa moenia stare eo vivo tamdiu, et consulatum ejus exspectare potuissent, ille denique vivus mali nihil fecisset, qui mortuus, uno ex suis satellitibus Sex. Clodio duce, curiam incenderit? Quo quid miserius, quid acerbius, quid luctuosius vidimus? Templum sanctitatis, amplitudinis, mentis, consilii publici, caput urbis, aram sociorum, portum omnium gentium, sedem ab universo populo concessam uni ordini, inflammari, exscindi, funestari? neque id fieri a multitudine imperita, quamquam esset miserum id ipsum, sed ab uno? Qui quum tantum ausus sit ustor pro mortuo, quid signifer pro vivo non esset ausus? In curiam potissimum abjecit, ut eam mortuus incenderet, quam vivus everterat. 91. Et sunt, qui de via Appia querantur, taceant de curia? et qui ab eo spirante forum putent potuisse defendi, cujus non restiterit cadaveri curia? Excitate, excitate ipsum, si potestis, a mortuis. Frangetis impetum vivi, cujus vix sustinetis furias insepulti? Nisi vero sustinuistis eos, qui cum facibus ad curiam concurrerunt, cum falcibus ad Castoris, cum gladiis toto foro volitarunt. Caedi vidistis populum Romanum, concionem gladiis disturbari, quum audiretur silentio M. Coelius, tribunus plebis, vir et in re publica fortissimus, et in suscepta causa firmissimus, et bonorum voluntati et auctoritati senatus deditus, et in hac Milonis sive invidia, sive fortuna singulari, divina et incredibili fide.

XXXIV. 92. Sed jam satis multa de causa; extra causam etiam nimis fortasse multa. Quid restat, nisi ut orem obtesterque vos, judices, ut eam misericordiam tribuatis fortissimo viro, quam ipse non implorat, ego, etiam repugnante hoc, et imploro et exposco? Nolite, si, in nostro omnium fletu, nullam lacrimam adspexistis Milonis, si vultum semper eundem, si vocem, si orationem stabilem ac non mutatam videtis, hoc minus ei parcere. Haud scio, an multo etiam sit adjuvandus magis. Etenim si in gladiatoriis pugnis, et in infimi generis hominum conditione atque fortuna, timidos atque supplices, et ut vivere liceat obsecrantes, etiam odisse solemus, fortes et animosos, et se acriter ipsos morti offerentes, servare cupimus; eorumque nos magis miseret, qui nostram misericordiam non requirunt, quam qui illam efflagitant, quanto hoc magis in fortissimis civibus facere debemus? 93. Me quidem, judices, exanimant, et interimunt hae voces Milonis, quas audio assidue, et quibus intersum quotidie. "Valeant, inquit, valeant cives mei; sint incolumes, sint florentes, sint beati; stet haec urbs praeclara mihique patria carissima, quoquo modo erit merita de me; tranquilla re publica mei cives (quoniam mihi cum illis non licet) sine me ipsi, sed per me tamen, perfruantur; ego cedam atque abibo; si mihi bona re publica frui non licuerit, at carebo mala, et quam primam tetigero bene moratam et liberam civitatem, in ea conquiescam. 94. O frustra, inquit, mei suscepti labores! O spes fallaces! O cogitationes inanes meae! Ego, quum tribunus plebis, re publica oppressa, me senatui dedissem, quem exstinctum acceperam, equitibus Romanis, quorum vires erant debiles, bonis viris, qui omnem auctoritatem Clodianis armis abjecerant, mihi unquam bonorum praesidium defuturum putarem? ego, quum te (mecum enim saepissime loquitur) patriae reddidissem, mihi putarem in patria non futurum locum? Ubi nunc senatus est, quem secuti sumus? ubi equites Romani illi, illi, inquit, tui? ubi studia municipiorum? ubi Italiae voces? ubi denique tua illa, M. Tulli, quae plurimis fuit auxilio, vox atque defensio? mihine ea soli, qui pro te toties morti me obtuli, nihil potest opitulari?"

XXXV. 95. Nec vero haec, judices, ut ego nunc, flens, sed hoc eodem loquitur vultu, quo videtis. Negat enim se, negat, ingratis civibus fecisse, quae fecerit; timidis et omnia pericula circumspicientibus, non negat. Plebem et infimam multitudinem, quae, P. Clodio duce, fortunis vestris imminebat, eam, quo tutior esset vestra vita, se fecisse commemorat, ut non modo virtute flecteret, sed etiam tribus suis patrimoniis deleniret; nec timet, ne, quum plebem muneribus placarit, vos non conciliarit meritis in rem publicam singularibus. Senatus erga se benevolentiam temporibus his ipsis saepe esse perspectam, vestras vero et vestrorum ordinum occursationes, studia, sermones, quemcunque cursum fortuna dederit, secum se ablaturum esse dicit. 96. Meminit etiam, vocem sibi praeconis modo defuisse, quam minime desiderarit, populi vero cunctis suffragiis, quod unum cupierit, se consulem declaratum; nunc denique, si haec contra se sint futura, sibi facinoris suspicionem, non facti crimen obstare. Addit haec, quae certe vera sunt, fortes et sapientes viros non tam praemia sequi solere recte factorum, quam ipsa recte facta; se nihil in vita nisi praeclarissime fecisse, si quidem nihil sit praestabilius viro, quam periculis patriam liberare; beatos esse, quibus ea res honori fuerit a suis civibus, 97. nec tamen eos miseros, qui beneficio cives suos vicerint; sed tamen ex omnibus praemiis virtutis, si esset habenda ratio praemiorum, amplissimum esse praemium gloriam; esse hanc unam, quae brevitatem vitae posteritatis memoria consolaretur, quae efficeret, ut absentes adessemus, mortui viveremus; hanc denique esse, cujus gradibus etiam in coelum homines viderentur ascendere. 98. "De me, inquit, semper populus Romanus, semper omnes gentes loquentur, nulla unquam obmutescet vetustas. Quin hoc tempore ipso, quum omnes a meis inimicis faces invidiae meae subjiciantur, tamen omni in hominum coetu gratiis agendis, et gratulationibus habendis, et omni sermone celebramur. Omitto Etruriae festos et actos et institutos dies; centesima lux est haec ab interitu P. Clodii et, opinor, altera; qua fines imperii populi Romani sunt, ea non solum fama jam de illo, sed etiam laetitia peragravit. Quamobrem, ubi corpus hoc sit, non, inquit, laboro, quoniam omnibus in terris et jam versatur, et semper habitabit nominis mei gloria."

XXXVI. 99. Haec tu mecum saepe, his absentibus; sed iisdem audientibus haec ego tecum, Milo: te quidem, quum isto animo es, satis laudare non possum; sed, quo est ista magis divina virtus, eo majore a te dolore divellor. Nec vero, si mihi eriperis, reliqua est illa tamen ad consolandum querela, ut his irasci possim, a quibus tantum vulnus accepero. Non enim inimici mei te mihi eripient, sed amicissimi, non m..e aliquando de me meriti, sed semper optime.

4*

Nullum mihi unquam, judices, tantum dolorem inuretis (etsi quis potest esse tantus?), sed ne hunc quidem ipsum, ut obliviscar, quanti me semper feceritis. Quae si vos cepit oblivio, aut si in me aliquid offendistis, cur non id meo capite potius luitur, quam Milonis? Praeclare enim vixero, si quid mihi acciderit prius, quam hoc tantum mali videro. 100. Nunc me una consolatio sustentat, quod tibi, T. Anni, nullum a me amoris, nullum studii, nullum pietatis officium defuit. Ego inimicitias potentium pro te appetivi, ego meum saepe corpus et vitam objeci armis inimicorum tuorum, ego me plurimis pro te supplicem abjeci, bona, fortunas meas ac liberorum meorum, in communionem tuorum temporum contuli; hoc denique ipso die, si qua vis est parata, si qua dimicatio capitis futura, deposco. Quid jam restat? quid habeo, quod faciam pro tuis in me meritis, nisi ut eam fortunam, quaecunque erit tua, ducam meam? Non abnuo, non recuso, vosque obsecro, judices, ut vestra beneficia, quae in me contulistis, aut in hujus salute augeatis, aut in ejusdem exitio occasura esse videatis.

XXXVII. 101. His lacrimis non movetur Milo. Est quodam incredibili robore animi; exsilium ibi esse putat, ubi virtuti non sit locus; mortem naturae finem esse, non poenam. Sed hic ea mente, qua natus est; quid vos, judices? quo tandem animo eritis? Memoriam Milonis retinebitis, ipsum ejicietis? et erit dignior locus ullus in terris, qui hanc virtutem excipiat, quam hic, qui procreavit? Vos, vos appello, fortissimi viri, qui multum pro re publica sanguinem effudistis; vos in viri et in civis invicti periculo appello, centuriones, vosque, milites; vobis non modo inspectantibus, sed etiam armatis, et huic judicio praesidentibus, haec tanta virtus ex hac urbe expelletur, exterminabitur, projicietur? 102. O me miserum, O me infelicem! Revocare tu me in patriam, Milo, potuisti per hos, ego te in patria per eosdem retinere non potero? Quid respondebo liberis meis, qui te parentem alterum putant? quid tibi, Quinte frater, qui nunc abes, consorti mecum temporum illorum? mene non potuisse

Milonis salutem tueri per eosdem, per quos nostram ille servasset? At in qua causa non potuisse? quae est grata gentibus. A quibus non potuisse? ab iis, qui maxime P. Clodii morte acquierunt; quo deprecante? me. 103. Quodnam ego concepi tantum scelus, aut quod in me tantum facinus admisi, judices, quum illa indicia communis exitii indagavi, patefeci, protuli, exstinxi? Omnes in me meosque redundant ex fonte illo dolores. Quid me reducem esse voluistis? an ut, inspectante me, expellerentur ii, per quos essem restitutus? Nolite, obsecro vos, acerbiorem mihi pati reditum esse, quam fuerit ille ipse discessus. Nam qui possum putare me restitutum esse, si distrahar ab iis, per quos restitutus sum?

XXXVIII. Utinam dii immortales fecissent (pace tua, patria, dixerim; metuo enim, ne scelerate dicam in te, quod pro Milone dicam pie), utinam P. Clodius non modo viveret, sed etiam praetor, consul, dictator esset potius, quam hoc spectaculum viderem! 104. O dii immortales! fortem, et a vobis, judices, conservandum virum! "Minime, minime, inquit. Immo vero poenas ille debitas luerit; nos subeamus, si ita necesse est, non debitas." Hiccine vir patriae natus, usquam nisi in patria morietur, aut, si forte, pro patria? hujus vos animi monumenta retinebitis, corporis in Italia nullum sepulcrum esse patiemini? hunc sua quisquam sententia ex hac urbe expellet, quem omnes urbes expulsum a vobis ad se vocabunt? 105. O terram illam beatam, quae hunc virum exceperit; hanc ingratam, si ejecerit, miseram, si amiserit! Sed finis sit. Neque enim prae lacrimis jam loqui possum, et hic se lacrimis defendi vetat. Vos oro obtestorque, judices, ut in sententiis ferendis, quod sentietis, id audeatis. Vestram virtutem, justitiam, fidem, mihi credite, is maxime probabit, qui, in judicibus legendis, optimum, et sapientissimum, et fortissimum quemque delegit.

PRO
A. LICINIO ARCHIA.
POETA.
ORATIO.

I. 1. Si quid est in me ingenii, judices, quod sentio quam sit exiguum, aut si qua exercitatio dicendi, in qua me non infitior mediocriter esse versatum, aut si hujusce rei ratio aliqua, ab optimarum artium studiis ac disciplina profecta, a qua ego nullum confiteor aetatis meae tempus abhorruisse : earum rerum omnium vel in primis hic A. Licinius fructum a me repetere prope suo jure debet. Nam quoad longissime potest mens mea respicere spatium praeteriti temporis, et pueritiae memoriam recordari ultimam, inde usque repetens, hunc video mihi principem, et ad suscipiendam, et ad ingrediendam rationem horum studiorum exstitisse. Quod si haec vox, hujus hortatu praeceptisque conformata, nonnullis aliquando saluti fuit; a quo id accepimus, quo ceteris opitulari et alios servare possemus, huic profecto ipsi, quantum est situm in nobis, et opem et salutem ferre debemus. 2. Ac, ne quis a nobis hoc ita dici forte miretur, quod alia quaedam in hoc facultas sit ingenii, neque haec dicendi ratio aut disciplina, ne nos quidem huic uni studio penitus unquam dediti fuimus. Etenim omnes artes, quae ad humanitatem pertinent, habent quoddam commune vinculum, et quasi cognatione quadam inter se continentur.

II. 3. Sed ne cui vestrum mirum esse videatur, me in quaestione legitima, et in judicio publico, quum res agatur apud praetorem populi Romani, rectissimum virum, et apud severissimos judices, tanto conventu hominum ac frequentia, hoc uti genere dicendi, quod non modo a consuetudine judiciorum, verum etiam a forensi sermone abhorreat; quaeso a vobis, ut in hac causa mihi detis hanc veniam, accommodatam huic reo, vobis, quemadmodum spero, non molestam; ut me pro summo poeta atque eruditissimo homine dicentem, hoc concursu hominum literatissimorum, hac vestra humanitate, hoc denique praetore exercente judicium, patiamini de studiis humanitatis ac literarum paulo loqui liberius, et in ejusmodi persona, quae propter otium ac studium, minime in judiciis periculisque tractata est, uti prope novo quodam et inusitato genere dicendi. 4. Quod si mihi a vobis tribui concedique sentiam, perficiam profecto, ut hunc A. Licinium non modo non segregandum, quum sit civis, a numero civium, verum etiam, si non esset, putetis adsciscendum.

III. Nam ut primum ex pueris excessit Archias, atque ab iis artibus, quibus aetas puerilis ad humanitatem informari solet, se ad scribendi studium contulit; primum Antiochiae (nam ibi natus est loco nobili), celebri quondam urbe et copiosa, atque eruditissimis hominibus liberalissimisque studiis affluenti, celeriter antecellere omnibus ingenii gloria contigit. Post in ceteris Asiae partibus cunctaque Graecia sic ejus adventus celebrabantur, ut famam ingenii exspectatio hominis, exspectationem ipsius adventus admiratioque superaret. 5. Erat Italia tunc plena Graecarum artium ac disciplinarum, studiaque haec et in Latio vehementius tum colebantur quam nunc iisdem in oppidis; et hic Romae, propter tranquillitatem rei publicae, non negligebantur. Itaque hunc et Tarentini et Rhegini et Neapolitani civitate ceterisque praemiis donarunt; et omnes, qui aliquid de ingeniis poterant judicare, cognitione atque hospitio dignum existimarunt. Hac tanta celebritate famae quum esset jam absentibus notus, Romam venit, Mario consule et Catulo. Nactus est primum consules eos, quorum alter res ad scribendum maximas, alter quum res gestas, tum etiam studium atque aures adhibere posset. Statim Luculli, quum praetextatus etiam tum Archias esset, eum domum suam receperunt. Sed enim hoc non solum ingenii ac literarum, verum etiam naturae atque virtutis, ut domus, quae hujus adolescentiae prima fuerit, eadem esset familiarissima senectuti. 6. Erat temporibus illis jucundus Metello, illi Numidico, et ejus Pio filio; audiebatur a M. Aemilio; vivebat cum Q. Catulo, et patre et filio; a L. Crasso colebatur; Lucullos vero, et Drusum, et Octavios, et Catonem, et totam Hortensiorum domum, devinctam consuetudine quum teneret, afficiebatur summo honore, quod eum non solum colebant, qui aliquid percipere atque audire studebant, verum etiam, si qui forte simulabant.

IV. Interim satis longo intervallo, quum esset cum L. Lucullo in Siciliam profectus, et quum ex ea provincia cum eodem Lucullo decederet, venit Heracliam. Quae quum esset civitas aequissimo jure ac foedore, adscribi se in eam civitatem voluit: idque, quum ipse per se dignus putaretur, tum auctoritate et gratia Luculli, ab Heracliensibus impetravit. 7. Data est civitas Silvani lege et Carbonis, SI QUI FOEDERATIS CIVITATIBUS ADSCRIPTI FUISSENT, SI TUM, QUUM LEX FEREBATUR, IN ITALIA DOMICILIUM HABUISSENT, ET, SI SEXAGINTA DIEBUS APUD PRAETOREM ESSENT PROFESSI. 8. Quum hic domicilium Romae multos jam annos haberet, professus est apud praetorem, Q. Metellum, familiarissimum suum. Si nihil aliud nisi de civitate ac lege dicimus, nihil dico amplius: causa dicta est. Quid enim horum infirmari, Grati, potest? Heracliaene esse tum adscriptum negabis? Adest vir summa auctoritate et religione et fide, L. Lucullus, qui se non opinari, sed scire, non audivisse, sed vidisse, non interfuisse, sed egisse dicit. Adsunt Heraclienses legati, nobilissimi homines: hujus judicii causa cum mandatis et cum publico testimonio venerunt, qui hunc adscriptum

Heracliensem dicunt. Hic tu tabulas desideras Heracliensium publicas, quas Italico bello, incenso tabulario, interisse scimus omnes. Est ridiculum ad ea, quae habemus, nihil dicere; quaerere, quae habere non possumus; et de hominum memoria tacere, literarum memoriam flagitare; et, quum habeas amplissimi viri religionem, integerrimi municipii jusjurandum fidemque, ea, quae depravari nullo modo possunt, repudiare; tabulas, quas idem dicis solere corrumpi, desiderare. 9. An domicilium Romae non habuit? qui tot annis, ante civitatem datam, sedem omnium rerum ac fortunarum suarum Romae collocavit? An non est professus? Immo vero iis tabulis professus, quae solae ex illa professione collegioque praetorum obtinent publicarum tabularum auctoritatem.

V. Nam quum Appii tabulae negligentius asservatae dicerentur, Gabinii, quamdiu incolumis fuit, levitas, post damnationem calamitas, omnem tabularum fidem resignasset; Metellus, homo sanctissimus modestissimusque omnium, tanta diligentia fuit, ut ad L. Lentulum praetorem et ad judices venerit et unius nominis litura se commotum esse dixerit. His igitur tabulis nullam lituram in nomine A. Licinii videtis. 10. Quae quum ita sint, quid est, quod de ejus civitate dubitetis, praesertim quum aliis quoque in civitatibus fuerit adscriptus? Etenim quum mediocribus multis, et aut nulla, aut humili aliqua arte praeditis, gratuito civitatem in Graecia homines impertiebant, Rheginos credo, aut Locrenses, aut Neapolitanos, aut Tarentinos, quod scenicis artificibus largiri solebant, id huic, summa ingenii praedito, gloria noluisse. Quid? quum ceteri, non modo post civitatem datam, sed etiam post legem Papiam, aliquo modo in eorum municipiorum tabulas irrepserint, hic, qui ne utitur quidem illis, in quibus est scriptus, quod semper se Heracliensem esse voluit, rejicietur? 11. Census nostros requiris. Scilicet: est enim obscurum, proximis censoribus, hunc cum clarissimo imperatore, L. Lucullo, apud exercitum fuisse, superioribus, cum eodem quaestore fuisse in Asia, primis, Julio et Crasso, nullam populi partem esse censam. Sed, quoniam census non jus civitatis confirmat, ac tantummodo indicat, eum, qui sit census, ita se jam tum gessisse pro cive: iis temporibus, quem tu criminaris ne ipsius quidem judicio in civium Romanorum jure esse versatum, et testamentum saepe fecit nostris legibus, et adiit hereditates civium Romanorum, et in beneficiis ad aerarium delatus est a L. Lucullo proconsule.

VI. Quaere argumenta, si quae potes. Nunquam enim hic neque suo, neque amicorum judicio revincetur.

12. Quaeres a nobis, Grati, cur tantopere hoc homine delectemur. Quia suppeditat nobis, ubi et animus ex hoc forensi strepitu reficiatur, et aures convicio defessae conquiescant. An tu existimas aut suppetere nobis posse, quod quotidie dicamus, in tanta varietate rerum, nisi animos nostros doctrina excolamus; aut ferre animos tantam posse contentionem, nisi eos doctrina eadem relaxemus? Ego vero fateor, me his studiis esse deditum. Ceteros pudeat, si qui se ita literis abdiderunt, ut nihil possint ex iis neque ad communem afferre fructum, neque in adspectum lucemque proferre. Me autem quid pudeat, qui tot annos ita vivo, judices, ut a nullius unquam me tempore aut commodo aut otium meum abstraxerit, aut voluptas avocarit, aut denique somnus retardarit? 13. Quare quis tandem me reprehendat, aut quis mihi jure succenseat, si, quantum ceteris ad suas res obeundas, quantum ad festos dies ludorum celebrandos, quantum ad alias voluptates, et ad ipsam requiem animi et corporis conceditur temporum; quantum alii tribuunt tempestivis conviviis, quantum denique alveolo, quantum pilae, tantum mihi egomet ad haec studia recolenda sumpsero? Atque hoc adeo mihi concedendum est magis, quod ex his studiis haec quoque crescit oratio et facultas; quae, quantacunque est in me, nunquam amicorum periculis defuit. Quae si cui levior videtur, illa quidem certe, quae summa sunt, ex quo fonte hauriam, sentio. 14. Nam, nisi multorum praeceptis multisque literis mihi ab adolescentia suasissem, nihil esse in vita magnopere expetendum, nisi laudem

atque honestatem; in ea autem persequenda omnes cruciatus corporis, omnia pericula mortis atque exsilia parvi esse ducenda; nunquam me pro salute vestra in tot ac tantas dimicationes atque in hos profligatorum hominum quotidianos impetus objecissem. Sed pleni sunt omnes libri, plenae sapientium voces, plena exemplorum vetustas; quae jacerent in tenebris omnia, nisi literarum lumen accederet. Quam multas nobis imagines non solum ad intuendum, verum etiam ad imitandum fortissimorum virorum expressas scriptores et Graeci et Latini reliquerunt? Quas ego mihi semper in administranda re publica proponens, animum et mentem meam ipsa cogitatione hominum excellentium conformabam.

VII. 15. Quaeret quispiam: Quid? illi ipsi summi viri, quorum virtutes literis proditae sunt, istane doctrina, quam tu effers laudibus, eruditi fuerunt? Difficile est hoc de omnibus confirmare: sed tamen est certum, quid respondeam. Ego multos homines excellenti animo ac virtute fuisse, et sine doctrina, naturae ipsius habitu prope divino, per se ipsos et moderatos et graves exstitisse fateor: etiam illud adjungo, saepius ad laudem atque virtutem naturam sine doctrina, quam sine natura valuisse doctrinam. Atque idem ego hoc contendo, quum ad naturam eximiam et illustrem accesserit ratio quaedam conformatioque doctrinae, tum illud nescio quid praeclarum ac singulare solere exsistere; 16. ex hoc esse hunc numero, quem patres nostri viderunt, divinum hominem, Africanum; ex hoc C. Laelium, L. Furium, moderatissimos homines et continentissimos; ex hoc fortissimum virum, et illis temporibus doctissimum, Catonem illum senem, qui profecto, si nihil ad percipiendam colendamque virtutem literis adjuvarentur, nunquam se ad earum studium contulissent. Quod si non hic tantus fructus ostenderetur, et si ex his studiis delectatio sola peteretur, tamen, ut opinor, hanc animi adversionem humanissimam ac liberalissimam judicaretis. Nam ceterae neque temporum sunt, neque aetatum omnium, neque locorum; at haec studia adolescentiam acuunt, senectutem oblectant, secundas res ornant, adversis perfugium ac solatium praebent; delectant domi, non impediunt foris, pernoctant nobiscum, peregrinantur, rusticantur.

17. Quod si ipsi haec neque attingere, neque sensu nostro gustare possemus, tamen ea mirari deberemus, etiam quum in aliis videremus.

VIII. Quis nostrum tam animo agresti ac duro fuit, ut Roscii morte nuper non commoveretur? qui quum esset senex mortuus, tamen, propter excellentem artem ac venustatem, videbatur omnino mori non debuisse. Ergo ille corporis motu tantum amorem sibi conciliarat a nobis omnibus: nos animorum incredibiles motus celeritatemque ingeniorum negligemus? 18. Quoties ego hunc Archiam vidi, judices, (utar enim vestra benignitate quoniam me in hoc novo generi dicendi tam diligenter attenditis), quoties ego hunc vidi, quum literam scripsisset nullam, magnum numerum optimorum versuum de iis ipsis rebus, quae tum agerentur, dicere ex tempore! quoties revocatum eandem rem dicere, commutatis verbis atque sententiis! Quae vero accurate cogitateque scripsisset, ea sic vidi probari, ut ad veterum scriptorum laudem pervenirent. Hunc ego non diligam? non admirer? non omni ratione defendendum putem? Atque sic a summis hominibus eruditissimisque accepimus, ceterarum rerum studia et doctrina, et praeceptis, et arte constare, poetam natura ipsa valere, et mentis viribus excitari, et quasi divino quodam spiritu inflari. Quare suo jure noster ille Ennius sanctos appellat poetas, quod quasi deorum aliquo dono atque munere commendati nobis esse videantur. 19. Sit igitur, judices, sanctum apud vos, humanissimos homines, hoc poetae nomen, quod nulla unquam barbaria violavit. Saxa et solitudines voci respondent; bestiae saepe immanes cantu flectuntur atque consistunt: nos instituti rebus optimis non poetarum voce moveamur? Homerum Colophonii civem esse dicunt suum, Chii suum vindicant, Salaminii repetunt, Smyrnaei vero suum esse confirmant; itaque etiam delubrum ejus in oppido dedicaverunt : permulti alii praeterea pugnant inter se atque contendunt.

IX. Ergo illi alienum, quia poeta fuit, post mortem etiam expetunt : nos hunc vivum, qui et voluntate et legibus noster est, repudiabimus ? praesertim quum omne olim studium atque omne ingenium contulerit Archias ad populi Romani gloriam laudemque celebrandam. Nam et Cimbricas res adolescens attigit, et ipsi illi C. Mario, qui durior ad haec studia videbatur, jucundus fuit. 20. Neque enim quisquam est tam aversus a Musis, qui non mandari versibus aeternum suorum laborum facile praeconium patiatur. Themistoclem illum, summum Athenis virum, dixisse aiunt, quum ex eo quaereretur, " quod acroama, aut cujus vocem libentissime audiret: ejus a quo sua virtus optime praedicaretur." Itaque ille Marius item eximie L. Plotium dilexit, cujus ingenio putabat ea, quae gesserat, posse celebrari. 21. Mithridaticum vero bellum, magnum atque difficile, et in multa varietate terra marique versatum, totum ab hoc expressum est : qui libri non modo L. Lucullum, fortissimum et clarissimum virum, verum etiam populi Romani nomen illustrant. Populus enim Romanus aperuit, Lucullo imperante, Pontum, et regiis quondam opibus, et ipsa natura regionis vallatum : populi Romani exercitus, eodem duce, non maxima manu innumerabiles Armeniorum copias fudit : populi Romani laus est, urbem amicissimam Cyzicenorum, ejusdem consilio, ex omni impetu regio, atque totius belli ore ac faucibus ereptam esse atque servatam : nostra semper feretur et praedicabitur, L. Lucullo dimicante, cum interfectis ducibus depressa hostium classis, et incredibilis apud Tenedum pugna illa navalis : nostra sunt tropaea, nostra monumenta, nostri triumphi ; quae quorum ingeniis efferuntur, ab iis populi Romani fama celebratur. 22. Carus fuit Africano superiori noster Ennius ; itaque etiam in sepulchro Scipionem putatur is esse constitutus ex marmore. At iis laudibus certe non solum ipse, qui laudatur, sed etiam populi Romani nomen ornatur. In coelum hujus proavus Cato tollitur; magnus honos populi Romani rebus adjungitur. Omnes denique illi Maximi, Marcelli, Fulvii, non sine communi omnium nostrum laude decorantur.

X. Ergo illum, qui haec fecerat, Rudinum hominem, majores nostri in civitatem receperunt : nos hunc Heracliensem, multis civitatibus expetitum, in hac autem legibus constitutum, de nostra civitate ejiciemus?

23. Nam si quis minorem gloriae fructum putat ex Graecis versibus percipi, quam ex Latinis, vehementer errat, propterea, quod Graeca leguntur in omnibus fere gentibus, Latina suis finibus, exiguis sane, continentur. Quare si res eae, quas gessimus, orbis terrae regionibus definiuntur, cupere debemus, quo manuum nostrarum tela pervenerint, eodem gloriam famamque penetrare; quod quum ipsis populis, de quorum rebus scribitur, haec ampla sunt, tum iis certe, qui de vita, gloriae causa, dimicant, hoc maximum et periculorum incitamentum est et laborum. 24. Quam multos scriptores rerum suarum magnus ille Alexander secum habuisse dicitur! Atque is tamen, quum in Sigeo ad Achillis tumulum adstitisset, *O fortunate,* inquit, *adolescens, qui tuae virtutis Homerum praeconem inveneris!* Et vere: nam, nisi Ilias illa exstitisset, idem tumulus, qui corpus ejus contexerat, nomen etiam obruisset. Quid? noster hic Magnus, qui cum virtute fortunam adaequavit, nonne Theophanem, Mitylenaeum, scriptorem rerum suarum, in concione militum civitate donavit; et nostri illi fortes viri, sed rustici ac milites, dulcedine quadam gloriae commoti, quasi participes ejusdem laudis, magno illud clamore approbaverunt? 25. Itaque, credo, si civis Romanus Archias legibus non esset, ut ab aliquo imperatore civitate donaretur, perficere non potuisset. Sulla, quum Hispanos donaret et Gallos, credo, hunc petentem repudiasset; quem nos in concione vidimus, quum ei libellum malus poeta de populo subjecisset, quod epigramma in eum fecisset, tantummodo alternis versibus longiusculis, statim ex iis rebus, quas tunc vendebat, jubere ei praemium tribui,

sed ea conditione, ne quid postea scriberet. Qui sedulitatem mali poetae duxerit aliquo tamen praemio dignam, hujus. ingenium et virtutem in scribendo et copiam non expetisset? 26. Quid? a Q. Metello Pio, familiarissimo suo, qui civitate multos donavit, neque per se, neque per Lucullos impetravisset? qui praesertim usque eo de suis rebus scribi cuperet, ut etiam Cordubae natis poetis, pingue quiddam sonantibus atque peregrinum, tamen aures suas dederet.

XI. Neque enim est hoc dissimulandum, quod obscurari non potest, sed prae nobis ferendum: trahimur omnes studio laudis, et optimus quisque maximo gloria ducitur. Ipsi illi philosophi, etiam in iis libellis, quos de contemnenda gloria scribunt, nomen suum inscribunt: in eo ipso, in quo praedicationem nobilitatemque despiciunt, praedicari de se, ac nominari volunt. 27. Decimus quidem Brutus, summus ille vir et imperator, Accii, amicissimi sui, carminibus templorum ac monumentorum aditus exornavit suorum. Jam vero ille, qui cum Aetolis, Ennio comite, bellavit Fulvius, non dubitavit Martis manubias Musis consecrare. Quare, in qua urbe imperatores, prope armati, poetarum nomen et Musarum delubra coluerunt, in ea non debent togati judices a Musarum honore et a poetarum salute abhorrere.

28. Atque, ut id libentius faciatis, jam me vobis, judices, indicabo, et de meo quodam amore gloriae, nimis acri fortasse, verumtamen honesto, vobis confitebor. Nam, quas res nos in consulatu nostro vobiscum simul pro salute hujus urbis atque imperii, et pro vita civium, proque universa re publica gessimus, attigit hic versibus atque inchoavit; quibus auditis, quod mihi magna res et jucunda visa est, hunc ad perficiendum adornavi. Nullam enim virtus aliam mercedem laborum periculorumque desiderat, praeter hanc laudis et gloriae; qua quidem detracta, judices, quid est, quod in hoc tam exiguo vitae curriculo, et tam brevi, tantis nos in laboribus exerceamus? 29. Certe, si nihil animus praesentiret in posterum, et si, quibus regionibus vitae spatium circumscriptum est, eisdem omnes cogitationes terminaret suas, nec

tantis se laboribus frangeret, neque tot curis vigiliisque angeretur, nec toties de ipsa vita dimicaret. Nunc insidet quaedam in optimo quoque virtus, quae noctes ac dies animum gloriae stimulis concitat, atque admonet non cum vitae tempore esse dimittendam commemorationem nominis nostri, sed cum omni posteritate adaequandam.

XII. 30. An vero tam parvi animi videamur esse omnes, qui in re publica, atque in his vitae periculis laboribusque versamur, ut, quum usque ad extremum spatium, nullum tranquillum atque otiosum spiritum duxerimus, nobiscum simul moritura omnia arbitremur? An statuas et imagines, non animorum simulacra, sed corporum, studiose multi summi homines reliquerunt, consiliorum relinquere ac virtutum nostrarum effigiem nonne multo malle debemus, summis ingeniis expressam et politam? Ego vero omnia, quae gerebam, jam tum in gerendo spargere me ac disseminare arbitrabar in orbis terrae memoriam sempiternam. Haec vero sive a meo sensu post mortem abfutura est, sive, ut sapientissimi homines putaverunt, ad aliquam animi mei partem pertinebit, nunc quidem certe cogitatione quadam speque delector.

31. Quare conservate, judices, hominem pudore eo, quem amicorum videtis comprobari quum dignitate, tum etiam vetustate, ingenio autem tanto, quantum id convenit existimari, quod summorum hominum ingeniis expetitum esse videatis; causa vero ejusmodi, quae beneficio legis, auctoritate municipii, testimonio Luculli, tabulis Metelli comprobetur. Quae quum ita sint, petimus a vobis, judices, si qua non modo humana, verum etiam divina in tantis ingeniis commendatio debet esse, ut eum, qui vos, qui vestros imperatores, qui populi Romani res gestas semper ornavit; qui etiam his recentibus nostris, vestrisque domesticis periculis aeternum se testimonium laudis daturum esse profitetur; isque est eo numero, qui semper apud omnes sancti sunt habiti, itaque dicti, sic in vestram accipiatis fidem, ut humanitate vestra levatus potius, quam acerbitate violatus esse videatur. 32. Quae de causa pro mea consuetudine

breviter simpliciterque dixi, judices, ea confido probata esse omnibus: quae non fori, neque judiciali consuetudine, et de hominis ingenio, et communiter de ipsius studio locutus sum, ea, judices, a vobis spero esse in bonam partem accepta; ab eo, qui judicium exercet, certe scio.

SELECT ORATIONS

OF

M. T. CICERO:

With the Latin Text conformed to the English Order, and accompanied with English Notes,

EXPLANATORY AND CRITICAL.

INTRODUCTION

TO THE

FOUR ORATIONS AGAINST CATILINE.

THESE orations grew out of the celebrated conspiracy of Catiline, one of the most exciting episodes in the general current of Roman history. This was an attempt on the part of Catiline, a man of patrician birth, powerful frame, subtle capacity, and unscrupulous character, to seize the supreme power of the state, in conjunction with other profligate nobles, and to appropriate to themselves the private possessions and the public domain of the Roman people.

"Lucius Catiline," Sallust tells us, "born of a noble family, was a man of great force both of mind and body, but of depraved and perverted disposition and character. From his early years, intestine wars, bloodshed, rapine, civil discord, were pleasing to him; and in these he passed his youth in active participation. His body was capable of enduring hunger, watching, and cold, beyond what any one could believe; his mind was bold, crafty, versatile, capable of assuming every virtue and dissembling every vice; he was greedy of others' property, profuse of his own; he was ardent in his passions; he possessed a good degree of fluency, but little wisdom. His capacious mind was always grasping after things inordinate, unreasonable, beyond his reach. This man, after the usurpation of Sylla, a great and criminal ambition had invaded to seize upon the republic; nor had he any concern or care by what means he might accomplish his object, provided only he procured for himself the supreme dominion."

His original plan appears to have been to obtain the Consulship by bribery and other means of indirection, and to make this the stepping-stone to a complete and unlimited usurpation. In the mean time he had been gathering together at Faesulae, in Upper Etruria, a band of disaffected persons of every class from different parts of Italy. These were becoming organized into an army under the immediate command of C. Manlius, a veteran soldier of Sylla, and were only awaiting the signal for breaking out into open revolt and seconding the nefarious designs of Catiline.

Two several attempts of Catiline to obtain the Consulship were unsuccessful. In the first he had Cicero himself for a competitor, who employed all the powers of his eloquence in disparaging the claims of his rival and laying bare the criminal practices of his really profligate life. Cicero was elected Consul almost by universal acclamation, and C. Antonius was made his colleague by a few votes over Catiline. This was in the year B.C. 63.

In the following year, B.C. 62, Catiline made his second attempt to secure the Consulship. He had to encounter again the determined opposition of Cicero; who procured the passage of a more stringent law against bribery, and adopted other vigorous measures to accomplish the defeat of this unscrupulous and dangerous man.

These movements of Cicero raised the personal enmity of Catiline to such a pitch, that he formed a plot to assassinate him during the canvass. This design was intercepted by the precautionary measures of Cicero; and when the election, which had been deferred, finally took place, Catiline was again defeated, the canvass having terminated in favor of D. Junius Silanus and L. Licinius Muraena.

Disappointed in the result, and driven to desperation by his broken fortunes and detected criminality, Catiline now determined to precipitate his measures. He called together the conspirators at the house of M. Porcius Lacca, and disclosed his purpose of proceeding at once to the camp of Manlius and unfurling the standard of open revolt. He arranged with other leading conspirators to remain at Rome, and at a given signal to attack the city with the sword and conflagration. His departure was only now delayed in order to assure himself of the death of Cicero, which he deemed it indispensable first to accomplish. This nefarious project was undertaken by two of the conspirators, who engaged to proceed to the house of Cicero at early dawn and to assassinate him in his bed. In almost the same hour Cicero was made aware of what had transpired at the meeting by the information of a certain Fulvia, a female friend of one of the conspirators, and the design of assassination was intercepted by additional guards placed at the door.

The succeeding day Cicero called together a meeting of the Senate in the Temple of Jupiter Stator for consultation. At this meeting, to the universal surprise, Catiline himself, with marvellous audacity, appeared in person, and drew upon himself, from the indignant orator, the powerful torrent of invective and reproach contained in the first of the four orations.

"Lucidus Ordo."

THE LATIN TEXT ARRANGED TO CONFORM TO THE ENGLISH ORDER,
WITH EXPLANATORY NOTES.

Textus Latinus in Anglicum Ordinem Conversus.

ORATIO PRIMA *

IN

L. CATILINAM

HABITA IN SENATU.

I. ¹ Quousque tandem abutere, Catilina, nostra patientia?. Quamdiu etiam iste furor tuus eludet nos? Ad

---

* *Oratio prima.* . The occasion of this first oration or rather impassioned invective was briefly this. Catiline, in conjunction with others, having formed a conspiracy to seize the supreme power of the Roman State, and to involve everything in devastation and ruin, a meeting of the conspirators had been held, the previous night but one, at the house of M. Porcius Laeca, in which their plans were matured. Cicero is made aware of these plans through secret information, and summons a meeting of the Senate for deliberation in the Temple of Jupiter Stator. Catiline himself, with matchless quem finem [tua] effrenata audacia jactabit sese? ² Nihilne moverunt te [hae inusitatae res], nihil nocturnum praesidium Palatii, nihil vigiliae urbis, nihil timor populi, nihil consensus omnium bonorum, nihil hic munitissimus locus habendi senatus, nihil [denique] ora que vultus horum? Non sentis tua consilia patere? Non vides tuam conjurationem ³ jam teneri constrictam conscientia omnium horum? Arbitraris [ali] quem nostrum ignorare, quid egeris proxima [nocte] quid superiore nocte, ubi fueris, quos convocaveris, quid consilii ceperis? O! tempora! O mores! Senatus

---

effrontery, appears in person in the Senate and is addressed by Cicero, apparently on the spur of the moment, in this language of burning invective. Though the orator speaks from the impulse of his feelings, the oration is not without a definite object. The general drift of it is to persuade or constrain Catiline to leave the city at once with his followers, by letting him know that his plans have been disclosed to Cicero by secret information, and that he is an object of general detestation and suspicion on the part of the people. He wishes to drive him to open revolt, that there may no longer be a doubt as to his real designs, and indicates this as his policy to the Senate.

With regard to the genuineness of this oration, besides internal marks and other abundant proof, we have the explicit testimony of Sallust : *Tum M. Tullius, consul, sive praesentiam ejus timens, seu ira commotus, orationem habuit luculentam atque utilem reipublicae ; quam postea scriptam edidit.*

"Then M. Tullius (Cicero), Consul, whether fearing his presence or moved to indignation (by it) delivered a brilliant oration and (one) beneficial to the republic, WHICH HE AFTERWARDS WROTE OUT AND PUBLISHED."

¹ *Quousque tandem,* &c. "How far, I ask, O Catiline, will you exercise our patience? How long, too, shall that madness of thine baffle our attempts to restrain it? Literally, "baffle us." What limit shall there be to the display of thy unbridled audacity? Literally, "To what limit shall an unbridled audacity display itself."

² *Nihilne moverunt,* &c. "Have you been nothing moved (by these unusual appearances), nothing by the nightly guard on the Palatine Hill," &c. . . . . *nihil consensus omnium bonorum,* "nothing by the unanimity of all good citizens," *nihil hic munitissimus,* &c., "nothing by this most carefully garrisoned place for holding the Senate?" Literally, "Have the nightly guard of the Palatine Hill, &c., nothing moved thee."

³ *Jam teneri constrictam,* &c. "Is now fettered and circumscribed by the common knowledge of it possessed by all of these."

intelligit haec, consul videt: tamen hic vivit. Vivit! immo vero etiam venit in senatum: fit particeps publici consilii: oculis notat et designat ad caedem unumquemque nostrum. Autem nos, fortes viri, videmur satisfacere rei publicae, si vitemus furorem ac tela istius. Jampridem oportebat, Catilina, te duci ad mortem jussu consulis; [jampridem oporortebat] ¹ istam pestem conferri in te, quam tu jamdiu machinaris in omnes nos. An vero [ille] amplissimus vir, P. Scipio, pontifex maximus, ² privatus, interfecit T. Gracchum, mediocriter labefactantem statum reipublicae: nos consules perferemus Catilinam cupientem vastare orbem terrae caede atque incendiis? ᴀ Nam praetereo ³ illa nimis antiqua (exempla), quod C. Servilius Ahala occidit sua manu Sp. Maelium studentem novis rebus. Fuit, fuit quondam ⁴ ista virtus in hac republica, ut fortes viri coercerent perniciosum civem acrioribus suppliciis quam acerbissimum hostem. Habemus senatus consultum in te, Catilina, ⁵ vehemens et grave: non deest reipublicae consilium neque auctoritas hujus ordinis: nos, nos, consules, dico aperte, desumus.

II. Senatus quondam decrevit, ut L. Opimius consul videret, respublica ne caperet [ali] quid detrimenti. Nulla nox intercessit: C. Gracchus, [natus] clarissimo patre, avo, majoribus, interfectus est propter quasdem suspiciones seditionum; M. Fulvius consularis occisus est cum liberis. Simili senatus-consultu respublica permissa est C. Mario et

---

¹ *Istam pestem*, &c. "Long since ought that destruction to have been brought upon yourself which you have been so long plotting against all of us."

² *Privatus.* "A private individual," having no secular authority, ... *mediocriter labefactantem*, &c., "only moderately disturbing the stability of the republic."

³ *Illa nimis antiqua*, &c. "Those too remote examples or transactions."

⁴ *Ista virtus.* "That degree of virtue."

⁵ *Vehemens et grave.* "Stringent and weighty." .... *Non deest*, &c. "There is not wanting to the republic the counsel nor the (official) authority of this order (the Senatorial). We, we consuls, I say it openly, are recreant to our duty."

5*

L. Valerio consulibus. ⁱ Num mors ac poena reipublicae, unum diem postea, remorata est L. Saturninum tribunum plebis et C. Servilium praetorem ? At vero nos, jam vicesimum diem, patimur ² aciem auctoritatis horum hebescere. Enim habemus ³ senatus-consultum hujusmodi, verum tamen inclusum in tabulis, tamquam [gladium] reconditum in vagina: ex quo senatus-consulto convenit te, Catilina, confestim interfectum esse. Vivis; et vivis non ad deponendam sed ad confirmandam audaciam. ⁴ Cupio, conscripti Patres, me esse clementem; cupio, in tantis periculis reipublicae me non videri dissolutum; sed jam condemno me ipsum inertiae que nequitiae. Castra collocata sunt contra rempublicam in Italia in faucibus Etruriae: numerus hostium crescit in singulos dies: autem videmus imperatorem eorum castrorum que ducem hostium intra moenia atque adeo in senatu, molientem quotidie aliquam intestinam perniciem reipublicae. Si jussero te, Catilina, jam comprehendi, si [jussero] interfici; credo erit ⁵ verendum mihi ne non omnes boni [dicant hoc factum esse] a me

---

¹ *Num mors ac poena,* &c. "Did death and the punishment due to the republic for a single day afterwards keep in waiting or suspense L. Saturninus, the tribune of the people, and C. Servilius, the praetor?" Or we may understand an ellipsis of *consequi* or *excipere* and translate *remorata est consequi* or *excipere.* "Delay to overtake," &c.

² *Aciem auctoritatis,* &c. Literally, "The edge of the authority of these (senators) to become blunt;" *i. e.,* the force of the public enactment to become weakened.

³ *Senatus-consultum hujusmodi,* &c. "For we have a decree of the Senate of this same description, enclosed, however, in the public tables, like a sword hidden in its scabbard; from the import of which decree it was fit (and lawful) that you, Catiline, should be summarily put to death," *hujusmodi* and *ex quo senatus-consulto,* though separated by other words, are correlatives in fact.

⁴ *Cupio . . . . cupio.*" I desire, on the one hand . . . . I wish, on the other."

⁵ *Verendum . . . . ne non. Ne non* after *vereor* is equivalent to *ut,* and is affirmative. "I have reason to fear that all good men will say that this was done by me too late, rather than any one should say that it was done with too much severity (and precipitancy)."

serius, potius quam quisquam dicat factum esse crudelius. Verum ego nondum adducor, ut faciam hoc, quod oportuit jampridem factum esse,¹ de certa causa. Tum denique interficiam te, quum jam nemo poterit inveniri tam improbus, tam perditus, ² tam similis tui, qui non fateatur id factum esse jure. Quamdiu erit quisquam, qui audeat defendere te, vives: sed vives, ita ut vivis, obsessus meis multis et(firmis praesidiis,) ne possis commovere te contra rempublicam. ³ Oculi et aures etiam multorum, sicut adhuc fecerunt, speculabuntur atque custodient te·non sentientem.

III. Etenim quid amplius est, Catilina, quod jam exspectes, si neque nox potest obscurare tenebris nefarios coetus nec privata domus continere parietibus ⁴ voces tuae conjurationis? Si omnia illustrantur, si erumpunt? Muta jam istam mentem [tuam]; crede mihi: obliviscere caedis atque incendiorum. Teneris undique: omnia tua consilia sunt clariora nobis luce; ⁵ quae [consilia] licet jam recognoscas mecum. Meministine me dicere in senatu duodecimum diem (duodecimo die) ante Kalendas Novembres C. Manlium, ⁶ satellitem atque administrum tuae audaciae fore in armis certo die, qui dies futurus esset sextum diem (sextus dies) ante Kalendas Novembres? ⁷ Num fefellit me, Catilina,

---

¹ *De certa causa.* "For a definite (and satisfactory) reason."
² *Tam similis tui, qui,* &c. "So much like yourself as not to confess," &c.
³ *Oculi et aures,* &c. "The eyes and ears also of many, as they have hitherto done, shall (continue to) watch and guard against your movements unobserved by yourself." Literally, "Guard you not perceiving" them.
⁴ *Voces tuae conjurationis.* "The utterances of your conspiracy." *Si omnia,* &c. "If all things are brought to light, if they break forth to view." *Muta jam istam,* &c. "Change that (criminal) purpose of thine; confide in my advice: dismiss from your mind (all thoughts of) slaughter and conflagrations."
⁵ *Quae consilia,* &c. "These plans you can now review with me," and convince yourself of my knowledge of your affairs.
⁶ *Satellitem atque administrum.* "The accomplice and active instrument of your audacity."
⁷ *Num fefellit me,* &c. Was I deceived, Catiline, not merely in the thing itself, so enormous, so atrocious, &c., ... but in the day" even, which I had previously announced.

non modo res (ipsa), tanta, tam atrox, tam incredibilis, verum, id quod est multo magis admirandum, dies (quem praedixissem)? Ego idem dixi in senatu ¹ te contulisse caedem optimatium in quintum diem ante Kalendas Novembres, tum, quum multi principes civitatis profugerunt Roma, causa non tam conservandi sui, quam reprimendorum tuorum consiliorum. Num potes infitiari te illo ipso die ² circumclusum meis praesidiis, mea diligentia non potuisse commovere te contra rempublicam; quum tu, discessu ceterorum, dicebas te tamen esse contentum nostra caede, qui remansissemus. Quid! quum tu confideres te occupaturum esse Praeneste, nocturno impetu, ipsis Kalendis Novembribus; sensistine illam coloniam munitam esse meo jussu, meis praesidiis, custodiis, que vigiliis! Agis nihil, moliris nihil, cogitas nihil, quod ego non modo (non) audiam, sed etiam videam que plane sentiam.

IV. Recognosce tandem mecum illam superiorem noctem: jam intelliges me vigilare multo acrius ad salutem quam te ad perniciem reipublicae. Dico te venisse priore nocte ³ inter falcarios (non ⋅ agam obscure) in domum M. Laecae; complures socios ejusdem amentiae que sceleris con-

---

¹ *Te contulisse caedem*, &c. "That you had assigned the slaughter of the nobles (by agreement) to the fifth day," &c. *Causa non tam*, &c. "With the design not so much of saving themselves as of intercepting and defeating your plans."

² *Circumclusum meis praesidiis*, &c. "Hemmed in by my guards, and by my assiduity was unable to make any movement against the republic, on which occasion you (though disappointed) by the departure of the rest, declared that you nevertheless would be satisfied with the death of us who remained." *Nostra* is freely and elegantly used for *nostrum*, and made the antecedent of *qui*. *Quid! quum tu confideres*, &c. "Nay, more, when you fully expected to take possession of Praeneste, &c. . . . . . did you not perceive that colony to be fortified," &c. *Quid!* is interrogative and exclamatory, and is equivalent perhaps to "what say you to this farther fact," &c.

⁴ *Inter falcarios (non agam obscure).* "Among the scythe-makers; *i. e.*, into the locality of this class of artisans (for I will not leave you in the dark or treat the matter obscurely), into the house of M. Laeca."

venisse eodem. Num audes negare ? Quid taces ? ¹ Convincam, si negas. Enim video quosdam esse hic in senatu qui fuerunt una tecum. ₍ O immortales Dii! Ubinam gentium sumus? Quam rempublicam habemus? In qua urbe vivimus? Sunt hic, hic in nostro numero, Conscripti Patres, in hoc sanctissimo quo gravissimo consilio orbis terrae, (ii), ² qui cogitent de interitu omnium nostrum, qui (cogitent) de exitio hujus urbis ³ atque adeo orbis terrarum. Hosce ego, consul, video, ⁴ et rogo [eos] sententiam de republica ! Et nondum vulnero eos voce, quos oportebat trucidari ferro ! Fuisti igitur illa nocte apud Laecam, Catilina : distribuisti partes Italiae : statuisti, quo placeret [tibi] quemque proficisci : delegisti, quos relinqueres Romae, quos educeres tecum ; ⁵ descripsisti partes urbis ad incendia ; confirmasti te ipsum jam exiturum esse ; ⁶ dixisti esse tibi etiam nunc paullulum morae, quod ego viverem. Duo Romani equites reperti sunt, ⁷ qui liberarent te ista cura, et pollicerentur sese, illa ipsa nocte, paullo ante lucem interfecturos esse me in meo lectulo. Ego comperi haec omnia, etiam dum vestro coetu vix dimisso ; munivi atque firmavi meam domum majoribus praesidiis : exclusi eos, quos tu miseras ad me mane, ⁸ salutatum, ⁹ quum illi ipsi venissent, quos ego jam praedixeram multis ac summis viris venturos esse ad me id temporis.

---

¹ *Convincam, si negas.* "I will prove it, if you deny it."
² *Qui cogitent.* "Who are plotting."
³ *Atque adeo.* "And even."
⁴ *Et rogo (eos) sententiam.* "And (in my official capacity) ask them their opinion on public affairs."
⁵ *Descripsisti partes,* &c. "You mapped out the different parts of the city for the flames."
⁶ *Dixisti esse tibi,* &c. "You said that there was still a reason for a little delay on your part, because I was living."
⁷ *Qui liberarent,* &c. "Who were to release you from concern on that account."
⁸ *Salutatum.* Supine in *um.* "To greet me." "Pay me their respects."
⁹ *Quum illi ipsi.* "Inasmuch as those very persons had come who I had already predicted to many men, and those too of consideration, *would* come to me at that time."

ORATIO I. IN CATILINAM.

V. ¹ Quum quae sint ita, perge, quo coepisti [pergere] : Egredere aliquando ex urbe : portae patent : proficiscere. ² Nimium diu illa castra tua Manliana desiderant tē imperatōrem. Educ tēcum etiam omnes tuos (satellites) : ³ si minus, quam plurimos. Purga urbem. Liberabis me metu, ⁴ dummodo mūrus intersit inter me atque te. ⁵ Non potes jam diutius versari nobiscum (cum nobis) : non feram, non patiar, non sinam. Magna gratia habenda est immortalibus Diis atque huic Jovi Statoir ipsi, antīquissimō custodi hujus urbis, quod jam toties effugimus hanc tam tetram, tam horribilem que tam infestam pestem reipublicae. ⁶ Non saepius est summa salus reipublicae periclitanda in uno homine. ⁷ Quamdiu, Catilina, insidiatus es mihi, consuli designato, non defendi me pūblico praesidio, sed privata diligentia. Quum proximis consularibus comitiis voluisti interficere me consulem in campo, et tuos competitores, compressi tuos nefarios conatus, praesidio et copiis amicorum, nullo tumultu publice concitato : ⁸ denique quotiescunque petisti me, obstiti te per me (ipsum) : quamquam videbam meam perniciem ⁹ esse conjunctam cum magna calamitate reipublicae. ¹⁰ Nunc jam aperte,

---

¹ *Quum quae sint ita.* "Since these things are so ;" literally, "since which things are so," a customary phrase of logical transition.
² *Nimium diu,* &c. "Too long is that camp of thine under Manlius left without your presence as commander."
³ *Si minus,* &c. "If not (all), as many as possible." The expression *quam plurimos* is elliptical for *tam plurimos quam possis.*
⁴ *Dummodo.* "Only when."
⁵ *Non potes,* &c. "You cannot now any longer be allowed to live and have your home with us."
⁶ *Non saepius est,* &c. "Not too often (however) is the highest safety (and welfare) of the republic to be put in peril in (the person of) one man" *i. e.* Cicero.
⁷ *Quamdiu, Catilina,* &c. "So long, Catiline, as you formed your plots for me (individually) the consul elect," &c.
⁸ *Denique quotiescunque,* &c. "In fine, as often as you have attacked me (personally), I have resisted you by my own agency and resources."
⁹ *Esse conjunctam.* "To be inseparably connected."
¹⁰ *Nunc jam aperte petis,* &c. "Now at this time you openly (and without disguise) attack the whole republic."

petis universam rempublicam: vocas ad exitium ac vastitatem templa immortalium deorum, tecta urbis, vitam omnium civium, denique totam Italiam. Quare, quoniam nondum audeo facere ¹id quod est primum, et quod proprium est hujus imperii quo disciplinae majorum, faciam id quod est lenius ad severitatem et utilius ad communem salutem. Nam si jussero te interfici, reliqua manus conjuratorum residebit in republica; sin tu exieris (quod jamdudum hortor te), sentina tuorum comitum, ²magna et perniciosa reipublicae, exhaurietur ex urbe. ³Quid est, Catilina? Num dubitas facere id, me imperante, ⁴quod jam faciebas tua sponte? Consul jubet hostem exire ex urbe. Interrogas me, num (exieris) in exsilium? Non jubeo: sed, si consulis me, suadeo.

VI. Enim quid est, Catilina, quod possit jam delectare te in hac urbe? In qua [urbe] est nemo, extra istam conjurationem perditorum hominum, qui non metuat te; nemo, qui non oderit. Quae nota domesticae turpitudinis ⁵non inusta est tuae vitae? ⁶Quod dedecus privatarum rerum non haeret (tibi) infamiae? Quae libido abfuit ab [tuis] oculis, quod facinus unquam [abfuit] a tuis manibus, quod flagitium a toto corpore? ⁷Cui adolescentulo, quem irretisses illecebris corruptelarum, non praetulisti aut

---

¹ *Id quod est primum*, &c. "That which is first (and most obvious), and which properly belongs to (the dignity of) this empire and the strict ideas of our ancestors" .... *id quod lenius*, &c. "That which is less stringent in point of severity and (at the same time) more useful for the common safety."

² *Magna et perniciosa*, &c. "Large as it is and most injurious to the republic."

³ *Quid est, Catilina?* "What is it, Catiline," (that prevents you from taking this step.)

⁴ *Quod jam*, &c. "Which already you were upon the point of doing of your own accord."

⁵ *Non inusta est.* "Is not branded." Literally, "burnt in."

⁶ *Quod dedecus*, &c. "What disgrace of private conduct does not adhere to you as a source of infamy."

⁷ *Cui adolescentulo*, &c. "To what youth, whom you had entangled by the allurements of corrupting practices, have you not furnished either a sword to arm his audacity, or a torch to inflame his licentiousness?"

ferrum ad audaciam aut facem ad libidinem? ¹ Quid vero? Nuper, quum, morte superioris uxoris, vacuefecisses domum novis nuptiis, ² nonne etiam cumulasti hoc scelus alio incredibili scelere? Quod ego praetermitto, et facile patior ³ sileri, ne immanitas tanti facinoris videatur aut exstitisse in hoc civitate aut non vindicata esse. Praetermitto ruinas tuarum fortunarum, omnes quas senties impendere tibi ⁴ proximis Idibus: venio ad illa, quae pertinent non ad privatam ignominiam tuorum vitiorum, non ad tuam domesticam difficultatem ac turpitudinem, ⁵ sed ad summam, rempublicam atque ad vitam que salutem omnium nostrum. Potestne haec lux, Catilina, aut spiritus hujus coeli esse jucundus tibi, quum scias esse neminem horum, qui nesciat te ⁶ stetisse in comitio cum telo pridie Kalendas Januarias, Lepido et Tullo consulibus? ⁶ Paravisse manum, causa interficiendorum consulum et principum civitatis? Non aliquam mentem aut timorem tuum, sed fortunam Romani populi ⁶ obstitisse tuo sceleri ac furori? ⁷ Ac jam omitto illa (enim neque sunt [scelera] post commissa aut

---

¹ *Quid vero?* "Why mention indeed lesser crimes?" or simply "moreover" or "furthermore."

² *Nonne etiam cumulasti,* &c. "Did you not also aggravate this crime by another incredible enormity?" To the poisoning of his wife he is supposed to have added also the murder of his own son.

³ *Sileri.* "To be left in silence."

⁴ *Proximis Idibus.* Debts usually fell due and interest accrued on the *Kalends* and *Ides* of the month.

⁵ *Sed ad summam rempublicam.* "But to the highest public concern."

⁶ *Stetisse, paravisse* and *obstitisse* are all construed with *qui nesciat te. Non aliquam mentem aut timorem,* &c. "That not any forbearance or shrinking of yours, but the good fortune of the Roman people intercepted on that occasion your crime and madness," or "your criminal madness."

⁷ *Ac jam omitto,* &c. "And now I pass over those other matters (for the crimes since committed are neither unknown or few in number)." I bring one specific charge: "How often have you attempted to kill me as consul elect, how often as consul! How many assaults of thine directed in such a manner that they did not seem possible to be avoided, have I escaped by a certain slight shifting of my position, or, as they say (in pugilistic phrase), *corpore,* corporeal movement."

obscura aut non multa) : quoties conatus es interficere me [consulem] designatum, quoties [me] consulem! Quot petitiones tuas ita conjectas, ut non viderentur posse vitari, ego effugi quadam parva declinatione et, ut aiunt, corpore! Agis nihil, assequeris nihil, moliris nihil; ¹ neque tamen desistis conari ac velle. Quotiens ista sica jam extorta est de manibus tibi! Quotiens vero excidit et elapsa est aliquo casu! ²Tamen non potes carere ea diutius : quibus sacris quidem quae (=haec sica) initiata abs te ac devota sit, nescio, quod putas esse necesse defigere eam in corpore consulis.

VII. Nunc vero, quae est ista vita tua? Enim jam loquar tecum sic, ut videar non permotus esse odio, quo debeo [permoveri], sed ut [videar permotus esse] misericordia, ³quae nulla debetur tibi. Venisti paullo ante in senatum. Quis ex hac tanta frequentia, ex tot amicis ac necessariis tuis salutavit te? Si hoc contigit nemini post memoriam hominum, ⁴exspectas contumeliam vocis, quum sis oppressus gravissimo judicio taciturnitatis! ⁵Quid, quod tuo adventu ista subsellia vacuefacta sunt? quod, omnes consulares, qui persaepe constituti fuerunt tibi ad caedem, simul atque assedisti, reliquerunt istam partem subselliorum nudam atque inanem. Quo animo tandem putas hoc ferendum tibi?

---

¹ *Neque tamen desistis*, &c. "And yet you do not cease to attempt and to purpose (evil)."
² *Tamen non potes.* "Yet you cannot be without it for any considerable time; with what impious solemnities indeed this (dagger of yours) has been consecrated by you and set apart to its office, I know not, that you think it to be necessary to plunge it in the body of a consul."
³ *Quae nulla*, &c. "Which in no degree is due to you."
⁴ *Exspectas contumeliam vocis.* "Do you wait for the reproach of an audible condemnation when you are already overwhelmed by the severest judgment of a significant silence."
⁵ *Quid, quod*, &c. "What say you to the fact, that at your coming those (senatorial) seats were (immediately) vacated? that all the men of consular dignity, who have been very often designated by you to slaughter, as soon as you sat down, abandoned that part of the seats (and left them) naked and empty? with what feelings, think you, ought such a circumstance as this to be regarded by you?"

17. Si, mehercule, mei servi metuerent me ¹isto pacto, ut omnes tui cives metuunt te, putarem meam domum [esse] relinquendam: non tu arbitraris urbem [esse relinquendam] tibi? ²Et, si viderem me, injuria, tam graviter suspectum atque offensum meis civibus, mallem me carere aspectu civium quam conspici infestis oculis omnium; ³tu, quum conscientia tuorum scelerum, agnoscas odium omnium [esse] justum et jamdiu debitum tibi, dubitas vitare aspectum que praesentiam eorum, quorum mentes que sensus vulneras? Si tui parentes timerent atque odissent te, neque posses placare eos ulla ratione, ⁴concederes, ut opinor, aliquo ab eorum oculis: nunc patria, quae est communis parens nostrum omnium odit ac metuit te et jamdiu judicat te cogitare nihil nisi de suo parricidio. Tu neque verebere hujus auctoritatem, nec sequere judicium, nec pertimesces vim? ⁵Quae sic agit tecum, Catilina, et quodam modo tacita loquitur: "Jam aliquot annis nullum facinus exstitit nisi per te; nullum flagitium sine te; ⁶tibi uni neces multorum civium, tibi vexatio que direptio sociorum fuit impunita ac libera; ⁷tu valuisti non solum ad negligendas leges et quaestiones, verum etiam ad evertendas que perfringendas (eas). Quanquam illa superiora non fuerunt ferenda, tamen tuli [ea], ut potui: nunc vero non est feren-

---

¹ *Isto pacto.* "In the same manner as."
² *Et, si viderem,* &c. "And if I saw myself, even without cause, an object of grave suspicion and of odium," &c. *Injuria,* literally, "With injustice," here, "Without cause."
³ *Tu, quum,* &c. "And do you, although with the conviction you must have of your own crimes you acknowledge the universal odium to be right, &c. . . . . hesitate," &c.
⁴ *Concederes,* &c. "Would withdraw, I imagine, somewhere from their eyes."
⁵ *Quae sic agit,* &c. "And this common mother, your country, thus expostulates with you and in a manner silently addresses you," &c.
⁶ *Tibi uni neces,* &c. "To you alone the proscriptions of many citizens, to you the harassment and plunder of our allies have been things of impunity and of unrestrained perpetration."
⁷ *Tu valuisti.* "You have been able."

dum ¹ totam me esse in metu propter te unum; ² quidquid increpuerit Catilinam timeri; nullum consilium posse videri iniri contra me, ³ quod abhorreat a tuo scelere. Quamobrem discede, atque eripe hunc timorem mihi: si est verus, ne opprimar; sin falsus, ut tandem aliquando desinam timere."

VIII. Si patria loquatur haec tecum, ut dixi, nonne debeat ⁴ impetrare, etiam si non possit adhibere vim? ⁵ Quid, quod tu ipse dedisti te in custodiam? quod causa vitandi suspicionis dixisti te velle habitare ad M. Lepidum? Non receptus a quo, ausus es venire ad me atque rogasti, ut asservarem te meae domi. ⁶ Quum tulisses quoque a me id responsi, me nullo modo posse esse tuto iisdem parietibus tecum, qui essem in magno periculo, quod contineremur iisdem moenibus, venisti ad praetorem Q. Metellum. Repudiatus a quo, demigrasti ad ⁷ tuum sodalem, optimum virum, M. Marcellum; quem tu videlicet putasti fore et diligentissimum ad custodiendum te, et sagacissimum ad suspicandum, et fortissimum ad vindicandum. ⁸ Sed quam longe videtur (eum) debere abesse a carcere atque a vinculis,

---

¹ *Totam me*, &c. "That my whole being and existence should be put in fear on account of thee alone." . . . .

² *Quidquid increpuerit.* "That on every noise, every alarm, Catiline should be an object of apprehension." Literally, "Whatever noise should be made."

³ *Quod abhorreat*, &c. "Which is not connected with your criminality." "In which you do not bear a criminal part."

⁴ *Impetrare.* "To obtain" what she wishes.

⁵ *Quid, quod tu ipse*, &c. "What is to be thought of the fact, that you of your own accord surrendered yourself into custody?" This was sometimes done by suspected persons to allay anxiety.

⁶ *Quum tulisses quoque a me*, &c. "When you received (literally 'bore away') from me also the answer that I could by no means exist in safety in the same house with you, inasmuch as I was (*qui essem*) in great peril to be confined even within the same city walls."

⁷ *Tuum sodalem, optimum virum.* "Your intimate associate a very excellent man." Ironically said. *Quem tu videlicet putasti.* "Which you doubtless thought," &c.

⁸ *Sed quam longe*, &c. "But how far removed does it seem that he ought to be from (real) incarceration and chains, who volunteers already to adjudge himself worthy of confinement."

qui ipse jam judicarit se dignum custodia? Quum quae ita sint, Catilina, dubitas, si non potes morari hic aequo animo, abire in ¹ aliquas terras, et mandare fugae que solitudini istam vitam, ereptam multis justis que debitis suppliciis? "Refer, inquis, ad senatum: Enim postulas id, et, si hic ordo decreverit ² placere sibi te ire in exsilium, dicis te obtemperaturum esse. Non referam; ³ id quod abhorret a meis moribus: sed tamen faciam (ita), ut intelligas quid hi sentiant de te. Egredere ex urbe, Catilina: libera rempublicam metu: proficiscere in exsilium, si exspectas hanc vocem. ⁴ Quid est, Catilina? Ecquid attendis, ecquid animadvertis silentium horum? Patiuntur, tacent. Quid exspectes auctoritatem (eorum) loquentium, quorum voluntatem tacitorum perspicis? At si dixissem hoc idem huic optimo adolescenti P. Sestio, [si dixissem] fortissimo viro ⁵ M. Marcello; senatus jam, ⁶ optimo jure, intulisset vim et manus mihi consuli in hoc ipso templo. Quum autem, Catilina, quiescunt de te, probant; quum patiuntur, decernunt; quum tacent, clamant. Neque hi solum, quorum auctoritas est videlicet cara tibi, ⁷ vita vilissima: sed etiam illi

---

¹ *Aliquas terras.* "Some (obscure and distant) lands."
² *Placere sibi.* "That it is their pleasure."
³ *Id quod abhorret a meis moribus.* "To such a course my feelings and character render me averse." Literally, "Which is repugnant to my character." Cicero seems to intimate that a formal reference to the senate would be attended with immediate severity and death to Catiline. *Sed tamen faciam (ita).* "But nevertheless I will act in such a manner that you shall be at no loss to know what these (senators) think of you." He then elicits a silent judgment and acquiescence of the senate by telling Catiline, unofficially, to depart from the city. *Egredere,* &c.
⁴ *Quid est, Catilina?* "What does this mean, Catiline?" *Ecquid attendis,* &c. "Are you attending (to this significant fact)? Do you observe the (portentous) silence of these senators?"
⁵ *M. Marcello.* A different person from the M. Marcellus above.
⁶ *Optimo jure.* "With good reason."
⁷ *Vita vilissima.* "Whose life is very cheap and worthless in your eyes." The senate, he means, whose authority he pretended to regard by wishing the matter referred to them, but whose life he was ready to destroy.

Romani equites, honestissimi atque optimi viri, quo ceteri fortissimi cives qui circumstant senatum, quorum tu potuisti et videre frequentiam, ¹ et perspicere studia, et paullo ante exaudire voces. Facile adducam eosdem, quorum manus et tela jamdiu vix contineo abs te, ut prosequantur usque ad portas te relinquentem haec, quae jampridem studes vastare.

IX. ² Quamquam quid loquor? Ut ulla res frangat te? Ut unquam tu corrigas te? Ut tu meditere ullam fugam? Ut tu cogites ullum exsilium? Utinam Dii immortales duint tibi istam mentem! Tametsi video, si ³ perterritus mea voce induxeris animum ire in exsilium, quanta tempestas invidiae impendeat nobis, ⁴ si minus in praesens tempus recenti memoria tuorum scelerum, at in posteritatem. ⁵ Sed est tanti; dummodo ista sit privata calamitas et sejungatur a periculis reipublicae. Sed ut tu commoveare tuis vitiis, ut pertimescas poenas legum, ut cedas temporibus reipublicae, non est postulandum. Neque enim es is, Catilina, ut aut pudor revocarit te a turpitudine, aut metus a periculo, aut ratio a furore. 23. Quamobrem, ut jam saepe dixi, proficiscere: ⁶ ac si vis conflare mihi tuo inimico, ut praedicas, invidiam, perge recta in exsilium: vix feram sermones hominum, si feceris id: vix sustinebo molem istius invidiae, si ieris in exsilium jussu consulis. ⁷ Sin autem

---

¹ *Et perspicere studia.* "And perceive their zeal" for the public welfare.

² *Quamquam quid loquor? ut,* &c. "And yet why do I speak? Is it with the hope that anything can subdue your obduracy or break your spirit?" .... Is it, &c.

³ *Perterritus mea voce,* &c. "Intimidated by my voice, you shall bring your mind to go into exile," &c.

⁴ *Si minus,* &c. "If not at present in consequence of the fresh recollection of your crimes."

⁵ *Sed est tanti.* "But it is of that much account," with some motion of contempt. I care not for the odium I shall create against myself, provided the public does not suffer.

⁶ *Ac si vis conflare,* &c. "And if you wish to kindle against me, your personal enemy, as you publicly proclaim, a flame of indignation, go straight into exile."

⁷ *Sin autem mavis,* &c. "But if you prefer to subserve my praise and distinction (do not go into exile, but rather) go forth with that

mavis servire meae laudi et gloriae, egredere cum importuna manu sceleratorum; confer te ad Manlium; concita perditos cives; secerne te a bonis, infer bellum patriae; exsulta impio latrocinio, ¹ ut videaris isse non ejectus a me ad alienos, sed invitatus ad tuos. ² Quamquam quid ego invitem te, a quo sciam jam [eos] esse praemissos, qui praestolarentur tibi armati ad Forum Aurelium? Cui sciam diem pactam et constitutam [esse] cum Manlio? A quo sciam esse praemissam etiam illam argenteam aquilam, quam confido futuram esse perniciosam ac funestam tibi ac omnibus tuis, ³ cui sacrarium tuorum scelerum constitutum fuit tuae domi? ⁴ Ut possis tu carere diutius illa, quam solebas venerari proficiscens ad caedem? a cujus altaribus saepe transtulisti istam impiam dextram ad necem civium?

X. Ibis tandem aliquando, quo jampridem ista effrenata ac furiosa cupiditas tua rapiebat te. Enim neque ⁵ haec res affert tibi dolorem, sed quandam incredibilem voluptatem. Ad hanc amentiam natura peperit te, voluntas exercuit, fortuna servavit. ⁶ Non modo tu nunquam concupisti otium, sed ne quidem bellum nisi nefarium. Nactus es

---

insolent band of wretches (your associates) and join yourself to Manlius," &c.

¹ *Ut videaris*, &c. "That you may seem to have gone forth, not as banished by me to the society of strangers, but as solicited to the companionship of your proper associates."

² *Quamquam quid ego invitem te*, &c. "Yet why do I solicit you (to go into exile), when I know that persons have already been sent before you, who are to wait for you in arms at Forum Aurelium."

³ *Cui sacrarium*, &c. Literally, "For which a sanctuary of thy crimes has been established at thy house." The Roman eagle was enclosed in a shrine oftentimes. Cicero seems to intend that Catiline's house, where this eagle was kept, was a sanctuary of crime and conspiracy—a shrine where wicked vows were made.

⁴ *Ut possis tu carere*. "How can you be any longer without that symbol?" &c.

⁵ *Haec res*. "This criminal enterprise."

⁶ *Non modo tu*, &c. "Not only have you never desired peace and repose; not even war has satisfied you, unless it were an infamous one."

manum improborum ¹ conflatam ex perditis, atque derelictis non modo ab omni fortuna, verum etiam spe. Hic qua laetitia tu perfruere? quibus gaudiis exsultabis? In quanta voluptate bacchabere, quum in tanto numero tuorum neque audies neque videbis quemquam bonum virum? Illi labores tui, ² qui feruntur, meditati sunt ad studium hujus vitae: jacere humi non modo ad obsidendum stuprum, verum etiam ad obeundum facinus; vigilare insidiantem non solum somno maritorum, verum etiam ³ bonis otiosorum. ⁴ Habes, ubi ostentes illam praeclaram patientiam tuam famis, frigoris, inopiae omnium rerum, quibus senties te brevi tempore confectum esse. ⁵ Tantum profeci tum, quum repuli te a consulatu ut posses, exsul, tentare potius quam, consul, vexare rempublicam; atque ut id, quod esset scelerate susceptum abs te, nominaretur latrocinium potius quam bellum.

XI. ⁶ Nunc ut detester ac deprecer a me, Patres Conscripti, quandam prope justam querimoniam patriae, percipite, quaeso, diligenter quae dicam et mandate ea penitus vestris animis que mentibus. Etenim si patria, quae est

---

¹ *Conflatam*, &c. "Collected together from abandoned persons and those stripped not only of all fortune, but even of hope itself."

² *Qui feruntur.* "Which are made matter of boasting." *Meditati sunt.* "Were intended to prepare you for the pursuit of this manner of life."

³ *Bonis otiosorum.* "The property of the unwary." Some editions have "*occissorum*," which gives a good sense, meaning the property of those *slain* in the proscriptions incident to civil war.

⁴ *Habes, ubi,* &c. "You have now a sphere (in the labors and difficulties of this conspiracy) where you can display that extraordinary patience of yours in enduring hunger, cold, and the want of all things, by which you will feel yourself in a short time (I venture to predict) to be exhausted and ruined."

⁵ *Tantum profeci*, &c. "Thus much at least I accomplished when I debarred you from the consulship, that you can now only attack the republic as an exile rather than, as a consul, vex and harass it, and that the criminal enterprise undertaken by you should be called by its proper name, a scheme of public robbery and plunder rather than a legitimate war."

⁶ *Nunc ut detester ac deprecer.* "Now that I may solemnly deprecate (all blame) and avert from myself an almost just imputation on the part of my country."

multo carior mea vita, si cuncta Italia, si omnis res publica loquatur mecum ⸴ " M. Tulli, quid agis? Tune patiere eum, quem comperisti esse hostem, quem vides futurum (esse) ducem belli, quem sentis exspectari imperatorem in castris hostium, auctorem sceleris, principem conjurationis, evocatorem servorum et perditorum civium, exire, ¹ ut videatur non emissus abs te ex urbe, sed immissus in urbem? Nonne imperabis hunc duci in vincula, non rapi ad mortem, non mactari summo supplicio? Quid tandem impedit te? Mosne majorum? At persaepe etiam privati in hac republica multarunt perniciosos cives morte. An leges, quae rogatae sunt de supplicio Romanorum civium? At nunquam in hac urbe ² ii tenuerunt jura civium, qui defecerunt a re publica. An times ³ invidiam posteritatis? ⁴ Refers vero praeclaram gratiam Romano populo, qui extulit te hominem cognitum per te, nulla commendatione majorum, tam mature per omnes gradus honorum ad summum imperium, si propter invidiam aut metum alicujus periculi negligis salutem tuorum civium. Sed si est quis metus invidiae, num est invidia severitatis ac fortitudinis vehementius pertimescenda quam (invidia) inertiae atque nequitiae? Quum Italia vastabitur bello, urbes vexabuntur, tecta ardebunt, ⁵ annon existimas te tum conflagraturum (esse) incendio?"

XII. His sanctissimis vocibus reipublicae et ⁶ mentibus

---

¹ *Ut videatur*, &c. "So that he may seem not to have been sent out of the city, but rather to have been sent into it," by the opportunity afforded him of returning with an armed force of conspirators.

² *Ii tenuerunt*. "Have *they* retained the rights of citizens," &c.

³ *Invidiam*. "Odium."

⁴ *Refers vero*, &c. "You show extraordinary gratitude truly to the Roman people, who have elevated you, a man known only by your own exertions, without any recommendation of ancestry, at so early a period, (after passing) through all the (successive) grades of office, to the highest place of power, if through the dread of odium or the fear of any danger you neglect (and imperil) the safety of your fellow-citizens."

⁵ *Annon existimas*, &c. "Do you not think you will then blaze and be consumed in the general conflagration?"

⁶ *Mentibus*. "The opinions."

eorum hominum, qui sentiunt hoc idem, ego respondebo pauca. Si judicarem hoc optimum factu, Patres conscripti, Catilinam multari morte, ego non dedissem ¹ isti gladiatori usuram unius horae ad vivendum. Etenim, si summi viri et clarissimi cives non modo ² non contaminarunt se sanguine Saturnini et Gracchorum et Flacci et complurium superiorum (conjuratorum), ³ sed etiam honestarunt; certe non erat verendum mihi, ne quid invidiae ³ redundaret mihi in posteritatem, hoc parricida civium interfecto. Quod si ea (invidia) impenderet mihi ⁴ maxime, tamen semper fui hoc animo, ⁵ ut putarem invidiam partam virtute gloriam, non invidiam. ⁶ Quamquam nonnulli sunt in hoc ordine, qui aut non videant, ea quae imminent, aut dissimulent quae vident: ⁷ qui aluerunt spem Catilinae mollibus sententiis, que corroboraverunt nascentem conjurationem non credendo; quorum auctoritatem multi, non solum improbi, verum etiam imperiti, secuti, dicerent, ⁸ si animadvertissem hunc, factum esse crudeliter et regie. ⁹ Nunc intelligo, si iste pervenerit in Manliana castra, quo intendit, neminem fore tam stultum, qui non videat conjurationem esse factam, neminem tam improbum, qui non fateatur. ¹⁰ Autem hoc uno interfecto,

---

¹ *Isti gladiatori usuram*, &c. "To that gladiator (and assassin) the enjoyment of one hour for living." *Gladiatori* of course refers to Catiline.

² *Non contaminarunt se.* "Did not dishonorably stain themselves," *sed etiam honestarunt*, "but even did themselves credit and honor."

³ *Redundaret.* "Would accrue."

⁴ *Maxime.* "To the greatest degree."

⁵ *Ut putarem*, &c. "As to think that odium incurred by virtue and integrity was really glory and not odium."

⁶ *Quamquam.* "Nevertheless."

⁷ *Qui aluerunt*, &c. "Who have fostered the hope of Catiline by lenient sentiments."

⁸ *Si animadvertissem*, &c. "If I had inflicted summary punishment upon this man, that it was done with cruelty and in a tyrannical manner."

⁹ *Nunc intelligo*, &c. "Now I clearly perceive, if this man shall once have actually come to the camp of Manlius, whither he is bent upon going."

¹⁰ *Autem hoc uno.* "But if only this one man is put to death."

intelligo hanc pestem reipublicae posse paullisper reprimi, ¹ non in perpetuum comprimi. Quod si ejecerit se, que eduxerit secum suos, et aggregaverit eodem ceteros ² naufragos undique collectos, non modo ² haec tam adulta pestis reipublicae exstinguetur atque delebitur, verum etiam stirps ac semen omnium malorum.

XIII. ³ Etenim jamdiu versamur, Patres conscripti, in his periculis que insidiis conjurationis; sed nescio quo pacto maturitas omnium scelerum, ac veteris furoris et audaciae, erupit in tempus nostri consulatus. ⁴ Quod si iste unus ex tanto latrocinio tolletur, videbimur fortasse ad quoddam breve tempus esse relevati cura et metu: periculum autem residebit et erit inclusum penitus in venis atque in visceribus reipublicae. Ut saepe homines aegri gravi morbo, quum jactantur aestu que febri, si biberint gelidam aquam, videntur primo relevari, deinde afflictantur multo gravius que vehementius; sic hic morbus, qui est in republica, relevatus ⁵ poena istius, ingravescet vehementius ⁶ reliquis vivis. Quare improbi secedant, secernant se a bonis, congregentur in unum locum, denique, ⁶ id quod jam saepe dixi, secernantur a nobis muro, desinant insidiari consuli suae domi, circumstare tribunal urbani praetoris,

---

¹ *Non in perpetuum comprimi.* "Not permanently (and wholly) suppressed."

² *Naufragos.* "Bankrupt and ruined persons." *Haec tam adulta.* "This mature and full-grown pest of the republic . . . . but also the very root and germ of all these evils."

³ *Etenim jamdiu,* &c. "For now for a long time, Conscript Fathers, we have been involved in these perils and snares of conspiracy (and treason); but somehow the ripening and maturity of all these crimes, and of this long-standing fury and madness, has suddenly broken out in the period of our consulship."

⁴ *Quod si iste.* "But if this one man out of so extended a band of robbers and conspirators shall be destroyed, we shall seem perhaps for some brief period to be relieved from anxiety and fear; the danger, however, will still remain, and will be shut up in the veins and bowels of the republic."

⁵ *Poena istius.* "By the punishment of this one man." *Reliquis vivis.* "While the rest are alive."

⁶ *Id quod jam,* &c. "As I have already often said."

obsidere curiam cum gladiis, ¹ comparare malleolos et faces ad inflammandam urbem; sit denique inscriptum in fronte unius cujusque, ² quid sentiat de republica. Polliceor hoc vobis, Patres conscripti, fore tantam diligentiam in nobis consulibus, tantam auctoritatem in vobis, tantam virtutem in Romanis equitibus, tantam consensionem in omnibus bonis, ut videatis, profectione Catilinae, omnia esse patefacta, illustrata, oppressa, vindicata. ³ Hisce ominibus, Catilina, cum summa salute reipublicae, et cum tua peste ac pernicie, que cum exitio eorum, qui junxerunt se cum te omni scelere que parricidio, proficiscere ad impium ac nefarium bellum. Tum tu, Jupiter, ⁴ qui constitutus es (stator) iisdem auspiciis quibus haec urbs (constituta est), quem vere nominamus Statorem hujus urbis atque imperii, ⁵ arcebis hunc et hujus socios a tuis aris que ceteris templis, a tectis ac moenibus urbis, a vita que fortunis omnium civium : ⁶ et mactabis aeternis suppliciis, vivos que mortuos, homines inimicos bonorum, hostes patriae, latrones Italiae, conjunctos inter se foedere scelerum ac nefaria societate.

---

¹ *Comparare malleolos.* " To prepare firebrands," &c.
² *Quid sentiat.* "What his views are."
³ *Hisce ominibus,* &c. " With these omens that I have mentioned to attend you, Catiline, with the assured safety of the republic, and with thine own certain destruction and ruin and with the destruction also of those, &c....go forth to the impious and unnatural war."
⁴ *Qui constitutus es,* &c. "Who hast been inaugurated our patron and supporter by the same auspices by which the city itself was founded."
⁵ *Arcebis hunc.* " Wilt drive away this man and his confederates."
⁶ *Et mactabis,* &c. "And wilt visit with eternal retributions, alive and after death, men (who are) the foes of the good, the enemies of their country, the plunderers of Italy, banded together among themselves in a league of crimes and unhallowed fellowship."

ORATIO SECUNDA,*

IN

L. CATILINAM

AD QUIRITES.

I. ¹ TANDEM aliquando, Quirites, vel ejecimus vel emisimus, ex urbe L. Catilinam, furentem, audacia, anhelantem scelus,

---

* *Oratio secunda*, &c. The effect of Cicero's speech in the senate upon Catiline was what the orator intended. That very night Catiline fled from the city. Cicero had now to encounter a divided opinion among the people. The friends of order and justice would blame him for his lenity and ask why he permitted so dangerous a man to escape. On the other hand, the secret supporters of Catiline and those who were as yet unconvinced of his guilt would charge the consul with severity and precipitancy, and the cry actually began to be raised that Cicero had driven an innocent man into exile. In this second oration, therefore, Cicero addresses the people to vindicate his course. He refutes the charge of too much lenity by showing that the state of public sentiment and conviction did not permit him to take more summary steps with Catiline, and that if he had put him to death he would have contracted an odium that would have prevented him from proceeding against the other conspirators. He answers the charge of severity by insisting that Catiline had not gone into exile, but to the camp of Manlius, where he already intended to go. These, with other matters, form the subject of the second oration, which concludes with a stringent warning and admonition to the other conspirators, that the least movement would bring down the vengeance of the consul, and an encouraging promise to the people that without commotion and under the auspices of the immortal gods he would bring the conspiracy to an end and protect the city from all enemies.

¹ *Tandem aliquando*, &c. At last, fellow-citizens, we have succeeded in ejecting or sending forth from the city Lucius Catiline, ra-

nefario molientem pestem patriae, minitantem vobis atque huic urbi ferro quo flamma, vel prosecuti sumus verbis ipsum egredientem. Abiit, excessit, evasit, erupit. Nulla pernicies jam comparabitur a illo monstro atque prodigio ¹ ipsis moenibus intra moenia : atque quidem vicimus sine controversia hunc unum ducem hujus domestici belli. Enim jam ² illa sica non versabitur inter nostra latera : non pertimescemus in campo, non in foro, non in curia, non denique intra domesticos parietes. ³ Ille motus est loco, quum depulsus est ex urbe. Jam palam geremus justum bellum ⁴ cum hoste, nullo impediente. Sine dubio perdidimus que magnifice vicimus hominem, quum conjecimus illum ⁵ ex occultis insidiis in apertum latrocinium. ⁶ Quod vero non extulit cruentum mucronem ut voluit, quod egressus est, nobis vivis, quod extorsimus ferrum ei e manibus, quod reliquit cives incolumes, quod [reliquit] urbem stantem, quanto maerore tandem putatis illum esse afflictum et profligatum? Ille nunc jacet que prostratus est, et sentit se esse ⁷ perculsum atque abjectum, et retorquet oculos profecto saepe ad nanc urbem, quam luget esse ereptam e suis faucibus;

---

ging with audacity, breathing out crime, wickedly plotting the ruin of his country, continually threatening you and this city of yours with fire and sword ; we have at least followed him with words of execration and reproach, if he has gone of his own accord. He has gone, he has left, he has got off, he has broke away."

¹ *Ipsis moenibus*, &c. "To the city itself within its own walls."

² *Illa sica*, &c. "That dagger of his will not be employed in piercing and lacerating our very sides." Literally, "among our sides."

³ *Ille motus est loco.* "He has been dislodged from his advantageous position."

⁴ *Cum hoste.* "With a public enemy."

⁵ *Ex occultis*, &c. "From secret haunts of treachery into an open war of plunder and rapine."

⁶ *Quod vero non extulit*, &c. "That he did not succeed in unsheathing a bloody sword among us, as he wished; that he has gone, leaving us alive; that we have wrenched the sword from him, out of his very hands; that he has left the citizens safe and the city standing ; with how much grief and disappointment, think you, is he afflicted and cast down on these accounts."

⁷ *Perculsum atque abjectum.* "A stricken and worthless object."

¹ quae quidem videtur mihi laetari, quod evomuerit tantam pestem que projecerit foras.

II. At si est quis talis, ² quales oportebat omnes esse, qui in hoc ipso, in quo mea oratio exsultat et triumphat, accuset me vehementer, quod non comprehenderim tam capitalem hostem potius, quam emiserim: ista non est mea culpa, Quirites, sed [culpa] temporum. Jampridem oportebat L. Catilinam interfectum esse et affectum gravissimo supplicio: ³ que id et mos majorum et severitas hujus imperii, et respublica postulabat a me. Sed quam multos putatis fuisse, qui non crederent, ⁴ quae ego deferrem? Quam multos, qui ⁵ non putarent propter stultitiam? Quam multos qui etiam defenderent? Quam multos qui faverent propter improbitatem? ⁶ Ac si, illo sublato, judicarem omne periculum depelli a vobis, jampridem ego sustulissem L. Catilinam periculo non modo meae invidiae, verum etiam vitae. ⁷ Sed quum viderem, re ne quidem etiam tum probata omnibus vobis, si multassem illum morte, ut meritus erat, fore ut, oppressus invidia, non possem persequi ejus socios; deduxi rem huc, ut possetis tum palam pugnare, quum videretis hostem

---

¹ *Quae* refers to *urbem*.
² *Quales oportebat,* &c. "As may well be the case with all" *Qui in hoc ipso,* &c. "Who in this very matter in which my (present) speech overflows with joy and triumph charges me vehemently with blame, because," &c.
³ *Que id.* "And that course of proceeding."
⁴ *Quae ego deferrem.* "The allegations I made" against these conspirators.
⁵ *Non putarent,* &c. "Would not imagine them to be true on account of their own simplicity."
⁶ *Ac si,* &c. "And still if on his being despatched I could have supposed all danger would be warded off from us, I would long ago have put to death Lucius Catiline at the peril of my public esteem (of incurring public odium) not only, but even of life itself."
⁷ *Sed quum viderem,* &c. "But when I saw, the affair (of the conspiracy) not having been as yet fully ascertained by you all, if I should put him to death, as he deserved, the consequence would be that, being overwhelmed myself with odium, I should be unable to prosecute his confederates; I brought matters to such a position that you might be able to maintain an open conflict, when you should see an open enemy."

aperte. ¹ Quem quidem hostem, Quirites, quam vehementer ego putem esse timendum foris, licet intelligatis hinc, quod etiam moleste fero illud, quod exierit ex urbe parum comitatus. Utinam ille eduxisset secum omnes suas copias! Eduxit ² mihi Tongillum, quem coeperat amare in ³ praetexta; [eduxit etiam] Publicium et Munatium, quorum ⁴ aes alienum contractum in popina poterat afferre nullum motum reipublicae. ⁵ Quos viros reliquit! quanto aere alieno! quam valentes! quam nobiles!

III. Itaque ego, ⁶ et Gallicanis legionibus et hoc delectu, quem Q. Metellus habuit in Piceno et Gallico agro, et his copiis, quae quotidie comparantur a nobis, magnopere contemno illum exercitum collectum ex desperatis senibus, ex ⁷ agresti luxuria, ex rusticis decoctoribus, ex iis, qui maluerunt deserere vadimonia quam illum exercitum; quibus si ostendero non modo ⁸ aciem nostri exercitus, verum etiam si [ostendero] ⁹ edictum praetoris, [illi] concident. Mallem edux-

---

¹ *Quem quidem*, &c. "How much truly, fellow-citizens, I think this man is to be feared as a public enemy abroad you can readily understand from this fact, that I (am even disappointed and) chagrined that he went out of the city so thinly attended." Literally, "whom indeed as a public enemy, fellow-citizens, how much I think he is to be feared," &c.

² *Mihi* is hardly translatable. Literally, "He led out for me Tongillus," *i.e.* "He took out, to subserve my ridicule and animadversion, the worthless Tongillus." Some translate "my Tongillus," ironically.

³ *Praetexta*. The customary dress until 16. "In his youth."

⁴ *Aes alienum*. "Indebtedness." *Popina*, "Tavern." So small an indebtedness could afford no motive to public sedition and disturbance.

⁵ *Quos viros*. "What men of consequence has he left behind! with how large an indebtedness! How influential! of what distinguished connections?

⁶ *Et Gallicanis*, &c. "Both on account of the regular legions in (Transalpine) Gaul, and this (recent) levy which Q. Metellus had, &c. . . . *Gallico*. Cisalpine Gaul."

⁷ *Agresti luxuria*. "Rustic debauchery."

⁸ *Aciem*. "The array," military order.

⁹ *Edictum praetoris*. "The edict of the praetor" sequestering or confiscating their estates. *Concident*. "They will fall prostrate." "They will sink to the earth with terror."

isset secum ¹suos milites hos, quos video volitare in foro, quos [video] stare ad curiam, quos [video] etiam venire in senatum, qui nitent unguentis, qui fulgent purpura: qui si permanent hic, mementote illum exercitum non [esse pertimescendum] nobis tam, quam hos, qui deseruerunt exercitum, esse pertimescendos. Atque sunt timendi etiam magis hoc, quod sentiunt me scire quid cogitent, ²neque tamen permoventur. Video, ³ cui Apulia sit attributa quis habeat Etruriam, quis Picenum agrum, quis Gallicum, quis depoposcerit sibi has urbanas insidias caedis atque incendiorum. Sentiunt ⁴ omnia consilia superioris noctis perlata esse ad me; patefeci hesterno die in senatu; Catilina ipse pertimuit, profugit: Quid hi exspectant? Nae illi vehementer errant, si sperant illam pristinam lenitatem meam futuram [esse] perpetuam.

IV. ⁵Jam assecutus sum, quod exspectavi, ut´vos omnes videretis conjurationem esse aperte factam contra rempublicam. ⁶Nisi si est quis, qui putet similes Catilinae non sentire cum Catilina. Jam non est locus lenitati: res ipsa flagitat severitatem. Etiam nunc ⁷ concedam unum: exeant, proficiscantur, ⁸ne patiantur miserum Catilinam tabescere desiderio sui. Demonstrabo iter: profectus est Aurelia via. Si volent accelerare, ⁹consequentur [eum] ad vesperam. O for-

---

¹ *Suos milites.* " As his soldiers."
² *Neque tamen permoventur.* " And still are not moved."
³ *Cui Apulia,* &c. " To whom Apulia has been assigned" as his part in the conspiracy. . . . *Quis depoposcerit,* &c., "who shall claim, as his share, this city-plot of slaughter and incendiarism."
⁴ *Omnia consilia,* &c. "All the plans of that former night (6th Nov.) have been brought to me."
⁵ *Jam assecutus sum,* &c. "I have now accomplished what I have waited for," &c.
⁶ *Nisi si quis,* &c. "Unless there is any one who thinks that those who are like Catiline (in character) do not agree with Catiline in purposes and plans."
⁷ *Concedam unum.* "I will make one concession" to the conspirators.
⁸ *Ne patiantur,* &c. "Let them not suffer the wretched Catiline to pine with sorrow for lack of their presence and society."
⁹ *Consequentur (eum).* "They will overtake him."

tunatam rempublicam, si quidem ejecerit ¹hanc sentinam hujus urbis! ²Catilina uno, mehercule, exhausto, respublica videtur mihi [esse] relevata et recreata. Enim quid mali aut sceleris potest fingi aut cogitari, quod ille non conceperit? Quis veneficus tota Italia, quis gladiator, quis latro, quis sicarius, quis parricida, quis ³subjector testamentorum, ⁴quis circumscriptor, quis ganeo, quis nepos, quis adulter, quae infamis mulier, quis corruptor juventutis, quis corruptus, quis perditus potest inveniri, qui non fateatur se vixisse familiarissime cum Catilina? Quae caedes facta est per hosce annos sine illo? Quod nefarium stuprum non [factum est] per illum? ⁵Jam vero quae illecebra juventutis fuit unquam tanta in ullo homine quanta in illo? ⁶Qui ipse amabat alios turpissime, serviebat amori aliorum flagitiosissime, pollicebatur aliis fructum libidinum, alios mortem parentum, non modo impellendo, verum etiam adjuvando. Nunc vero quam subito collegerat ingentem numerum perditorum hominum non solum ex urbe, verum etiam ex agris? Nemo non modo Romae sed nec in ullo angulo totius Italiae oppressus fuit aere alieno, quem non adsciverit ad hoc incredibile foedus sceleris.

V. ⁷Atque ut possitis perspicere ejus diversa studia

---

¹ *Hanc sentinam*, &c. "This scum of this our city."
² *Catilina uno.* "Catiline alone." *Exhausto.* Literally, "Drawn off," removed or taken away.
³ *Subjector testamentorum.* "Forger or substitutor of wills."
⁴ *Quis circumscriptor.* "What defrauder." . . . . *Quis nepos.* "What profligate."
⁵ *Jam vero*, &c. "Nay, more; what faculty of ensnaring and corrupting youth was ever so great in any man as in him."
⁶ *Qui ipse amabat.* "Inasmuch as he himself was addicted to base affections, he subserved the base passions of others in the most shameless manner. He promised to some the gratification of their lusts, for others he procured the violent deaths of their parents, not only by impelling them to the murderous act, but by even assisting them in it."
⁷ *Atque ut possitis*, &c. "And that you may be able to perceive the different pursuits of the man under a diversified aspect and relation," &c.

in dissimili ratione, est nemo in gladiatorio ludo ¹ paullo
audacior ad facinus qui non fateatur se esse intimum Catilinae; nemo in scena ² levior et nequior, qui non commemoret se fuisse prope sodalem ejusdem. ³ Atque tamen idem,
assuefactus exercitatione stuprorum et scelerum, praedicabatur ab istis fortis perferendis frigore et fame et siti et
vigiliis, quum subsidia industriae atque instrumenta virtutis
consumerentur in libidine que audacia. Vero si sui comites
secuti erunt hunc; si flagitiosi greges desperatorum hominum exierint ex urbe: O beatos nos! O fortunatam rempublicam! O praeclaram laudem mei consulatus! Enim
jam libidines [istorum] hominum non sunt ⁴ mediocres,
audaciae [non sunt] ⁵ humanae ac tolerandae: cogitant nihil
nisi caedes, nisi incendia, nisi rapinas: profuderunt sua patrimonia: obligaverunt suas fortunas: ⁶ res jampridem [defecit],
fides nuper coepit deficere: tamen illa eadem libido, quae
erat in abundantia, permanet. Quod si quaererent solum
comissationes in vino et alea, et scorta, illi essent quidem
desperandi, sed tamen essent ferendi. Vero quis possit ferre
hoc, inertes homines insidiari fortissimis viris, stultissimos
prudentissimis, ebriosos sobriis, dormientes vigilantibus?
⁷ Qui mihi accubantes in conviviis, complexi impudicas
mulieres, languidi vino, conferti cibo, redimiti sertis, obliti unguentis, debilitati stupris, eructant suis sermonibus

---

¹ *Paullo audacior.* "A little bolder than usual."
² *Levior et nequior.* "More frivolous and worthless than usual."
³ *Atque tamen idem.* "And yet this same man, accustomed as
he was to the practice of debauchery and crime, was commonly
boasted of by those (infamous) companions of his as brave in enduring," &c. .:.. *Quum subsidia,* &c. "Although the resources of
industry and the instruments and means of virtue were habitually
consumed," &c.
⁴ *Mediocres.* "Of an ordinary character."
⁵ *Humanae ac tolerandae.* "(Simply) human and endurable."
⁶ *Res jampridem,* &c. "Their property long ago (was exhausted),
and their credit of late has begun to fail."
⁷ *Qui mihi.* Literally, "These men for me," ironically said;
"These most virtuous men."

caedem bonorum atque incendia urbis. ¹ Quibus ego confido aliquod fatum impendere; et poenam jamdiu debitam improbitati, nequitiae, sceleri, libidini, aut jam plane instare aut certe appropinquare. Quos si meus consulatus, quoniam non potest sanare, sustulerit, ² propagarit reipublicae non nescio quod breve tempus, sed multa secula. Enim est nulla natio quam pertimescamus; nullus rex, qui possit facere bellum Romano populo. Omnia externa, terra que mari, sunt pacata virtute ³ unius [viri]; domesticum bellum manet; sunt insidiae intus; intus periculum est inclusum; hostis est intus. Certandum est nobis cum luxuria, cum amentia, cum scelere. Huic bello, Quirites, ego profiteor me [esse] ducem; ⁴ suscipio inimicitias perditorum hominum. Quae poterunt sanari, sanabo quacunque ratione : quae resecanda erunt, non patiar manere ad perniciem civitatis. Proinde aut exeant aut quiescant, aut, si permanent, et in urbe et in eadem mente, exspectent ea, quae merentur.

VI. At etiam sunt [ii], Quirites, qui dicant Catilinam ejectum esse a me in exsilium. Quod si possem ⁵ assequi verbo, ejicerem istos ipsos, qui loquuntur haec. Homo timidus videlicet aut etiam permodestus non potuit ferre vocem consulis; simul atque jussus est ire in exsilium paruit, ivit. Hesterno die, quum essem poene interfectus, convocavi senatum in Aedem Jovis Statoris; detuli omnem rem ad Patres Conscriptos. Quo quum Catilina venisset, quis Senator appellavit eum? Quis salutavit? Quis denique adspexit [eum] ⁶ ita ut perditum civem, ac non potius ut

---

¹ *Quibus ego*, &c. "Over whom I trust some suitable fate is impending," .... *et poenam*, &c., "and the punishment long since due," &c.

² *Propagarit*, &c. "It will prolong the life of the republic not for a short time only, but for many ages." Literally, "It will add to the republic not some short period," &c.

³ *Unius* [*viri*]. Pompey.

⁴ *Suscipio*. "I court or assume."

⁵ *Assequi verbo*. "Accomplish this by a word."

⁶ *Ita ut perditum*. "As an abandoned citizen simply, and not rather as a most dangerous public enemy."

importunissimum hostem? Quinetiam principes ejus ordinis reliquerunt nudam atque inanem illam partem subselliorum, ad quam ille accesserat. Hic ego ille vehemens consul, qui ejicio cives verbo in exsilium, quaesivi a Catilina, an [ille] fuisset nocturno conventu apud M. Laecam necne. Quum ille, audacissimus homo, convictus conscientia, primo reticuisset, patefeci cetera ; edocui quid egisset ea nocte, quid constituisset proxima [nocte], ¹ quemadmodum ratio totius belli esset descripta ei. Quum hesitaret, quum ² teneretur, quaesivi quid dubitaret proficisci eo, quo jampridem pararet (ire) : ³ quum scirem arma, quum secures, quum fasces, quum tubas, quum militaria signa, quum illam argenteam aquilam, cui ille fecerat etiam sacrarium scelerum suae domi, esse praemissam. ⁴ Ejiciebam in exsilium [illum], quem videbam jam ingressum esse in bellum? Etenim, ⁵ credo, iste centurio Manlius, qui posuit castra in Faesulano agro, indixit bellum Romano populo ⁶ suo nomine ; et illa castra non nunc exspectant Catilinam ducem, et ille, ejectus in exsilium, conferet se Massiliam, ut aiunt, non in haec castra.

VII. O miseram conditionem non modo administrandae, verum etiam conservandae reipublicae ! Nunc si L. Catilina, circumclusus ac debilitatus meis consiliis, laboribus, periculis, ⁷ subito pertimuerit, mutaverit sententiam, deseruerit suos, abjecerit consilium faciundi belli, converterit iter ex hoc cursu sceleris et belli ad fugam atque in exsilium,

---

¹ *Quemadmodum ratio*, &c. "In what manner the scheme of the whole war had been planned by him."
² *Teneretur*, sc. *silentio.* "When he was silent or speechless."
³ *Quum scirem.* "Inasmuch as I knew," &c.
⁴ *Ejiciebam*, &c. "Did I banish into exile," &c.
⁵ *Credo.* "I suppose ;" ironical.
⁶ *Suo nomine.* "In his own name" (and under his own responsibility).
⁷ *Subito pertimuerit.* "Shall suddenly become intimidated ;" . . . . *abjecerit consilium*, "shall abandon his design of making war."

illo non dicetur esse ¹ spoliatus a me armis audaciae, non obstupefactus ac perterritus mea diligentia, non depulsus de spe quo conatu, sed indemnatus, innocens ejectus in exsilium a consule vi et minis : et erunt [homines], qui velint illum existimari, si fecerit hoc, non improbum sed miserum, me (existimari) non diligentissimum consulem, sed crudelissimum tyrannum. ² Est mihi tanti, Quirites, subire tempestatem hujus falsae atquo iniquae invidiae, dummodo periculum hujus horribilis ac nefarii belli depellatur a vobis. ³ Dicatur sane esse ejectus a me, dummodo eat in exsilium. Sed credite mihi, non est iturus. Nunquam ego optabo a immortalibus diis, Quirites, ⁴ causa levandae meae invidiae, ut audiatis L. Catilinam ducere exercitum hostium atque volitare in armis ; sed tamen audietis triduo : que timeo multo magis illud, ⁵ ne sit invidiosum mihi aliquando, quod emiserim illum potius, quam quod ejecerim [in exsilium]. Sed quum sunt homines, qui dicant illum, quum sit profectus, esse ejectum [in exsilium], quid iidem dicerent, si interfectus esset. Quamquam isti, qui dictitant Catilinam ire Massiliam ⁶ non tam queruntur hoc, quam verentur. Est nemo istorum tam misericors, qui non malit illum ire ad Manlium, quam ad Massilienses. ⁷ Ille autem, si mehercule nunquam ante

---

¹ *Spoliatus.* "Stripped."
² *Est mihi tanti.* "It is of so much account to me," probably with a gesture of contempt or indifference ; *i.e.*, "It is of little moment to me."
³ *Dicatur.* "Let it be alleged."
⁴ *Causa levandae,* &c. "For the sake of mitigating public odium against myself."
⁵ *Ne sit invidiosum,* &c. "That it may be a matter of reproach and impeachment against me at a future day." .... *Quod emiserim,* "That I let him go" at all to prosecute his rebellious plans, *i.e.*, That I did not put him to death.
Non tam queruntur. "Do not so much in reality complain of this, as fear it may be the case." Their real wish is that he may go to Manlius. They are in the conspiracy themselves.
⁷ *Ille autem,* &c. "As for Catiline himself, if he had never before meditated this which he is now doing, *i.e.*, conspiring against his country, he would, nevertheless (such is his character),

cogitasset hoc, quod agit, tamen mallet se interfici latrocinantem, quam vivere exsulem. Nunc vero, quum nihil adhuc acciderit ei praeter ipsius voluntatem que cogitationem, nisi quod profectus est Roma nobis vivis, optemus potius, quam quaeramur, ut eat in exsilium.

VIII. Sed cur loquimur tamdiu de uno hoste, et de eo hoste, qui jam fatetur se esse hostem et quem non timeo ¹ quia murus interest, quod semper volui : de his, qui dissimulant, qui remanent Romae, qui sunt cum nobis, dicimus nihil? Quos quidem ego, si possit fieri ullo modo, studeo non tam ulcisci, quam sanare et placare ipsos reipublicae; neque intelligo quare id non possit fieri, si volent audire me. Enim exponam vobis, Quirites, ² ex quibus generibus hominum istae copiae comparentur : deinde afferam singulis medicinam [mei] consilii atque meae orationis, si potero [afferre ali-]quam. Unum genus est eorum, ³ qui in magno aere alieno habent etiam majores possessiones, adducti amore quarum possunt nullo modo dissolvi [ab iisdem]. ⁴ Species horum hominum est honestissima ; enim sunt locupletes : vero voluntas et causa impudentissima. ⁵ Tu ornatus et copiosus sis agris, tu aedificiis, tu argento, tu familia, tu omnibus rebus, et dubites detrahere de possessione, ac-

---

prefer to be slain making an infamous war of plunder and robbery, rather than live in a condition of exile."

¹ *Quia murus interest*, &c. "Because a wall is interposed between us, as I have always wished."

² *Ex quibus generibus*, &c. "From what classes of men those infamous forces of Catiline are obtained."

³ *Qui in magno aere alieno*, &c. "Who in connection with a large indebtedness have still larger possessions, influenced by the love of which they can in no way be parted from them."

⁴ *Species horum hominum*, &c. "The outward appearance of these men is highly reputable. .... *Vero voluntas*, &c. "But their purpose and the cause they have espoused are to the last degree shameless."

⁵ *Tu ornatus et copiosus*, &c. In addressing such persons individually I would say : "Thou art furnished with and even abound in lands, houses, &c. . . . . and dost thou refuse to take (something) from thy property in order to add to thy credit?"

quirere ad fidem? Enim quid exspectas? Bellum? ¹ Quid? Ergo putas in vastatione omnium, tuas possessiones [esse] futuras sacrosanctas? An [exspectas] novas tabulas? Errant, qui exspectant istas a Catilina. ² Meo beneficio novae tabulae proferentur, verum [erunt] auctionariae. Enim neque isti, qui habent possessiones, possunt esse salvi ulla ³ alia ratione. ⁴ Quod si voluissent facere maturius neque (id quod est stultissimum) certare cum usuris fructibus praediorum, uteremus his et locupletioribus et melioribus civibus. Sed puto hosce homines minime pertimescendos [esse], quod possunt ⁵ aut deduci de sententia; aut, si permanebunt, videntur mihi ⁶ facturi vota contra rempublicam, magis quam laturi arma.

IX. Alterum genus est eorum, qui, quamquam premuntur aere alieno, tamen exspectant dominationem, volunt ⁷ potiri rerum, arbitrantur se posse consequi perturbata [republica] honores, quos desperant [consequi] quieta republica. ⁸ Quibus hoc videtur praecipiendum, scilicet unum et idem quod [est praecipiendum] omnibus reliquis, ut desperent se posse consequi id quod conantur: primum omnium, me ipsum vigilare, adesse, providere reipublicae; deinde esse in

---

¹ *Quid? Ergo putas*, &c. "What! do you then think that in the general devastation your possessions will be held sacred? .... *An* [*exspectas*] *novas tabulas?* "Do you expect a cancelling of debts?" Tablets of wax became *new* when the marks on them were effaced, and hence the expression *tabulae novae*.

² *Meo beneficio*, &c. "Through my favor and indulgence new tables shall be brought forward, but they will be the registers of the auctioneer."

³ *Alia ratione.* "On any other condition."

⁴ *Quod si voluissent*, &c. "Had they been willing to do this at an earlier period instead of foolishly striving to meet their engagements with the annual products of their farms, we should now have in these persons both a richer and a better class of citizens."

⁵ *Aut deduci de sententia.* "Either be drawn away from their present views," *i. e.*, "be led to change them."

⁶ *Facturi vota*, &c. "Utter prayers or curses against the republic merely rather than to bear arms against it."

⁷ *Potiri rerum.* "Obtain power."

⁸ *Quibus hoc videtur*, &c. "To these persons it seems proper to be said, the same that ought to be said to all the rest," &c.

bonis viris ¹ magnos animos, magnam concordiam, maximam multitudinem, magnas copias praeterea militum; denique immortales deos ² praesentes esse laturos auxilium contra tantam vim sceleris huic invicto populo, clarissimo imperio, pulcherrimae urbi. Quod si jam adepti sint id, quod cupiunt cum summo furore, num illi sperant se, in cinere urbis et in sanguine civium, ³ quae concupierunt scelerata ac nefaria mente, [esse] futuros consules, aut dictatores aut etiam reges? Non vident se cupere id, quod si adepti sint, necesse sit [idem] concedi ⁴ alicui fugitivo aut gladiatori? Tertium genus est jam ⁵ affectum aetate, sed tamen robustum exercitatione: ex quo genere est iste Manlius, cui nunc Catilina ⁶ succedit. Hi sunt homines ex iis coloniis quas Sylla constituit Faesulis: quas ego sentio ⁷ universas esse optimorum et fortissimorum virorum; sed tamen hi sunt coloni, qui jactarunt se sumptuosius que insolentius ⁸ in insperatis ac repentinis pecuniis. Dum hi aedificant, ⁹ tamquam beati, dum delectantur praediis, lecticis, magnis familiis, apparatis conviviis, inciderunt in tantum aes alienum ut, si velint esse salvi, ¹⁰ Sulla sit excitandus iis ab inferis. Qui etiam impulerunt nonnullos agrestes, tenues atque egentes homines, in illam eandem spem veterum rapinarum; quos ego, Quirites, pono in eodem genere praedatorum que direptorum. Sed

---

¹ *Magnos animos.* "Great resolution."
² *Praesentes.* "In person."
³ *Quae concupierunt,* &c. "A state of things which they have longed for with a wicked and impious mind."
⁴ *Alicui fugitivo,* &c. "To any and every fugitive (from justice) and gladiator."
⁵ *Affectum aetate,* &c. "Advanced in life, but nevertheless still vigorous from habitual exercise."
⁶ *Succedit.* "Has gone."
⁷ *Universas.* "As a class or collectively."
⁸ *In insperatis ac repentinis pecuniis.* "In the midst of, or in consequence of, unlooked for and sudden riches."
⁹ *Tamquam beati.* "As if they were now really wealthy."....
Magnis familiis. "Large number of slaves."
¹⁰ *Sylla sit excitandus,* &c. "Sylla must be raised from the dead for them," for their benefit, *i.e.*, in order to supply their wants by new confiscations of property.

moneo eos hoc : desinant furere, et cogitare proscriptiones et dictaturas. ¹ Enim tantus dolor illorum temporum inustus est civitati, ut jam non modo homines, sed ne quidem pecudes videantur mihi esse passurae ista [tempora].

X. Quartum genus est sane varium et mixtum et turbulentum; qui jampridem ² premuntur, qui nunquam emergent; qui partim inertia, partim male gerendo negotio, partim etiam sumptibus ³ vacillant in vetere aere alieno; qui defatigati vadimoniis, judiciis, proscriptionibus bonorum, ⁴ dicuntur permulti et ex urbe et ex agris conferre se in illa castra. Ego arbitror hosce esse non tam acres milites, quam ⁵ lentos infitiatores. ⁶ Qui homines, primum, si non possunt stare, corruant : sed ita, ut non modo civitas, sed ne quidem proximi vicini sentiant. Nam non intelligo illud, quamobrem, si non possunt vivere honeste, velint perire turpiter, aut cur arbitrentur se perituros [esse] ⁷ minore dolore cum multis, quam si pereant soli. Quintum genus est parricidarum, sicariorum, denique omnium facinorosorum, quos ego non revoco a Catilina; nam neque possunt divelli ab eo, et ⁸ pereant sane in latrocinio, quoniam sunt ita multi, ut carcer non possit capere eos. ⁹ Postremum genus autem, non solum [postremum] numero, verum etiam ipso genere atque vita, est, quod est proprium Catilinae, de ejus delectu, immo

---

¹ *Enim tantus dolor*, &c. " Such a painful remembrance of those times has been impressed," literally, " burnt in or branded upon the state," &c.
² *Premuntur.* " Are weighed down with misfortunes."
³ *Vacillant*, &c. " Reel and stagger under a load of debt."
⁴ *Dicuntur permulti.* " Are reported in large numbers."
⁵ *Lentos infitiatores.* " Slack and tardy debtors."
⁶ *Qui homines*, &c. " These men, to begin with, (I say) if they cannot stand, let them fall " . . . . *Ne . . sentiant.* " May not feel it."
⁷ *Minore dolore cum multis.* "With less pain in conjunction with many."
⁸ *Pereant sane in latrocinio.* " Let them perish by all means in their wicked enterprise of robbery and plunder." . . . . *Ut carcer,* &c. " As no prison can hold them all."
⁹ *Postremum genus*, &c. " The last class, last or lowest not only in number, but also in character and life, is that which is peculiar to Catiline," or the same as that to which Catiline belongs.

vero, de ejus complexu ac sinu; quos videtis ¹ pexo capillo, nitidos, aut imberbes aut bene barbatos, manicatis et talaribus tunicis, amictos velis, non togis; quorum omnis industria vitae, et labor vigilandi ² expromitur in antelucanis coenis. In his gregibus omnes aleatores, omnes adulteri, omnes impuri que impudici versantur. Hi pueri tam lepidi ac delicati didicerunt ³ non solum amare et amari, neque cantare et psallere, sed etiam vibrare sicas et spargere venena; nisi qui exeunt, nisi pereunt, ⁴ etiam si Catilina perierit, scitote hoc futurum [esse] Catilinarum seminarium in republica. Verum tamen quid isti miseri volunt sibi? Num ducturi sunt secum suas mulierculas in castra? Quemadmodum autem poterunt carere illis, praesertim jam his noctibus? ⁵ Quo pacto autem illi perferent Apenninum atque illas pruinas ac nives? Nisi putant se toleraturos [esse] hiemem facilius idcirco, quod didicerunt saltare nudi in conviviis.

XI. O bellum magnopere pertimescendum, quum Catilina habiturus sit hanc praetoriam cohortem scortorum! Instruite nunc, Quirites, contra has tam praeclaras copias Catilinae vestra praesidia, que vestros exercitus; et primum opponite illi gladiatori confecto et saucio vestros consules que imperatores: deinde contra illam ejectam ac debilitatam manum naufragorum educite florem ac robur totius Italiae. Jam vero ⁶ urbes coloniarum ac municipiorum respondebunt

---

¹ *Pexo capillo.* "With smoothly combed locks." *Manicatis et talaribus tunicis.* "With tunics long-sleeved and reaching to the ankles." *Amictos velis non togis.* "Clothed in loose and attenuated veils and not in togas."

² *Expromitur,* &c. "Is displayed in suppers protracted to daybreak."

³ *Non solum . . neque.* "Not only . . . . nor yet alone."

⁴ *Etiam si Catilina,* &c. "Even if Catiline should perish, be assured that this would prove a very school and hot-house of Catilines within the republic."

⁵ *Quo pacto autem,* &c. "How will they possibly endure, moreover, the Apennine range, and the frosts and snows that are there?" *Illas* has a demonstrative and adverbial force.

⁶ *Urbes coloniarum ac municipiorum,* &c. "The colonial and mu-

silvestribus cumulis Catilinae. ¹ Neque vero debeo conferre [vestras] ceteras copias, vestra ornamenta, praesidia, cum inopia atque egestate illius latronis. Sed si, omnibus his rebus omissis, quibus ² nos suppeditamur, ille eget, senatu, Romanis equitibus, populo, urbe, aerario, vectigalibus, cuncta Italia, omnibus provinciis, exteris nationibus; si, his rebus omissis, velimus ³ contendere causas ipsas, quae confligunt inter se: ex eo ipso possumus intelligere, ⁴ quam valde illi jaceant. ⁵ Enim ex hac parte [est] pudor, illinc petulantia: hinc pudicitia, illinc stuprum; hinc fides, illinc fraudatio: hinc pietas, illinc scelus: hinc constantia, illinc furor: hinc honestas, illinc turpitudo: hinc continentia, illinc libido: denique equitas, temperantia, fortitudo, prudentia, omnes virtutes, certant cum iniquitate, luxuria, ignavia, temeritate, cum omnibus vitiis; postremo copia confligit cum egestate, ⁶ bona ratio cum perdita [ratione], sana mens cum amentia, denique bona spes cum desperatione omnium rerum. In certamine ac proelio hujus-modi, ⁷ etiamsi studia hominum deficiant, nonne Dii immortales

---

nicipal cities will respond in warfare, will be more than match for the rude and undisciplined masses of Catiline."
¹ *Neque vero debeo*, &c. "Nor indeed ought I to compare your other resources, your supplies and defences, with the need and destitution of that freebooter."
² *Nos suppeditamur, ille eget*. "With which we are furnished and he is in want of."
³ *Contendere causas ipsas*. "To contrast the causes themselves."
⁴ *Quam valde illi jaceant*. "How very low they lie." "How prostrate and abject is their condition."
⁵ *Enim ex hac parte*, &c. "For on this side is decorum, on that effrontery; on this side chastity, on that debauchery; on this side probity, on that dishonesty; on this side goodness, on that crime; on this side stability, on that madness; on this side esteem, on that disgrace; on this side restraint, on that licentiousness; in fine, equity, temperance, fortitude, prudence, all the virtues, are in conflict with injustice," &c.
⁶ *Bona ratio cum perdita [ratione]*. "Sound judgment with folly." "Lost reason." *Sana mens cum amentia*. "Sanity with madness."
⁷ *Etiamsi studia hominum*, &c. "Even though the zealous exertions of men should be relaxed, would not the immortal gods them-

ipsi cogent tot et tanta vitia superari ab his praeclarissimis virtutibus?

XII. Quum quae ita sint, Quirites, vos, quemadmodum jam antea [fecistis], defendite vestra tecta custodiis que vigiliis: ¹ consultum atque provisum est mihi, ut esset satis praesidii urbi sine vestro motu ac sine ullo tumultu. Omnes vestri coloni que municipes, facti certiores a me de hac nocturna excursione Catilinae, facile defendent suas urbes que fines: gladiatores, quam ille putavit fore ² certissimam manum sibi, quamquam sunt ³ meliore animo, quam pars patriciorum, tamen continebuntur nostra potestate. Q. Metellus, quem ego ⁴ prospiciens hoc praemisi in Gallicum que Picenum agrum, aut opprimet hominem aut ⁵ prohibebit omnes ejus motus que conatus. ⁶ Autem de constituendis, maturandis, agendis reliquis rebus jam referemus ad senatum, quem videtis vocari. ⁷ Nunc illos, qui remanserunt in urbe atque adeo qui relicti sunt in urbe a Catilina contra salutem urbis que omnium nostrum, quamquam sunt hostes, tamen quia sunt nati cives, volo eos monitos [esse] etiam atque etiam. Si mea lenitas adhuc visa est cui ⁸ solutior, exspectavit hoc, ut id, quod latebat, erumperet. Quod est reliquum, non jam possum oblivisci hanc esse meam patriam, me

---

selves so order it that so many and so great crimes should be vanquished and overcome by these most distinguished virtues?"

¹ *Consultum atque provisum est mihi.* "Counsel has been taken and provision made by me."

² *Certissimam manum sibi.* "A most reliable band or body for himself."

³ *Meliore animo.* "Better disposed;" of a better mind.

⁴ *Prospiciens hoc.* "Foreseeing this crisis."

⁵ *Prohibebit omnes.* "Will intercept all his movements and endeavors."

⁶ *Autem de constituendis,* &c. "Moreover for the adjustment, facilitation and performance of remaining matters, we will now consult the senate, which you perceive to be already summoned."

⁷ *Nunc illos,* &c. "Now as regards those who have remained in the city and, in fact, have been left behind," &c. .... *hostes,* "Public enemies." *Etiam atque etiam,* "again and again."

⁸ *Solutior.* "Too relaxed." *Exspectavit hoc.* "It has waited for this."

esse consulem horum, aut esse vivendum mihi cum his aut pro his moriendum. Est nullus custos portis, nullus insidiator viae : si qui volunt exire, possum connivere : ¹ vero qui commoverit se in urbe, cujus factum non modo, sed ullum inceptum ve conatum contra patriam ego deprehendero, sentient esse in hac urbe vigilantes consules, esse egregios magistratus, esse fortem senatum, esse arma, esse carcerem, quem nostri majores voluerunt esse ² vindicem nefariorum ac manifestorum scelerum.

XIII. Atque omnia haec sic agentur, Quirites, ³ ut maximae res [sedentur] minimo motu, summa pericula nullo tumultu, intestinum ac domesticum bellum crudelissimum et maximum post memoriam hominum sedetur me uno togato duce et imperatore. Quod ego sic administrabo, Quirites, ⁴ ut, si poterit fieri ullo modo, ne quidem quisquam improbus in hac urbe sufferat poenam sui sceleris. Sed si vis manifestae audaciae, si impendens periculum patriae ⁵ deduxerit me necessario de hac lenitate animi, profecto perficiam illud, quod in tanto et tam insidioso bello vix videtur optandum, ut neque quisquam bonus intereat, que, ⁶ poena paucorum, vos omnes jam possitis esse salvi. Quae quidem ego polliceor vobis, Quirites, fretus neque mea prudentia neque humanis consiliis ; sed multis et non dubiis significationibus

---

¹ *Vero qui commoverit se*, &c. "But if any one shall stir within the city (with criminal designs) and I shall detect his overt act not merely, but any incipient purpose or attempt against the country, he shall be made to feel," &c.

² *Vindicem*, &c. "An avenging agency (for the punishment) of infamous and detected crimes."

³ *Ut maximae res [sedentur]*, &c. "That the most important matters may be adjusted with the least possible disturbance, the greatest perils suppressed with no public tumult, an intestine and domestic war, the most cruel and momentous since the memory of man, subdued, with me only as leader and commander, and that too when arrayed in the garb and habiliments of peace."

⁴ *Ut, si poterit.* "That, if it can possibly be done."

⁵ *Deduxerit me*, &c. "Shall draw me away from, or constrain me to relinquish, this clemency of purpose."

⁶ *Poena paucorum.* "By the punishment of a few only."

immortalium deorum, ¹ quibus ducibus ego ingressus sum in hanc spem et sententiam : ² qui non jam procul [defendunt nos], ut quondam solebant, ab externo atque longinquo hoste, sed hic praesentes suo numine atque auxilio defendunt sua templa atque tecta urbis ; quos vos, Quirites, debetis precari, venerari atque implorare, ³ ut quam urbem voluerunt esse pulcherrimam, florentissimam que potentissimam, hanc defendant, omnibus copiis hostium terra que mari superatis, a nefario scelere perditissimorum civium.

---

¹ *Quibus ducibus.* "Under the guidance of which."

² *Qui non jam procul,* &c. "Who do not now at a distance defend us, as they were wont to do formerly, from an external and foreign public enemy, but here as present deities by their own special interposition protect their own temples and the dwellings of the city (from domestic foes)."

³ *Ut quam urbem.* Literally, "That what city." "The city which they have designed to be a most beautiful, flourishing and powerful metropolis, *this* they would shield, after having overcome all the forces of public enemies by land and sea, from the impious (treason) and crime of abandoned citizens."

ORATIO TERTIA*

IN

L. CATILINAM

AD QUIRITES.

Videtis rempublicam, Quirites, que vitam omnium vestrum, bona, fortunas, conjuges que vestros liberos, atque ¹ hoc

---

* *Oratio Tertia*, &c. After the flight of Catiline from the city, Cicero occupied himself with watching the conspirators who remained behind, with the design especially of procuring more definite proof against them. It happened that there were ambassadors from the Allobroges at this time in the city, who had come to ask redress of grievances. These were approached by the conspirators with a view of obtaining their co-operation and the assistance of cavalry to join the forces of Manlius at Faesulae. The ambassadors, instead of entertaining their proposals, made a disclosure of the whole matter to Cicero. Under his direction they dissembled for a time with the conspirators, so as to procure documentary proofs in the form of letters and written stipulations. By previous arrangement they are arrested, on their departure, at the Mulvian bridge, and the documents and persons of the ambassadors are secured and brought to Cicero.

Cicero summons a meeting of the senate and sends for the leading conspirators, who are as yet unapprized of what had taken place, —confronts them with the documents under their own hands and seals, and confounds them into guilt, silence, and ultimate confession. They are taken into custody, and on the next day, now the 3d of December, this oration was delivered to the people, in which Cicero narrates these occurrences in detail, and exhorts them to gratitude and to the celebration of a public thanksgiving decreed by the senate on occasion of this great deliverance.

¹ *Hoc domicilium*, &c. "This home (and metropolis) of a most illustrious empire." *Summo amore.* "By the very great love." *Meis laboribus.* "By means (also) of my labors."

domicilium clarissimi imperii, fortunatissimam que pulcherrimam urbem, hodierno die, summo amore immortalium deorum erga vos, meis laboribus, consiliis, periculis, ereptam ex flamma atque ferro, ac poene ex faucibus fati et conservatam ac restitutam vobis. ¹ Et si ii dies sunt non minus jucundi nobis atque illustres, quibus conservamur, quam illi, quibus nascimur, quod laetitia salutis est certa, conditio nascendi incerta, et quod nascimur sine sensu, servamur cum voluptate; profecto, quoniam sustulimus ad immortales deos benevolentia que fama illum, qui condidit hanc urbem, is debebit esse in honore apud vos que vestros posteros, qui servavit hanc eandem urbem conditam que amplificatam. Nam restinximus ignes ² jam prope subjectos que circumdatos toti urbi, templis, delubris, tectis ac moenibus, que [nos] iidem retudimus gladios destrictos in rempublicam, ³ que dejecimus eorum mucrones a vestris jugulis. ⁴ Quoniam quae illustrata, patefacta, comperta sunt in senatu per me, jam exponam (ea) breviter vobis, Quirites, ut vos, qui ignoratis, possitis scire ex actis, et quanta, et quam manifesta et qua ratione investigata et comprehensa sint.

⁵ Principio, ut Catilina erupit ex urbe, paucis diebus ante,

---

¹ *Et si ii dies*, &c. " And if those days are not less pleasing to us and memorable in which we are (signally) preserved than those in which we are born, seeing that the joy of preservation is unequivocal, the condition of one's birth precarious, and because, too, we are born without consciousness, but are preserved with a positive sensation of pleasure, assuredly, as we have elevated to (the condition of) the immortal gods in beneficence and fame that (illustrious) man, who built this city, he (too) ought to be in (special) honor among you and your posterity, who has preserved this same city already built and enlarged in splendor and prosperity."

² *Jam prope subjectos*, &c. "Already almost applied and carried round to the whole city," &c.

³ *Que dejecimus*, &c. "And have stricken down their points from your throats."

⁴ *Quoniam quae.* " Since these things have been brought to light, &c....*per me.* "By my agency." *Ex actis.* "From what has been done." *Qua ratione.* "By what means or method."

⁵ *Principio ut*, &c. " In the first place, when Catiline made his sudden exit from the city a few days ago, inasmuch as he had left at Rome the associates of his crime, the most active and violent

quum reliquisset Romae socios sui sceleris, acerrimos duces hujusce nefarii belli, semper vigilavi et providi, Quirites, quem admodum possemus esse salvi in tantis et tam absconditis insidiis.

Nam tum, quum ejiciebam Catilinam ex urbe (enim non jam vereor invidiam hujus verbi, ¹ quum illa [invidia] sit magis timenda, quod exierit vivus), sed tum, quum volebam illum ² exterminari, putabam aut reliquam manum conjuratorum exituram simul, aut eos, qui restitissent, fore infirmos ac debiles sine illo. Atque ego, ut vidi eos, quos sciebam esse maxime inflammatos furore et scelere, esse nobiscum et remansisse Romae, ³ consumpsi omnes dies que noctes in eo, ut sentirem ac viderem, quid agerent, quid molirentur: ut, quoniam mea oratio faceret minorem fidem vestris auribus propter incredibilem magnitudinem sceleris, ita comprehenderem rem, ut tum demum provideretis vestrae saluti animis, quum videretis ipsum maleficium oculis. Itaque, ut comperi legatos Allobrogum sollicitatos esse a P. Lentulo, causa excitandi Transalpini belli et Gallici tumultus; que eos esse missos in Galliam ad suos cives, que eodem itinere cum literis que mandatis ad Catilinam ; que T. Volturcium, adjunctum [esse] iis comitem atque huic literas esse datas ad Catilinam, putavi facultatem oblatam [esse] mihi, ut quod erat difficillimum que quod ego semper optabam a immortalibus diis, tota res manifesto deprehenderetur non solum a

---

leaders of this unhallowed war I constantly exercised vigilance and forethought," &c.

¹ *Quum illa* [*invidia*], &c. " Since that (cause of) odium is more to be apprehended, that he went forth (with my connivance) alive."

² *Exterminari.* " To be driven into exile."

³ *Consumpsi omnes dies que noctes*, &c. " I spent all days and nights in the business of perceiving and discerning what they were doing, what plots they were forming, in order that, seeing that my public speech on the subject produced little faith (and impression) in your hearing, on account of the incredible enormity of the offence, I might so grasp the whole matter that you might then, at length, with serious and earnest attention, be induced to make provision for your safety, when with your open eyes you beheld (the reality of the) crime itself."

me, sed etiam a senatu et a vobis. Itaque hesterno die vocavi ad me L. Flaccum et C. Pomptinum, praetores, fortissimos viros et ¹ amantissimos reipublicae; exposui omnem rem; ostendi, quid placeret [mihi] fieri. Illi autem, ² qui sentirent omnia praeclara atque egregia de republica, susceperunt negotium sine recusatione ac sine ulla mora, et, ³ quum advesperasceret, pervenerunt occulte ad Mulvium pontem, atque ibi in proximis villis ⁴ fuerunt bipartito, ita ut Tiberis et pons interesset inter eos. Eodem autem et ipsi eduxerunt multos fortes viros sine suspicione cujusquam, ⁵ et ego miseram ex praefectura Reatina praesidio cum gladiis complures delectos adolescentes, quorum opera assidue utor in republica. Interim, ⁶ tertia vigilia fere exacta, quum jam legati Allobrogum magno comitatu inciperent ingredi Mulvium pontem, que Volturcius una [cum iis], impetus fit in eos; gladii educuntur et ab illis et a nostris. Res erat nota praetoribus solis; ignorabatur a ceteris.

III. Tum interventu Pomptini atque Flacci pugna, quae erat commissa, sedatur. ⁷ Literae, quaecunque erant in eo comitatu, traduntur praetoribus integris signis; ipsi comprehensi deducuntur ad me, quum jam dilucesceret. Atque statim vocavi ad me Cimbrum Gabinium, ⁸ dum suspicantem

---

¹ *Amantissimos reipublicae.* "Very much devoted to the welfare of the republic."

² *Qui sentirent omnia praeclara,* &c. "Inasmuch as they entertained all honorable and praiseworthy sentiments concerning the republic."

³ *Quum advesperasceret.* "When evening was approaching."

⁴ *Fuerunt bipartito.* "Were arranged in two divisions, so that the Tiber and its bridge was interposed between them."

⁵ *Et ego miseram,* &c. "And I also had sent thither from the prefecture of Reate, for a guard, (armed) with swords, many chosen young men, whose assistance I constantly make use of in the (service of) republic."

⁶ *Tertia vigilia fere exacta.* "The third watch being almost passed," *i.e.*, "nearly at the end of the third watch."

⁷ *Literae, quaecunque,* &c. "The letters, such as were (found) in that retinue, are delivered to the praetors with unbroken seals: the parties themselves (the Allobroges and their attendants) are seized and conducted to me when the dawn was just beginning to appear."

⁸ *Dum suspicantem nihil.* "As yet suspecting nothing."

nihil, improbissimum machinatorem horum omnium scelerum. Deinde item L. Statilius arcessitur et post eum C. Cethegus. Autem Lentulus venit tardissime, credo ¹ quod vigilaverat proxima nocte praeter consuetudinem in dandis his literis. ² Quum vero placeret summis et clarissimis viris hujus civitatis, qui re audita convenerant frequentes ad me mane, literas aperiri a me, priusquam referri ad senatum, ne, si nihil esset inventum, tantus tumultus videretur temere injectus a me civitati, negavi me facturum esse, ut non deferrem rem integram de publico periculo ad publicum consilium. Etenim, Quirites, si ea, quae erant delata ad me essent non reperta, tamen ego non arbitrabar, in tantis periculis reipublicae, nimiam diligentiam pertimescendam mihi. Coegi celeriter frequentem senatum, ut vidistis. Atque interea, admonitu Allobrogum, statim misi C. Sulpicium praetorem, fortem virum, ³ qui efferret ex aedibus Cethegi [tela], si esset quid telorum [ibi] ; ex quibus ille extulit maximum numerum sicarum et gladiorum.

IV. Introduxi Volturcium sine Gallis: jussu senatus dedi ei ⁴ publicam fidem; hortatus sum, ut indicaret sine metu ea, quae sciret. Tum ille dixit, quum vix recreasset se ex magno timore, se habere ⁵ mandata et literas a P.

---

¹ *Quod vigilaverat*, &c. "Because he had been up late the previous night, contrary to his custom, engaged in the business of (preparing and) giving these letters."
² *Quum vero placeret*, &c. "When it was the opinion of very great and distinguishe l men of this commonwealth, who, on hearing of the affair, had come to me in large numbers in the morning, that the letters ought to be opened by me before they were submitted to the senate, lest, if nothing should be found (in them), a great commotion might appear to have been rashly (and unnecessarily) introduced by me into the state ; I declared that I would not act in such a manner as not to lay the whole matter concerning the public danger before a public council," *i.e.*, I insisted that I would do so.
³ *Qui efferret*, &c. Literally, "Who should bring." "To bring from the house of Cethegus the arms that should be there."
⁴ *Publicam fidem*. "A public pledge" of impunity as a witness.
⁵ *Mandata et literas*. "A verbal commission and letter." . . . . *Ut uteretur*, &c. "That he should make use of the assistance of the slaves."

Lentulo ad Catilinam, ut uteretur praesidio servorum, et accederet quam primum cum exercitu ad urbem: id autem eo consilio, ut quum incendissent urbem ex omnibus partibus, ¹ quemadmodum descriptum que distributum est, que fecissent infinitam caedem civium, ² ille esset praesto, qui et exciperet fugientes et conjungeret se cum his urbanis ducibus. Galli autem introducti dixerunt jusjurandum et literas ad suam gentem datas esse a Lentulo, Cethego, Statilio; atque ita praescriptum esse sibi ab his et a L. Cassio, ut mitterent quam primum equitatum in Italiam: pedestres copias non defuturas [esse] sibi; ³ Lentulum autem confirmasse sibi ex Sibyllinis fatis que responsis haruspicum, se esse illum tertium Cornelium, ad quem esset necesse regnum atque imperium hujus urbis pervenire; Cinnam et Sullam fuisse ante se; ⁴ que eundem dixisse hunc esse fatalem annum ad interitum hujus urbis atque imperii, qui esset decimus annus post absolutionem Virginum, vicesimus autem post incensionem Capitolii. Dixerunt autem fuisse ⁵ hanc controversiam Cethego cum ceteris, quod placeret Lentulo et aliis caedem fieri atque urbem incendi Saturnalibus, Cethego id videretur nimium longum.

V. ⁶ Ac ne longum sit, Quirites, jussimus tabellas pro-

---

¹ *Quemadmodum descriptum*, &c. "As had been mapped out and assigned" by previous arrangement.

² *Ille esset praesto, qui*. "He might be near at hand both to receive the fugitives and," &c.

³ *Lentulum autem*, &c. "That Lentulus, moreover, had assured them in accordance with the Sibylline oracles and the responses of the Soothsayers that he was that third member of the Cornelian family to whom it was appointed that the power and dominion of this city should accrue."

⁴ *Que eundem dixisse*, &c. "And that he likewise had said that this was the prophetic and appointed year for the destruction of this city and empire, inasmuch as it was the tenth year since," &c.

⁵ *Hanc controversiam Cethego cum ceteris*, &c. "That there had been this dispute between Cethegus and the rest, that it was the opinion of Lentulus and others that the (intended) slaughter should be perpetrated and the city fired at the Saturnalia; to Cethegus, however, that seemed too far off."

⁶ *Ac ne longum sit*. Literally, "That it may not be long;" *i.e.*,

ferri, quae dicebantur datae a quoque. Primum ostendimus signum Cethego; cognovit. Nos incidimus linum; legimus. Erat scriptum ipsius manu senatui et populo Allobrogum, ¹ sese facturum esse, quae confirmasset eorum legatis: orare, ut illi item facerent, ² quae eorum legati recepissent sibi. Tum Cethegus, qui paullo ante tamen respondisset aliquid de gladiis ac sicis, quae erant deprehensae apud ipsum, que dixisset se semper fuisse ³ studiosum bonorum ferramentorum, debilitatus atque abjectus recitatis literis, convictus conscientia, repente conticuit. Statilius est introductus; cognovit et signum et suam manum. Tabellae recitatae sunt fere in eandem sententiam : confessus est. Tum ostendi tabellas Lentulo et quaesivi, ne cognosceret signum. Annuit. "Est vero, inquam, notum signum, imago tui avi, clarissimi viri, qui amavit ⁴ unice patriam et suos cives: ⁵ quae quidem, etiam muta, debuit revocare te a tanto scelere." Literae ad senatum que populum Allobrogum leguntur ⁶ eadem ratione. Si vellet dicere [ali]quid de his rebus, feci potestatem. Atque ille primo quidem negavit; autem aliquanto post, toto indicio jam exposito atque edito, surrexit; quaesivit a Gallis, ⁷ quid esset sibi cum iis; quamobrem venissent suam domum; que item a Volturcio. Quum qui breviter que constanter respondissent illi, [que dixissent]

---

to cut the matter short, to be brief. . . . . *Nos incidimus linum.* "We cut the string."

¹ *Sese facturum esse,* &c. "That he would do what he had stipulated (to do) to their ambassadors."

² *Quae eorum legati,* &c. "What their ambassadors had taken upon themselves" to promise in their behalf.

³ *Studiosum bonorum,* &c. "That he had a fancy for, or was fond of, good weapons. . . . *Debilitatus,* &c. "Dispirited and depressed by the reading of the letters."

⁴ *Unice.* "Singularly, with a singular affection."

⁵ *Quae quidem, etiam muta,* &c. "Which, indeed, even though mute, (by its silent remonstrances) ought to have deterred you from so great a crime."

⁶ *Eadem ratione.* "Of the same tenor and import."

⁷ *Quid esset sibi cum iis.* "What had transpired between them." Literally, "What there had been to him with them."

per quem que quotiens venissent ad eum, que quaesissent ab eo, ne locutus esset secum nihil de Sibyllinis fatis, tum ille subito, demens scelere, ostendit quanta esset vis conscientiae. Nam, quum posset infitiari id, repente¹ praeter opinionem omnium confessus est. Ita non modo ²illud ingenium et exercitatio dicendi, qua semper valuit, sed etiam, propter vim manifesti atque deprehensi sceleris, [illa] impudentia, qua superabat omnes, que improbitas defecit. Volturcius vero subito jussit literas proferri atque aperiri, quas dicebat esse datas sibi a Lentulo ad Catilinam. Atque ibi Lentulus, vehentissime perturbatus, tamen cognovit et signum et suam manum. ³Erant scriptae autem sine nomine, sed ita: *Qui sim, scies ex eo, quem misi ad te. Cura, ut sis vir, et cogita in quem locum sis progressus, et vide, quid jam sit necesse tibi. Et cura, ut adjungas tibi auxilia omnium, etiam infimorum.* Gabinius deinde introductus, quum primo coepisset respondere impudenter, ad extremum negavit nihil ex iis quae Galli insimulabant. ⁴Ac quidem, Quirites, quum illa visa sunt mihi certissima argumenta atque indicia sceleris, tabellae, signa, manus, denique confessio unius cujusque, tum illa fuerunt multo certiora, color, oculi,

---

¹ *Praeter opinionem omnium.* "Contrary to the expectation of all."
² *Illud ingenium*, &c. "That natural talent and acquired skill in speaking in which he always excelled." .... (*Illa*) *impudentia*, &c. "That effrontery in which he surpassed all (others) and unscrupulous depravity forsook him."
³ *Erant scriptae,* &c. "It—the letter—was written, moreover, without a name (annexed), but in those terms: *Who I am, you will learn from him whom I have sent to thee. See to it, that you be (prove yourself) a man, and think to what a position you have (already) advanced, and consider what now is needful to you, and take care to gather to yourself the help of all, even the lowest.*"
⁴ *Ac quidem, Quirites,* &c. "And truly, fellow-citizens, not only did those things (that I have mentioned) seem to me very certain proofs and evidences of guilt, viz., the letters, the seals, the handwriting, in fine, the confession of each one, but also those (other appearances) were much more reliable and convincing, their change of color, their eyes, their looks, their silence."

vultus, taciturnitas. Enim ¹ sic obstupuerant, sic intuebantur terram, sic aspiciebant nonnunquam inter se furtim, ut non viderentur jam indicari ab aliis, sed ipsi [viderentur indicari] a se.

VI. Indiciis expositis atque editis, Quirites, consului senatum, quid placeret fieri ² de summa republica. ³ Acerrimae ac fortissimae sententiae dictae sunt a principibus, quas senatus consecutus est sine ulla varietate. Et quoniam senatus-consultum ⁴ est nondum perscriptum, exponam ex memoria vobis, Quirites, quid senatus censuerit. Primum ⁵ gratiae aguntur mihi amplissimis verbis, quod mea virtute, consilio, providentia, respublica liberata sit maximis periculis; deinde L. Flaccus et C. Pomptinus, praetores, laudantur merito ac jure, ⁶ quod usus essem eorum forti que fideli opera: atque laus impertitur etiam forti viro, meo collegae, quod removisset eos, qui fuissent participes hujus conjurationis, a suis [consiliis] et consiliis reipublicae. Atque ita censuerunt, ut P. Lentulus, quum abdicasset se praetura, traderetur in custodiam: atque hoc idem decretum est in L. Cassium, qui depoposcerat sibi ⁷ procurationem incendendae urbis: in M. Caeparium, ⁸ cui, erat indicatum, Apuliam attributam esse

---

¹ *Sic obstupuerant.* "They had been so confounded." . . . . *Sic aspiciebant,* &c. "They so looked at one another with furtive glances." . . . . *Ut non viderentur,* &c. "That they did not seem to be convicted by others, but appeared to be convicted by themselves."

² *De summa republica.* "Concerning the welfare of the republic."

³ *Acerrimae ac fortissimae sententiae.* "Very stringent and decided opinions."

⁴ *Est nondum perscriptum.* "Is not yet written out" and recorded.

⁵ *Gratiae aguntur,* &c. "Thanks are given to me in very liberal terms."

⁶ *Quod usus essem,* &c. Literally, "Because I had employed their . . . . assistance." More freely, "Of whose firm and faithful co-operation I had availed myself."

⁷ *Procurationem.* "The business or superintendence."

⁸ *Cui, erat indicatum,* &c. "To whom it had been proved that Apulia had been assigned for instigating the shepherds to revolt."

ad sollicitandos pastores : in P. Furium, qui est ex iis colonis, quos L. Sulla deduxit Faesulas: in Q. Manlium Chilonem, qui una cum hoc Furio ¹ erat semper versatus in hac sollicitatione Allobrogum : in P. Umbrenum, libertinum hominem, ² a quo constabat Gallos esse primum perductos ad Gabinium. ³ Atque senatus usus est ea lenitate, Quirites, ut, republica conservata poena novem perditissimorum hominum ex tanta conjuratione que tanta vi ac multitudine domesticorum hostium, arbitraretur mentes reliquorum posse sanari. Atque etiam supplicatio decreta est, Quirites, immortalibus diis meo nomine pro eorum singulari merito, ⁴ quod contigit primum mihi togato post hanc urbem conditam : et decreta est his verbis, QUOD LIBERASSEM URBEM INCENDIIS, CIVES CAEDE, ITALIAM BELLO. ⁵ Si quae supplicatio conferatur cum ceteris supplicationibus, Quirites, intersit hoc, quod ceterae [supplicationes constitutæ sunt] bene gesta [republica], haec una constituta est conservata republica. ⁶ Atque illud, quod fuit primum faciendum, factum atque transactum est. Nam P. Lentulus, quamquam patefactus suis indiciis et confessionibus ⁷ amiserat, judicio

---

¹ *Erat semper versatus*, &c. "Had always been employed in this business of tampering with the Allobroges."
² *A quo constabat.* "By whom, as it appeared."
³ *Atque senatus.* "And the senate exercised such clemency, fellow-citizens, that on the republic being preserved (and vindicated) by the punishment of (only) nine most abandoned men out of so large a conspiracy and so great a force and multitude of domestic foes, it indulged the hope that the minds of the rest could be restored and conciliated."
⁴ *Quod contigit primum.* "A thing which had happened to me first as a civilian, or acting in a civil capacity, since the foundation of the city."
⁵ *Si quae supplicatio*, &c. "If this public thanksgiving be compared with other (similar) thanksgivings, fellow-citizens, it differs in this." *Hoc* is the ablative.
⁶ *Atque illud, quod fuit primum,* &c. "And that which was first (proper) to be done, was in fact done and (duly) performed." This alludes to what immediately follows, viz., the precaution of the senate in not punishing Lentulus until he had first retired from office.
⁷ *Amiserat.* "Had forfeited" .... *tamen abdicavit se*, &c. "Resigned his magistracy."

senatus, non modo jus praetoris, verum etiam (jus) civis, tamen abdicavit se magistratu : ¹ ut quae religio non fuerat C. Mario, clarissimo viro, quo minus occideret C. Glauciam praetorem, de quo nihil decretum erat nominatim, ea religione nos liberaremur in puniendo P. Lentulo privato.

VII. Nunc, Quirites, quoniam jam tenetis captos et comprehensos nefarios duces sceleratissimi que periculosissimi belli, debetis existimare ² omnes copias Catalinae, omnes spes atque opes, his periculis urbis depulsis, concidisse. ³ Quem quidem quum ego pellebam ex urbe, providebam animo hoc, Catalina remoto, somnum P. Lentuli non esse [pertimescendum] mihi, nec adipem L. Cassii, nec pertimescendam [esse mihi] furiosam temeritatem C. Cethegi. Ille unus erat timendus ex his omnibus, ⁴ sed tamdiu dum continebatur moenibus urbis. Norat omnia, ⁵ tenebat aditus omnium; ⁶ poterat, audebat appellare, tentare, sollicitare; erat ei con-

---

¹ *Ut quae religio*, &c. Literally, "In order that what religious scruple did not exist in the case of C. Marius, a very illustrious man, so as to prevent him from putting to death C. Glaucia, while praetor, concerning whom nothing was decreed by name,—from this religious scruple we might be freed in punishing P. Lentulus, now reduced to a private condition;" or, to change the order, "In order that in punishing P. Lentulus as a private person, we might be freed from religious scruple, such as existed in the case of C. Marius, but did not, however, prevent him from putting to death C. Glaucia," &c.

² *Omnes copias*, &c. "That all the forces of Catiline, all his hopes and resources—these (immediate) perils of the city being warded off—had fallen and become prostrate."

³ *Quem quidem quum ego pellebam*, &c. "When, indeed, I was engaged in expelling him from the city, I clearly foresaw this very thing, that on the removal of Catiline the somnolency of P. Lentulus was not to be feared by me, nor the stupid obesity of C. Cassius, nor was there occasion to apprehend the intemperate rashness of C. Cethegus."

⁴ *Sed tamdiu dum*, &c. "But so long only as he was retained or harbored within the walls of the city."

⁵ *Tenebat aditus omnium.* "He was in possession of the avenues of approach to all."

⁶ *Poterat audebat*, &c. He possessed the power, and he dared to exercise it, of accosting, sounding, and soliciting (others). He had a mind adapted to (the plotting of) crime, and to this purpose there was wanting neither the tongue nor the hand for execution."

7*

silium aptum ad facinus; consilio autem deerat neque lingua neque manus; jam habebat certos homines delectos ac descriptos ad conficiendas certas res; neque vero quum mandaverat aliquid, putabat (idem) confectum. Erat nihil quod ipse non obiret, occurreret, vigilaret, laboraret; poterat ferre frigus, sitim, famem. Hunc hominem tam acrem, tam paratum, tam audacem, tam callidum, tam vigilantem, in scelere, tam diligentem in perditis rebus, ¹ nisi compulissem (eum) ex domesticis insidiis in castrense latrocinium (dicam id quod sentio, Quirites), non facile depulissem hanc tantam molem mali a vestris cervicibus. Ille non constituisset nobis Saturnalia, neque denuntiavisset tanto ante diem exitii ac fati reipublicae, ² ne commisisset, ut signum, ut suae literae, manifesti testes sceleris, deprehenderentur. Quae nunc, illo absente, sunt sic gesta, ut ³ nullum furtum in privata domo sit unquam tam palam inventum, quam haec conjuratio in tota republica est manifesto inventa atque deprehensa. Quod si Catilina remansisset in urbe ad hanc diem, ⁴ quamquam, quoad fuit (in urbe), occurri atque obstiti omnibus ejus consiliis, tamen, ut dicam levissime, fuisset dimicandum nobis cum illo, neque nos unquam, quum ille hostis esset in urbe, liberassemus rempublicam ⁵ tantis periculis, tanta pace, tanto otio, tanto silentio.

VIII. Quamquam omnia haec, Quirites, ita administrata sunt a me, ut videantur et gesta et provisa esse nutu atque

---

¹ *Nisi compulissem*, &c. "Unless I had constrained him to come forth from the (secret) plottings of domestic treachery into the open warfare and plunder of the camp."

² *Ne commisisset.* "He would not have acted in such a way as." "He would not have allowed."

³ *Nullum furtum*, &c. "No petty theft in a private house was ever so clearly detected as this conspiracy, covering the range of the whole republic, has been found out and put under arrest."

⁴ *Quamquam, quoad*, &c. "Although as long as he was in the city. I met and opposed," &c.

⁵ *Tantis periculis*, &c. "From so great perils, in a manner attended with so great peace, such a degree of quiet, so much stillness."

consilio immortalium deorum. ¹ Que quum possumus consequi id conjectura, quod gubernatio tantarum rerum vix videtur potuisse esse humani consilii; tum vero tulerunt opem et auxilium nobis his temporibus ita praesentes, ut possemus poene videre eos oculis. Nam ut omittam illa, faces visas nocturno tempore ab occidente que ardorem coeli, ut (omittam) jactus fulminum, ut [omittam] motus terrae que cetera, quae facta sunt tam multa, nobis consulibus, ut immortales dii viderentur ² canere haec, quae nunc fiunt: certe hoc, Quirites, quod sum dicturus est neque praetermittendum neque relinquendum. Nam profecto tenetis memoria, Cotta et Torquato consulibus, complures res in Capitolio esse ³ percussas de coelo, quum et simulacra immortalium deorum depulsa sunt et statuae veterum hominum dejectae et aera legum liquefacta. Etiam ille Romulus tactus est, qui condidit hanc urbem, ⁴ quem inauratum meministis fuisse in Capitolio parvum atque lactantem, inhiantem lupinis uberibus. Quo tempore quidem, quum haruspices convenissent ex tota Etruria, dixerunt caedes atque incendia et interitum legum et civile ac domesticum bellum et occasum totius urbis atque imperii appropinquare, ⁵ nisi immortales dii, placati omni ratione, prope flexissent ipsa fata suo numine.

---

¹ *Que quum possumus*, &c. "And although we can be certain, as a matter of human judgment and conjecture, that the direction and management of such important affairs hardly seems as a possible thing to be within the compass of human wisdom, it is also true that they (the gods) brought aid and assistance to us, in this crisis, so manifestly and clearly, that we could almost see them with our (natural) eyes."
² *Canere.* "To predict."
³ *Percussas de coelo.* "Struck with lightning."
⁴ *Quem inauratum*, &c. "Whom, as a gilded image," or, "whose gilded image you remember to have been in the Capitol, of small dimensions, and in the act of suckling, with distended mouth, at the dugs of a wolf."
⁵ *Nisi immortales dii*, &c. "Unless the immortal gods, propitiated by every possible means, should succeed in almost bending and warping the fates themselves by their immediate power."

¹ Itaque illorum responsis tunc et ludi facti sunt, per decem dies, neque ulla res, quae pertineret ad placandos deos, praetermissa est: que iidem jusserunt facere simulacrum Jovis majus (quam prius), ² et collocare in excelso et, contra atque fuerat ante, convertere ad orientem: ac dixerunt se sperare si illud signum, quod videtis, conspiceret ortum solis, et forum que curiam, ³ fore, ut ea consilia, quae essent inita clam contra salutem urbis atque imperii, illustrarentur, ut possent perspici a senatu que Romano populo. Atque illi consules ⁴ locaverunt illud signum (esse) ita collocandum; sed tanta fuit tarditas operis, ut collocaretur neque a superioribus neque a nobis ante hodiernum diem.

IX. Hic quis potest esse, Quirites, tam aversus a vero, tam praeceps, tam ⁵ captus mente, qui neget omnia haec, quae videmus, que praecipue hanc urbem, administrari nutu ac potestate immortalium deorum? Etenim quum esset ita responsum, caedes, incendia, que interitum comparari reipublicae, ⁶ et ea [comparari] per cives, quae tum videbantur incredibilia nonnullis propter magnitudinem scelerum, ⁷ sensistis ea non modo cogitata [esse] a nefariis civibus, verum etiam suscepta esse [ab iis]. ⁸ Vero nonne est illud ita prae-

---

¹ *Itaque illorum responsis.* "Therefore in accordance with their responses (and directions)."

² *Et collocare in excelso.* "And place it in an elevated situation, and, contrary to what it had been before, to turn it to the east."

³ *Fore, ut ea consilia,* &c. "It would come to pass that those plots, which had been secretly set on foot against the safety of the city and government, would be clearly brought to light, so as to be seen by the senate and Roman people."

⁴ *Locaverunt,* &c. "Made arrangements that that statue should be so erected and put in place."

⁵ *Captus mente.* "So dull of perception," or deprived of sense.

⁶ *Et ea (comparari),* &c. "And these things, too, to be (meditated and) prepared by the hands of citizens."

⁷ *Sensistis ea,* &c. "You have seen these things not only to have been meditated by atrocious citizens, but also to have been (actually) undertaken by them."

⁸ *Vero nonne est illud,* &c. "Truly is not that circumstance so striking and obvious as to seem to have been done by the (immediate) will and purpose of Jupiter Best and Greatest, that, when to-day in the morning both the conspirators, and the witnesses (and in-

sens, ut videatur esse factum nutu Jovis Optimi Maximi, ut quum hodierno die mane et conjurati et eorum indices ducerentur per forum in aedem Concordiae, eo ipso tempore signum statueretur? Quo collocato atque converso ad vos que senatum, et senatus et vos vidistis omnia, quae erant cogitata contra salutem omnium, illustrata atque patefacta. ¹ Quo isti sunt digni etiam majore odio que supplicio, qui conati sunt inferre funestos ac nefarios ignes non solum vestris domiciliis atque tectis, sed etiam templis atque delubris deorum. ² Quibus si ego dicam me restitisse, sumam nimium mihi et sim non ferendus. Ille, ille Jupiter restitit: ille voluit Capitolium [esse salvum], ille haec templa, ille hanc urbem, ille omnes vos esse salvos. ³ Ego, immortalibus diis ducibus, Quirites, suscepi hanc mentem que voluntatem, atque perveni ad haec tanta indicia. ⁴ Jam vero illa sollicitatio Allobrogum [nunquam] sic suscepta [esset] a Lentulo que ceteris domesticis hostibus, tanta res [nunquam esset] tam dementer credita et ignotis et barbaris, que literae profecto nunquam essent commissae (iis), nisi consilium esset ereptum huic tantae audaciae a immortalibus diis. ⁵ Quid

---

formers) against them, were being conducted through the forum into the temple of Concord, at that precise time the statue was in the very act of being put in place."

¹ *Quo isti sunt digni*, &c. "Wherefore those (infamous men) are worthy even of greater detestation and punishment."

² *Quibus si ego dicam*, &c. "If I should say that I had (successfully) opposed these men, I should be taking too much upon myself, and should be too presumptuous to be endured."

³ *Ego, immortalibus diis ducibus*, &c. "I, under the guidance and inspiration of the immortal gods, have been imbued with this purpose and resolution, and have arrived at these so great discoveries."

⁴ *Jam vero*, &c. "And truly (not to speak of other matters) that tampering with the Allobroges would never have been thus undertaken by Lentulus, and other domestic enemies, so grave a matter would never have been entrusted to men both ignorant and barbarous, and letters assuredly would never have been committed to their hands, had not all prudence and judgment been snatched away from these audacious men, or this bold conspiracy, by the (counsel) of the immortal gods."

⁵ *Quid vero?* "What indeed (shall we say to this), that Gallio-

vero! ut Galli homines, ex male pacata civitate, quae restat una gens, quae videatur et posse et non nolle facere bellum Romano populo, negligerent spem imperii ac amplissimarum rerum oblatam sibi ultro a patriciis hominibus, que anteponerent vestram salutem suis opibus; non putatis id esse divinitus factum? Praesertim qui potuerunt superare nos non pugnando, sed tacendo.

X. Quamobrem, Quirites, quoniam supplicatio decreta est ad omnia pulvinaria, celebratote illos dies cum vestris conjugibus ac liberis. [1] Nam multi honores saepe habiti sunt justi ac debiti immortalibus diis, sed nunquam profecto justiores. Enim erepti estis ex crudelissimo ac miserrimo interitu, et erepti sine caede, sine sanguine, sine exercitu, sine dimicatione; [2] togati, me uno, togato, duce et imperatore, vicistis. [3] Etenim recordamini, Quirites, omnes civiles dissensiones, non solum eas, quas audistis, sed eas, quas vosmet ipsi meministis atque vidistis: [4] L. Sulla oppressit P. Sulpicium: ejecit ex urbe C. Marium, custodem hujus urbis; que partim ejecit ex civitate, partim interemit multos fortes viros. Cn. Octavius, consul, expulit ex urbe armis suum collegam; [5] hic omnis locus redundavit acervis

---

men," &c. *Que anteponerent,* &c. "And should prefer your safety to their own aggrandizement." *Non putatis,* &c. "Do you not imagine that this was done by divine direction and influence, especially since it was in their power to conquer us not by fighting, but by simply preserving silence."

[1] *Nam multi, honores,* &c. "For many public honors have oftentimes been held right and justly due to the immortal gods, but never certainly more fit than the present."

[2] *Togati, me uno, togato,* &c. "As, peaceful citizens, with me alone, a citizen (and not a soldier), for your leader and commander, you have conquered."

[3] *Etenim recordamini,* &c. "For call to mind all (former) civil dissensions, not only those you have heard of, but those you yourselves remember and have seen." These were attended with frightful disorder and bloodshed.

[4] *L. Sulla oppressit.* "L. Sylla overpowered (and killed) P. Sulpicius."

[5] *Hic omnis locus,* &c. "This whole place (the forum) was filled to overflowing with heaps of dead bodies and the blood of the citizens."

corporum et sanguine civium. ¹ Postea Cinna cum Mario superavit. Tum vero, clarissimis viris interfectis, lumina civitatis exstincta sunt. Postea Sulla ultus est crudelitatem hujus victoriae; ² ne quidem est opus dici quanta diminutione civium et quanta calamitate reipublicae. M. Lepidus dissensit a clarissimo ac fortissimo viro, Q. Catulo. ³ Ipsius interitus non attulit tam luctum reipublicae, quam [interitus] ceterorum. Atque omnes illae dissensiones tamen erant ejusmodi, Quirites, quae pertinerent non ad delendam, sed ad commutandam rempublicam. ⁴ Illi voluerunt non esse nullam rempublicam, sed se esse principes in ea [republica], quae esset; neque hanc urbem conflagrare, sed se florere in hac urbe. Atque omnes illae dissensiones tamen, nulla quarum quaesivit exitium reipublicae, fuerunt ejusmodi, ⁵ ut dijudicatae sint non reconciliatione concordiae, sed internecione civium. In hoc uno bello autem, maximo que crudelissimo post memoriam hominum, [tale] bellum, quale ⁶ nulla barbaria [gens] unquam gessit cum sua gente, in quo bello haec lex fuit constituta a Lentulo, Catilina, Cethego, et Cassio, ⁷ ut omnes, qui possent esse salvi salva urbe, ducerentur in numero hostium; ita gessi me, Quirites, ut omnes conservaremini salvi; et, quum vestri

---

¹ *Postea Cinna cum Mario,* &c. "Afterwards Cinna in conjunction with Marius prevailed."

² *Ne quidem . . . . dici.* "It need not even be said."

³ *Ipsius interitus,* &c. "His (Lepidus's) death did not, however, bring such sorrow to the state as the death of others."

⁴ *Illi voluerunt,* &c. "They (the former disturbers of the state) intended not that there should be no republic, but that they themselves should be the chiefs in a state that should continue to exist, not that this city should burn (and be destroyed), but that they should flourish (in power) within this city (untouched by flames)."

⁵ *Ut dijudicatae sint.* "That they could be settled, not by a peaceful adjustment, but only by a massacre of the citizens." *Reconciliatio concordiae.* "Restoration of concord."

⁶ *Nulla barbaria.* "No barbarian people ever carried on with its own race." . . . . *Haec lex.* "This rule of proceeding."

⁷ *Ut omnes, qui possent,* &c. "That all who could be preserved, and at the same time the city itself be preserved, should be considered in the number of enemies," and treated as such.

hostes putassent ¹ tantum civium superfuturum esse, quantum restitisset infinitae caedi, tantum urbis, quantum flamma non potuisset obire, servavi et urbem et cives integros que incolumes.

XI. Pro quibus tantis rebus, Quirites, ego postulabo a vobis nullum praemium virtutis, nullum insigne honoris, nullum monumentum laudis praeterquam ² sempiternam memoriam hujus diei. Ego volo omnes meos triumphos, omnia ornamenta honoris, monumenta gloriae, insignia laudis ³ condi et collocari in vestris animis. ⁴ Nihil mutum potest delectare me, nihil tacitum, nihil denique ejusmodi, quod etiam minus digni possint assequi. ⁵ Nostrae res, Quirites, alentur vestra memoria, crescent sermonibus, inveterascent et corroborabuntur monumentis literarum : que eandem diem, quam spero fore eternam, intelligo propagatam esse et ad salutem urbis et ad memoriam mei consulatus; que exstitisse ⁶ duos cives in hac republica uno tempore, quorum alter terminaret fines vestri imperii non regionibus terrae, sed coeli, alter servaret domicilium que sedem ejusdem imperii.

XII. ⁷ Sed quoniam fortuna atque conditio earum rerum

---

¹ *Tantum civium*, &c. "So many of the citizens should survive us should remain after an unlimited slaughter, so much of the city as the fire could not overtake."

² *Sempiternam memoriam*. "The perpetual remembrance."

³ *Condi et collocari*, &c. "To be hidden and deposited in (the grateful remembrance of) your minds."

⁴ *Nihil mutum* .... *nihil tacitum*. Such as a statue or visible monument.

⁵ *Nostrae res*, &c. "My official acts will be cherished in your recollection ; will be repeated and magnified in your (daily) conversations ; will become familiarized and rendered enduring in the monuments of (public history and) literature ; and the same period of time, which I hope will be of unceasing duration, I see to be extended (and allotted), both to the preservation of the city and the memory of my consulship." He hopes that his consulship will be remembered as long as the city lasts, and that this will be forever.

⁶ *Duos cives*. Pompey and Cicero.

⁷ *Sed quoniam*, &c. "But since the fate and experience of those public transactions which I have conducted is not the same as that of those persons who have carried on distant wars, because I must

quas ego gessi, non est eadem quae illorum, qui gesserunt externa bella: quod vivendum est mihi cum iis, quos vici ac subegi, illi reliquerunt hostes aut interfectos aut oppressos: vestrum est, Quirites, si sua recte facta prosunt ceteris, providere, ne mea quando obsint mihi. Enim ego providi sceleratae ac nefariae mentes audacissimorum hominum ne possent nocere vobis; vestrum est providere ne noceant mihi. Quamquam, Quirites, [1] nihil quidem jam potest noceri mihi ipsi ab istis. Enim est magnum praesidium in bonis, quod comparatum est mihi in perpetuum; magna dignitas in republica, quae semper tacita defendet me; magna vis conscientiae, quam qui negligent, quum volent violare me, [2] ipsi indicabunt se. Est etiam in nobis is animus, Quirites, ut non modo cedamus audaciae nullius, [3] sed etiam semper ultro lacessamus omnes improbos. Quod si omnis impetus domesticorum hostium, depulsus a vobis, converterit se in me unum, videndum erit vobis, Quirites, [4] qua conditione posthac velitis eos esse, qui pro vestra salute obtulerint se invidiae que omnibus periculis. Quid est quidem mihi ipsi, quod jam possit acquiri ad fructum vitae, [5] praesertim quum

---

continue to live in conjunction and daily intercourse with those whom I have conquered and subdued; they, on the other hand, have left behind them (in distant places) their enemies either slain or overpowered; it is for you, Romans, to see to it, if their meritorious deeds are a benefit to them, that mine do not prove at any time an injury to me."

[1] *Nihil quidem*, &c. Literally, "In nothing truly now can injury be done to me by them," *i.e.*, I cannot now myself be really injured by them.

[2] *Ipsi indicabunt se.* "They will become informers against themselves."

[3] *Sed etiam semper ultro lacessamus*, &c. "But even always of my own accord assail with opposition all (unprincipled and) wicked men."

[4] *Qua conditione posthac*, &c. "In what condition hereafter (whether of safety or of danger) you would have those to be who for your protection have exposed themselves to obloquy and all perils."

[5] *Praesertim quum videam.* "Especially as I can see neither in the distinction you can confer, nor in the glory of virtue itself, anything higher, whither it would give me satisfaction to ascend."

videam neque in vestro honore neque in gloria virtutis quidquam altius, quo libeat mihi ascendere? Perficiam illud profecto, Quirites, ut, privatus, tuear atque ornem ea, quae gessi in consulatu; ut, si qua invidia suscepta est in conservanda republica, laedat invidos, valeat mihi ad gloriam. Deinde ita tractabo me in republica, ut meminerim semper quae gesserim, que curem, ut ea videantur esse gesta [1] virtute, non casu. Vos, Quirites, quoniam est jam nox, veneramini illum Jovem, custodem hujus urbis ac vestrum, atque discedite in vestra tecta: et, quamquam periculum jam depulsum est, tamen defendite ea [2] aeque ac priore nocte custodiis que vigiliis. [3] Ne id faciendum sit vobis diutius atque ut possitis esse in perpetua pace, providebo, Quirites.

---

[1] *Virtute, non casu.* "From a principle of virtue, not from mere fortuity or caprice."

[2] *Aeque ac priore nocte.* "Just as during the previous night."

[3] *Ne id faciendum,* &c. "That *that* may not have to be done any longer," &c.

ORATIO QUARTA*

IN

L. CATILINAM

HABITA IN SENATU.

I. VIDEO, Patres conscripti, ora atque oculos omnium

---

* *Oratio quarta*, &c. After the arrest of the leading conspirators and their conviction by documentary proofs and their own confessions, as detailed in the preceding oration, it began to be feared that attempts would be made to rescue them on the part of their associates, and rumors to this effect were in circulation. Cicero accordingly summons a meeting of the senate on the 5th of December, and lays before them the question as to the disposition that should be made of the prisoners and the punishment that should be inflicted upon them. Two opinions prevailed in the senate; one, led by the consul-elect, D. Silanus, that the punishment of death should be inflicted; the other, supported by Julius Caesar, that perpetual imprisonment in the municipal towns should be the penalty of the crime. Cicero himself does not in the present speech commit himself expressly to either of these opinions, though he evidently inclines to the former sentiment. He dwells upon the magnitude of their crime, and declares that no punishment would be too severe. He shows that the laws that were intended to guard the lives of Roman citizens were not applicable to this case, inasmuch as these men were no longer Roman citizens, but public enemies, and that even Caesar himself must so regard them, as he was in favor of the severest conditions of perpetual imprisonment. He utters many sentiments of noble self-devotion in the course of his speech, and concludes by asking no other reward for his own services but the perpetual remembrance of his consulship. The opinion of Silanus prevailed, through the influence of Cato, and the conspirators were promptly executed the very same night.

vestrum esse conversos in me. Video vos esse sollicitos non solum de vestro (periculo) ac (periculo) reipublicae, verum etiam, si id sit depulsum, de meo periculo. ¹ Vestra voluntas erga me est jucunda mihi in malis et grata in dolore. Sed (oro) per immortales deos, deponite eam, atque obliti meae salutis, cogitate de vobis ac de vestris liberis. ² Si haec data est mihi conditio (mei) consulatus, ut perferrem omnes acerbitates, omnes dolores que cruciatus, feram (ea) non solum fortiter, verum etiam libenter, dummodo meis laboribus dignitas que salus pariatur vobis que Romano populo. ³ Ego sum ille consul, Patres conscripti, cui non forum, in quo omnis equitas continetur; non campus, consecratus consularibus auspiciis; non curia, summum auxilium omnium gentium; non domus, commune perfugium; non lectus datus ad quietem; non denique haec sedes honoris, sella curulis, fuit unquam vacua periculo atque insidiis mortis. ⁴ Ego tacui multa, pertuli multa, concessi multa, sanavi multa quodam dolore meo, in vestro timore. Nunc si immortales dii voluerunt hunc esse exitum mei consulatus, ut eriperem vos, Patres conscripti, que Romanum populum ex miserrima caede, (vestras) conjuges que vestros liberos, que Ves-

---

¹ *Vestra voluntas*, &c. "Your affectionate interest towards me is pleasant to me in the midst of (public) evils and soothing in (private) sorrow."

² *Si haec data est*, &c. "If this has been given to me as the condition of my (holding the) consulship, that I should endure all asperities, all sorrows, even tortures, I will endure these things not only bravely, but even cheerfully, if only, by my sufferings, just authority as well as safety may be thereby secured to you and the Roman people."

³ *Ego sum ille consul*. "I am that (fated and unfortunate) consul to whom (no place of security is allowed) not the forum," &c. . . . . *Summum auxilium*. "The chief reliance." . . . . *Commune perfugium*. "The common asylum" of men. . . . . *Unquam vacua*, &c. "Has ever been exempt from the peril and snares of (a violent) death."

⁴ *Ego tacui multa*, &c. "I have suppressed much in (a prudent) silence, I have endured much, I have conceded much. I have healed much, at the expense of a degree of personal suffering, in the midst of your (prevailing) alarm."

tales virgines ¹ ex acerbissima vexatione; templa atque delubra, hanc pulcherrimam patriam omnium nostrium ex foedissima flamma, totam Italiam ex bello et vastitate, ² quaecunque fortuna proponetur mihi uni, subeatur. Etenim, si P. Lentulus, inductus a vatibus, putavit suum nomen fore fatale ad perniciem Romani populi, cur ego non laeter, meum consulatum ³ exstitisse prope fatalem ad salutem reipublicae?

II. Quare, Patres conscripti, consulite vobis, prospicite patriae, conservate vos, vestras conjuges, liberos, que fortunas, defendite nomen que salutem Romani populi, desinite parcere mihi ac cogitare de me. ⁴ Nam primum debeo sperare omnes deos, qui praesident huic urbi, relaturos esse gratiam mihi pro eo ac mereor; deinde, si quid obtigerit, moriar aequo que parato animo. Nam neque turpis mors potest accidere forti viro, neque immatura consulari, nec misera sapienti. Nec tamen sum ego ille ferreus, qui non movear macrore carissimi et amantissimi fratris (nunc) praesentis, que lacrimis omnium horum, a quibus videtis me (esse) circumsessum. ⁵ Neque exanimata uxor non revocat meam mentem saepe domum, et filia abjecta metu, et parvulus filius quem respublica videtur mihi am-

---

¹ *Ex acerbissima vexatione.* "From the bitterest personal outrage."

² *Quaecunque fortuna,* &c. "Whatever consequences of (good or evil) fortune may be in store for me, I am ready to submit." Literally, "Let it come to me, or be undergone by me."

³ *Exstitisse prope fatalem.* "Has been almost divinely destined to (secure) the safety of the republic."

⁴ *Nam primum debeo,* &c. "For in the first place I may reasonably hope that all the gods, who are the guardians of this city, will requite me with favor in proportion as I deserve. In the next place, if anything adverse *should* befall me, I shall die with a calm and collected mind. For a dishonorable death cannot happen to a brave man, a premature death to a consular man (one who has already been consul), nor a wretched death to a wise man."

⁵ *Neque exanimata uxor,* &c. "Nor does my anxious and terrified wife fail to recall my mind often to my own abode, and my daughter prostrate with fear, and my little son, whom the republic seems to hold in its arms as a pledge and hostage (to assure the faithful fulfilment) of my consulship."

plecti tamquam obsidem mei consulatus; neque ille gener, qui adstat meo conspectu, expectans exitum hujus diei. Moveor omnibus his rebus, ¹ sed in cam partem uti, omnes sint salvi vobiscum, etiam si aliqua vis oppresserit me, potius quam et illi et nos pereamus una peste reipublicae. Quare, Patres conscripti, incumbite ad salutem reipublicae; circumspicite omnes procellas, quae impendent, nisi providetis. ² Non T. Gracchus, quod voluit fieri tribunus plebis iterum, non C. Gracchus, quod conatus est concitare agrarios, non L. Saturninus, quod occidit C. Memmium, adducitur in aliquod discrimen atque in judicium vestrae severitatis; ii tenentur, qui restiterunt Romae ad incendium urbis, ad caedem omnium vestrum, ad accipiendum Catilinam. Tenentur literae, signa, manus, denique confessio unius cujusque; Allobroges sollicitantur; servitia excitantur; Catilina arcessitur; id consilium est initum, ut, omnibus interfectis, nemo relinquatur, ne quidem ad deplorandum nomen Romani populi atque ad lamentandam calamitatem tanti imperii.

III. Indices detulerunt omnia haec, rei confessi sunt; ³ vos jam judicastis multis judiciis; primum quod egistis gratias mihi singularibus verbis, et decrevistis conjurationem perditorum hominum patefactam esse mea virtute atque

---

¹ *Sed in eam partem.* "But to the effect and with the view." .... *Etiam si aliqua vis,* &c. "Even if some violence should overpower me." .... *Una peste.* "In one common destruction of the republic."

² *Non T. Gracchus,* &c "It is not T. Gracchus, because he wished to be made a second time Tribune of the people; it is not C. Gracchus, because he endeavored to rouse to action the supporters of an agrarian law; it is not L. Saturninus, &c. ... it is not such as these that are brought into peril of accusation and to the sentence of your justice and severity. THEY are in custody who remained at home, &c. ... There are also in our possession the letters, seals," &c. ... *Id consilium est initum.* "A plot has been set on foot with the design and purpose that, all being indiscriminately slaughtered, no one should be left," &c.

³ *Vos jam judicastis,* &c. "You have already decided (concerning them) by many judicial acts."

diligentia: deinde ¹ quod coegistis P. Lentulum, ut abdicaret se praetura; tum quod censuistis eum et ceteros, de quibus judicastis, dandos (esse) in custodiam; que maxime quod decrevistis supplicationem meo nomine, ² honos qui habitus est nemini, togato, ante me; postremo, hesterno die dedistis amplissima praemia legatis Allobrogum que Tito Volturcio; ³ omnia quae sunt ejusmodi, ut ii, qui dati sunt nominatim in custodiam, videantur sine ulla dubitatione damnati esse a vobis. ⁴ Sed ego iustitui referre ad vos, Patres conscripti, tamquam integrum, et quid judicetis de facto et quid censeatis de poena. Praedicam illa, ⁵ quae sunt consulis. ⁶ Ego jampridem videbam magnum furorem versari in republica, et quaedam nova mala misceri et concitari; sed nunquam putavi hanc tantam, tam exitiosam conjurationem haberi a civibus. Nunc quidquid est, quocunque vestrae mentes atque sententiae inclinant, statuendum est vobis ante noctem. Quantum facinus delatum sit ad vos, videtis. ⁷ Si putatis

---

¹ *Quod coegistis P. Lentulum,* &c. "Because you constrained P. Lentulus to resign the praetorship."

² *Honos qui habitus est,* &c. "An honor which has been enjoyed by no one, acting merely in a civil capacity, before me." Conferred only heretofore for military distinction.

³ *Omnia quae,* &c. "All which circumstances are of such a nature (as to imply) that those who have been given into custody, specifically by name, appear without any doubt to have been condemned by you."

⁴ *Sed ego institui,* &c. "But I have determined, Conscript Fathers, to refer to you as an open question and still undecided, the whole subject, both what your conclusion is concerning the fact (of the conspiracy) and what your judgment relative to the (proper) punishment."

⁵ *Quae sunt consulis.* Literally, "which are of the consul," *i.e.*, "which belong to the consul" to say.

⁶ *Ego jampridem videbam,* &c. "I long ago perceived a great madness to be brewing in the republic, and certain new evils to be stirred up and roused into action; but I never thought that this so great, so pernicious a conspiracy was had in view by (abandoned) citizens. Now what it is your minds and sentiments incline to (on this important subject) must be determined by you before night intervenes."

⁷ *Si putatis paucos,* &c. "If you think that few (persons) are connected with this (wicked plot) you egregiously mistake the matter."

paucos esse affines huic (facinori), vehementer erratis. Hoc malum disseminatum est ¹latius opinione; manavit non solum per Italiam, verum etiam transcendit Alpes, et, serpens obscure, jam occupavit multas provincias. Id potest opprimi nullo pacto ²sustentando ac prolatando. Vindicandum est vobis celeriter, quacunque ratione placet.

IV. Video adhuc esse duas sententias: unam D. Silani, qui censet eos, qui conati sunt delere haec, multandos esse morte; alteram C. Caesaris, ³qui removet poenam mortis, amplectitur omnes acerbitates ceterorum suppliciorum. Uterque et pro sua dignitate et pro magnitudine rerum versatur in summa severitate. Alter putat eos, qui conati sunt privare nos omnes vita, qui (conati sunt privare vita) Romanum populum, qui (conati sunt) delere imperium, qui (conati sunt) exstinguere nomen Romani populi, non oportere frui vita et hoc communi spiritu ⁴punctum temporis; ⁵atque recordatur hoc genus paenae saepe usurpatum esse in hac republica in improbos cives. Alter intelligit mortem non esse constitutam a immortalibus diis ⁶causa supplicii; sed esse aut necessitatem naturae aut quietem laborum ac miseriarum. Itaque sapientes oppetiverunt eam nunquam inviti, fortes saepe etiam libenter. ⁷Vero vincula, et ea sempiter-

---

¹ *Latius opinione.* "More widely than is generally thought." Literally, "more widely than (the prevailing) opinion."
² *Sustentando ac prolatando.* "By (longer) endurance and delay." Literally, "by enduring and deferring."
³ *Qui removet,* &c. "Who dispenses with the punishment of death, but adopts (and recommends) all extremities of other punishments." *Uterque et pro sua dignitate,* &c. "Each, as might be expected from persons of their gravity and in accordance with the magnitude of the interests involved, has in mind (and insists upon) the most stringent severity."
⁴ *Punctum temporis.* "For a single moment."
⁵ *Atque recordatur,* &c. "And recalls the fact (and reminds us of it) that this species of punishment was often employed in this republic against vicious (and offending) citizens."
⁶ *Causa supplicii,* &c. "With a view to punishment."...*Sed esse,* &c. "But was to be regarded either as a necessary law of nature or as a fit repose after labors and sufferings."
⁷ *Vero vincula,* &c. "But chains and imprisonment, and that, too,

na, certe inventa sunt ad singularem poenam nefarii sceleris. Jubet dispertiri municipiis. ¹ Ista res videtur habere iniquitatem, si velis imperare; difficultatem, si (velis) rogare. Tamen decernatur, si placet. ² Enim ego suscipiam [rem], et, ut spero, reperiam [eos], qui putent non esse suae dignitatis recusare id, quod statueritis causa salutis omnium. Adjungit gravem poenam municipibus, si quis ruperit eorum vincula; ³ circumdat horribiles custodias, et sancit digna scelere perditorum hominum, ne quis possit levare poenam eorum, quos condemnat, aut per senatum aut per populum; eripit etiam spem, quae sola solet consolari homines in miseriis. Jubet praeterea bona publicari; relinquit vitam solam nefariis hominibus; quam si eripuisset, ademisset multos [dolores] uno dolore animi atque corporis et omnes poenas scelerum. ⁴ Itaque, ut aliqua formido posita esset in vita improbis, illi antiqui voluerunt quaedam supplicia ejusmodi constituta esse impiis apud inferos; quod intelligebant, his remotis, mortem ipsam non esse pertimescendam.

---

perpetual, were doubtless invented (by human appointment) for the special punishment of nefarious crime."

¹ *Ista res*, &c. "That expedient" (of yours), viz., the distribution of the criminals among the municipal towns" (probably turning to Caesar), "seems to have a character of injustice, if you intend to make it imperative, and of embarrassment and difficulty if you only mean to make it a matter of request."

² *Enim ego suscipiam*, &c. "For I will undertake (to manage) the affair, and, as I hope, will be able to find those (in the municipalities) who will deem it not compatible with their dignity to refuse what you shall determine with a view to the general safety."

³ *Circumdat*, &c. "He throws around them the repulsive attendants of imprisonment, and gives his solemn sanction to whatever is meet as the punishment of the crime of abandoned men, that no one may be able to relax the punishment of those he has decided to condemn, either through the agency of the senate or an appeal to the people."

⁴ *Itaque, ut aliqua*, &c. "Therefore, that some fear might continue to exist to the wicked in life (and to control them), those men of a former day were of the opinion that certain punishments, of a nature to be influential, were appointed for the wicked in the lower world."

8

V. ¹ Nunc, Patres conscripti, ego video quid intersit mea. Si secuti eritis sententiam C. Caesaris, ² quoniam is secutus est in republica viam, quae habetur popularis, fortasse populares impetus erunt minus pertimescendi mihi, hoc auctore et cognitore hujusce sententiae: sin (secuti eritis) illam alteram [sententiam], nescio an amplius negotii contrahatur mihi. Sed tamen utilitas reipublicae vincat rationes meorum periculorum. (Enim habemus a C. Caesare, sicut ipsius dignitas et amplitudo ejus majorum postulabat) ³ sententiam, tamquam obsidem perpetuae voluntatis in rempublicam. ⁴ Intellectum est quid intersit inter levitatem concionatorum et animum vere popularem, consulentem saluti populi. Video de istis, qui volunt se haberi populares, non neminem abesse, ne videlicet ferat sententiam de capite Romanorum civium. Is nudiustertius et dedit Romanos cives in custodiam, et decrevit supplicationem mihi, et affecit indices hesterno die maximis praemiis. Jam hoc est dubium nemini, quid (ille) judicarit de tota re et causa, qui decrevit custodiam reo, gratulationem quaesitori, praemium indici. ⁵ At

---

¹ *Nunc, Patres conscripti, ego video quid intersit mea.* "Now, Conscript Fathers, I perceive what concern I have" in these several opinions—how I shall be affected by your adopting the one or the other."

² *Quoniam is secutus est,* &c. "Since he has pursued a career in the republic which is accounted one of popular inclining and approval, perhaps popular attacks will be less to be apprehended by me, with him as the author and supporter of this opinion. But if you shall follow that other opinion, I know not whether even more trouble and odium may not be in store for me," than at present exists.

³ *Sententiam, tamquam,* &c. "An opinion such as is, as it were, a witness and pledge of his unceasing attachment to the republic."

⁴ *Intellectum est quid,* &c. "It is well understood what a difference there is between the emptiness of popular declaimers and a mind truly devoted to the people, consulting for the real welfare of the masses." *Video de istis,* &c. "I see of that former contemptible class—such, I mean, as desire to be regarded as specially favorable to the people—one senator at least to be absent (from this assembly), lest he should be compelled to deliver an opinion concerning the capital punishment of Roman citizens," and thereby run the risk of popular odium.

⁵ *At vero C. Caesar intelligit,* &c. "Caesar, however, well under-

vero C. Caesar intelligit, Semproniam legem constitutam
esse de Romanis civibus; autem qui sit hostis reipublicae,
cum nullo modo posse civem : denique ipsum latorem Semproniae legis, jussu populi, dependisse paenas reipublicae.
Idem non putat Lentulum ipsum, largitorem et prodigum,
posse etiam appellari popularem, quum cogitarit tam acerbe
que tam crudeliter de pernicie Romani populi, exitio hujus
urbis. Itaque homo mitissimus atque lenissimus non dubitat
mandare P. Lentulum aeternis tenebris que vinculis, et sancit
in posterum, ne quis possit jactare se levando hujus supplicio et in pernicie Romani populi esse posthac popularis.
Adjungit etiam publicationem bonorum, ut omnes cruciatus
animi et corporis, etiam egestas ac mendicitas consequatur.

VI. Quamobrem sive ¹ statueritis hoc, dederitis mihi
comitem ad concionem, carum atque jucundum populo ; sive
malueritis sequi sententiam Silani, facile defendetis me
atque vos vituperatione crudelitatis, ² atque obtinebo eam
fuisse multo leniorem. Quamquam, Patres conscripti, quae

---

stands" (and this is the reason of his severe judgment in the present
case) "that the Sempronian law was enacted to apply to the case
of *Roman citizens alone*" (those that were truly such). "But he
who is an enemy of the republic can in no way be esteemed a citizen—the very proposer of the Sempronian law himself, by order of
the people, rendered satisfaction to the republic" on this ground,
that he was a public enemy and not a citizen. "In like manner he
(*i.e.* Caesar) does not for a moment imagine that Lentulus himself,
although a liberal patron (of the people) and lavish (in his public
expenditures), can be called a friend to the people (but a public
enemy, rather), since he has plotted with so much bitterness and
cruelty for the destruction of the Roman people and the utter ruin
of this city. Therefore it is that a man characteristically mild and
lenient does not hesitate to commit P. Lentulus to perpetual darkness and chains, and provides, by a solemn sanction for the future,
that no one can be officiously active in securing a mitigation of his
punishment, and, at the same time, in the ruin of the Roman people
(that must ensue), be a true friend of the people," (but in reality
also an enemy).

¹ *Statueritis hoc.* "Shall come to the same conclusion with this
man" (Caesar) in the matter under consideration. *Hoc* is the ablative.

² *Atque obtinebo*, &c. "And I will maintain it to be the milder
(punishment) of the two."

potest esse crudelitas in punienda immanitate tanti sceleris? Enim ego judico de meo sensu. ¹ Nam ita liceat mihi perfrui vobiscum salva republica, ut ego, quod sum vehementior in hac causa, non moveor atrocitate animi, (enim quis est mitior me?) sed quadam singulari humanitate et misericordia. Enim video mihi videre hanc urbem, lucem orbis terrarum, atque arcem omnium gentium, subito concidentem; cerno animo in sepulta patria miseros atque insepultos acervos civium;)² versatur mihi ante oculos adspectus et furor Cethegi bacchantis in vestra caede. Quum vero proposui mihi Lentulum regnantem, sicut ipse confessus est se sperasse ³ex fatis, ⁴hunc Gabinium esse purpuratum, Catilinam venisse cum exercitu, perhorresco tum lamentationem matrumfamilias, tum fugam virginum atque puerorum, ⁵ac vexationem Vestalium virginum; et quia haec videntur mihi vehementer misera atque miseranda, idcirco praebebo me severum que vehementem in eos, qui voluerunt perficere ea. Etenim quaero, si quis paterfamilias, suis liberis interfectis a servo, uxore occisa, domo incensa, ⁶sumpserit quam acerbissimum supplicium de servis; utrum is videatur esse clemens ac misericors, an inhumanissimus et crudelissimus? ⁷Mihi vero (videretur) importunus ac ferreus, qui non le-

---

¹ *Nam ita liceat mihi*, &c. " So may I be allowed to enjoy with you a safe (and happy) republic, as I, in being urgent in this cause, am not moved by any savage or revengeful spirit (for who is more lenient than I?) but by an unusual feeling of humanity and kindness."

² *Versatur mihi ante oculos.* "There is presented before my eyes in busy occupation."

³ *Ex fatis.* " In accordance with the decrees of the fates."

⁴ *Hunc Gabinium*, &c. " That this Gabinius is clothed in purple."

⁵ *Ac vexationem Vestalium virginum.* "And the distress and outrage of Vestal virgins."

⁶ *Sumpserit quam acerbissimum supplicium de servis.* " Shall have inflicted punishment of any degree of severity upon his slaves." Literally, " Shall have taken satisfactory punishment, however severe, from his slaves."

⁷ *Mihi vero (videretur) importunus*, &c. " To me, indeed, he would appear to be cruel and hard-hearted, who shall have omitted to as-

nierit suum dolorem que cruciatum dolore ac cruciatu nocentis. Sic nos in his hominibus, qui voluerunt trucidare nos, qui conjuges, qui nostros liberos; qui conati sunt delere singulas domos unius cujusque nostrum et hoc universum domicilium reipublicae; ¹ qui egerunt id, ut collocarent gentem Allobrogum in vestigiis hujus urbis atque in cinere deflagrati imperii; si fuerimus vehementissimi, habebimur misericordes; sin voluerimus esse remissiores, ² fama summae crudelitatis subeunda est nobis in pernicie patriae que civium. Nisi vero L. Caesar, fortissimus vir et amantissimus reipublicae, visus est nudiustius ³ crudelior, quum dixit virum suae sororis, lectissimae feminae, praesentem et audientem, privandum esse vita; quum dixit avum interfectum (esse), jussu consulis, que ejus impuberem filium, missum a patre legatum, necatum esse in carcere. ⁴ Quorum quod factum (fuit) simile? quod consilium (fuit) initum delendae reipublicae? Tum voluntas largitionis versata est in republica, et quaedam contentio partium. Atque illo tempore avus hujus Lentuli, clarissimus vir, armatus persecutus est Gracchum: ille etiam tum accepit grave vulnus, ⁵ ne quid minueretur de summa republica: hic arcessit Gallos ad evertenda fundamenta reipublicae, concitat servitia, vocat Catilinam, ⁶ attribuit nos Cethego trucidandos, ceteros cives Gabinio

---

suage his own grief and suffering by the grief and suffering of the guilty."
  ¹ *Qui egerunt id*, &c. "Who have aimed to establish the nation of the Allobroges amidst the ruins of this city and in the very ashes of a burnt (and desolated) empire."
  ² *Fama summae crudelitatis.* "The infamy of the greatest cruelty will have to be endured by us in the event of the destruction of the country and the citizens."
  ³ *Crudelior.* "Too cruel."
  ⁴ *Quorum quod*, &c. "Of these what deed was similar" to the present extraordinary crime, "what plot was initiated for the destruction of the republic?" *Tum voluntas largitionis.* "At that period a disposition of corrupt donation and largess (towards the people) was prevalent in the republic."
  ⁵ *Ne quid minueretur*, &c. "In order that nothing should be detracted from the welfare of the republic."
  ⁶ *Attribuit nos*, &c. "Consigns us to Cethegus to be butchered."

interficiendos, urbem Cassio inflammandam, totam Italiam Catilinae vastandam que diripiendam. Veremini, censeo, ne, in hoc tam immani ac nefando scelere, videamini statuisse aliquid nimis severius. Multo magis est verendum, ne videamur, remissione poenae, (fuisse) crudeles in patriam, quam ne, severitate animadversionis, (videamur) fuisse nimis vehementes in acerbissimos hostes.

VII. 14. Sed non possum dissimulare, Patres Conscripti, ea, quae exaudio. Enim jaciuntur voces, quae perveniunt ad meas aures, eorum, ¹ qui videntur vereri, ut habeam satis praesidii ad transigunda ea, quae vos statueritis hodierno die. Omnia et provisa et parata et constituta sunt, Patres Conscripti, ² quum mea summa cura atque diligentia, tum etiam multo majore voluntate Romani Populi, ad retinendum summum imperium et ad conservandas communes fortunas. Omnes homines adsunt omnium ordinum, denique omnium aetatum; forum est plenum, templa circum forum plena, omnes aditus hujus templi et loci pleni. ³ Enim haec sola causa post conditam urbem inventa est (ea), in qua omnes sentirent unum atque idem, praeter eos, qui, quum viderent esse pereundum sibi, voluerunt perire cum omnibus potius, quam soli. Hosce homines ego libenter excipio et secerno; neque puto (eos esse) habendos in numero improborum civium, sed in (numero) acerbissimorum hostium. Vero ceteri, immortales dii! qua frequentia, quo studio, qua virtute consentiunt ad communem salutem que dignitatem! Quid ego hic commemorem Romanos equites?

---

¹ *Qui videntur vereri, ut habeam*, &c. "Who seem to fear that I may not have in readiness sufficient precautionary aid for carrying into effect those things which you shall decide upon this day." *Vereri ut* is negative.

² *Quum . . . . tum etiam*, &c. "Both by my very great care, &c. . . . . and also by the much greater zeal of the Roman people to perpetuate the supreme authority and to protect the common fortunes (and interests)." *Omnes homines adsunt*, &c. "All men are ready to assist," &c.

³ *Enim haec sola causa*, &c. "For this only cause since the building of the city has been found to be one in which all entertained one and the same opinion," &c.

¹ qui ita concedunt vobis summam ordinis quo consilii, ut certent vobiscum de amore reipublicae; quos, revocatos ex dissensione multorum annorum ad societatem que concordiam hujus ordinis, hodiernus dies atque haec causa conjungit vobiscum; quam conjunctionem, confirmatam in meo consulatu, si tenuerimus perpetuam in republica, confirmo vobis, nullum civile ac domesticum malum posthac esse venturum ad ullam partem reipublicae. Video tribunos aerarios, fortissimos viros, pari studio convenisse defendendae reipublicae; item universos scribas; quos quum hic dies casu ²frequentasset ad aerarium, video esse conversos ³ab exspectatione sortis ad communem salutem. ⁴Omnis multitudo ingenuorum adest, etiam tenuissimorum. Enim quis est, cui haec templa, adspectus urbis, possessio libertatis, denique haec ipsa lux, et hoc commune solum patriae, non sit quum carum, tum vero dulce atque jucundum?

VIII. ⁵Est pretium operae, Patres Conscripti, cognoscere studia libertinorum hominum; qui consecuti sua virtute fortunam hujus civitatis, judicant hanc esse vere suam

---

¹ *Qui ita concedunt*, &c. "Who concede to you the chief place of precedence and administration only to become your rivals in love and devotion to the republic; whom, recovered after a disagreement of many years to the alliance and friendship of this body, this day and this cause unites with you (for the common welfare); which union re-assured in my consulship, if we shall keep perpetual in the republic, I pledge my word to you, that no civil," &c.
² *Frequentasset.* "Had assembled in large numbers."
³ *Ab exspectatione sortis.* "From the expected assignment of their places by the lot." The public scribes had their relative positions determined by the use of the lot. This important transaction they neglected to attend to on the present occasion, from an absorbing interest in the public welfare.
⁴ *Omnis multitudo ingenuorum*, &c. "The whole multitude of free-born citizens are ready to assist, even those of the very humblest pretensions.
⁵ *Est pretium operae*, &c. "It is worth while, Conscript Fathers, to observe the extraordinary zeal of the freedmen, who, having obtained by their merit the privilege of this citizenship, judge this to be truly their country (and glory in it as such), which certain persons born here, and born in the highest condition, have judged not to be their own country, but, as it were, an enemy's city."

patriam, quam quidam nati hic, et nati summo loco, judicaverunt non esse suam patriam, sed urbem hostium. Sed quid ego commemoro homines hujusce ordinis, quos privatae fortunae, quos communis respublica, quos denique libertas, ea, quae est dulcissima, excitavit ad defendendam salutem patriae? Est nemo servus, qui sit modo tolerabili conditione servitutis, qui non perhorrescat audaciam civium; ¹ qui non cupiat haec stare; qui non conferat ad communem salutem tantum voluntatis, quantum audet et quantum potest. ² Quare, si hoc quod auditum est forte commovet quem vestrum, quendam lenonem Lentuli concursare circum tabernas, sperare animos egentium atque imperitorum posse sollicitari pretio; id quidem coeptum atque tentatum est, sed nulli inventi sunt aut tam miseri fortuna aut perditi voluntate, qui non velint illum ipsum locum sellae atque operis et quotidiani quaestus, qui non (velint) suum cubile ac lectulum, qui denique non (velint) hunc otiosum cursum suae vitae esse salvum. ³ Multo maxima pars vero eorum, qui sunt in tabernis, nisi vero (enim id potius est dicendum) hoc universum genus est amantissimum otii. Etenim omne

---

¹ *Qui non cupiat*, &c. "Who does not wish these (public interests) to stand (and remain unchanged): who does not contribute to the common safety (and support) as much of personal good-will (and influence) as he dares and is able to render."
² *Quare, si hoc . . . . forte*, &c. "Wherefore if this, which has been reported, chance to excite the apprehension of any of you, viz., that a certain vile agent of Lentulus is running round the shops and taverns in the hope (literally, "that he hopes") that the minds of the needy and ignorant can be (bought) and solicited by bribery (let me say for the relief of such), that this thing, indeed, has been begun and attempted, but none were found either so wretched in fortune," &c. *Qui non (velint)*, &c. "As not to wish that that same spot of their (customary) seat and work and daily gains . . . . *Hunc otiosum*, &c. "This peaceful course of their habitual life should be (perpetuated and) rendered safe from disturbance."
³ *Multo maxima*, &c. By much the greatest part of those who are in the shops, unless indeed, which is rather to be said, this whole class (without an exception) is usually ardently desirous of a state of repose." . . . . *Sustentatur frequentia*, &c. "Is sustained by a throng and multitude of citizens, fostered by the prevalence of peace."

instrumentum, omnis opera atque quaestus sustentatur frequentia civium, alitur otio: ¹ quorum si quaestus solet minui, tabernis occlusis, quid tandem fuit futurum, (tabernis) incensis?

IX. Quum quae sint ita, Patres Conscripti, praesidia Romani populi non desunt vobis: ² providete, ne vos videamini deesse Romano populo. Habetis consulem ³ reservatum ex plurimis periculis et insidiis, atque ex media morte, non ad suam vitam, sed ad vestram salutem ; omnes ordines consentiunt mente, voluntate, studio, virtute, ⁴ voce, ad conservandam rempublicam ; communis patria, obsessa facibus et telis impiae conjurationis, ⁵ tendit manus vobis, supplex ; vobis commendat se, vobis vitam omnium civium, vobis arcem et Capitolium, vobis aras Penatium, vobis illum sempiternum ignem Vestae, vobis omnia templa atque delubra deorum, vobis muros et tecta urbis. ⁶ Praeterea judicandum (est) vobis hodierno die de vestra vita, de anima vestrarum conjugum atque liberorum, de fortunis omnium, de sedibus, de vestris focis. Habetis ducem memorem vestri, oblitum sui, ⁷ quae facultas non semper datur; habetis omnes ordines, omnes homines, universum Romanum populum, ⁸ id quod videmus primum hodierno die in civili causa, sentientem

---

¹ *Quorum si quaestus*, &c. "If the gains of these are usually diminished by the (temporary) closing of the shops, what was to be expected if these shops were burned to the ground, in the disorder of civil war?"

² *Providete ne*, &c. "See to it that you do not seem to be wanting (in zeal and support) to the Roman people."

³ *Reservatum*. "Expressly and providentially saved." .... *Non ad suam vitam*. "Not with a view to his own life." *Sed ad vestram salutem*. "But with a view to your safety."

⁴ *Voce*. "By open and audible declarations of attachment."

⁵ *Tendit manus*, &c. "Stretches out her hands to you as a suppliant : to you she commends herself, to you," &c.

⁶ *Praeterea judicandum (est)*. "Moreover a decision is to be made by you this day," &c.

⁷ *Quae facultas*, &c. "Which boon or advantage is not always accorded in similar circumstances."

⁸ *Id quod videmus*, &c. "A thing which we see for the first time this day," &c.

8*

unum atque idem. ¹ Cogitate, una nox paene delerit imperium quantis laboribus fundatum, libertatem quanta virtute stabilitam, fortunas auctas que exaggeratas quanta benignitate deorum. Est providendum hodierno die, ne id unquam posthac possit ² non modo confici, sed ne quidem cogitari a civibus. Atque locutus sum haec, non ut excitarem vos, qui paene ³ praecurritis mihi studio ; sed ut mea vox, quae debet esse princeps in republica, videretur functa (fuisse) consulari officio.

X. Nunc, Patres Conscripti, antequam redeo ad (rogandam) sententiam, dicam pauca de me (ipso). ⁴ Ego video me suscepisse tantam multitudinem inimicorum, quanta est manus conjuratorum, quam videtis esse permagnam, sed judico eam esse turpem, infirmam et abjectam. ⁵ Quod si aliquando ista manus, concitata furore et scelere alicujus, valuerit plus, quam vestra (dignitas) ac dignitas reipublicae, tamen nunquam, Patres Conscripti, poenitebit me meorum factorum atque consiliorum. Etenim mors, quam illi fortasse minitantur mihi, parata est omnibus : ⁶ tantam laudem vitae, quanta vos honestastis me vestris decretis, nemo assecutus est. Enim decrevistis ceteris gratulationem ⁷ bene gesta (republica), mihi uni conservata republica. Sit ille Scipio

---

¹ *Cogitate, una nox*, &c. "Just think of it, one night might have blotted out an empire established with how great labor, *i.e.*, with indescribable labor, a liberty assured and rendered stable with how great public virtue," &c.

² *Non modo confici*, &c. "May be not only not accomplished, but not even meditated by (unworthy) citizens."

³ *Praecurritis.* "Outrun."

⁴ *Ego video me suscepisse*, &c. "I perceive that I have enlisted against myself as great a number of personal enemies," &c.

⁵ *Quod si aliquando*, &c. "But if at any time that band of conspirators, roused into activity by the mad and criminal purpose of any one, should avail more than, *i.e.*, should gain the ascendancy over your dignity and the authority of the republic," &c.

⁶ *Tantam laudem vitae*, &c. "But such distinction of life as you have honored me with by your decrees, no one has attained."

⁷ *Bene gesta . . . . conservata republica.* "A successfully conducted government . . . . a rescued and preserved republic."

clarus, cujus consilio atque virtute Hannibal coactus est redire in Africam atque decedere Italia; alter (Scipio) Africanus ornetur eximia laude, qui delevit duas urbes infestissimas huic imperio, Carthaginem que Numantiam; illo Paullus habeatur egregius vir, ¹ cujus currum Perses, quondam potentissimus et nobilissimus rex, honestavit: Marius sit aeterna gloria, qui bis liberavit Italiam ² obsidione et metu servitutis: Pompeius anteponatur omnibus, cujus res gestae atque virtutes continentur iisdem regionibus ac terminis, quibus cursus solis (continetur); erit profecto inter laudes horum ³ aliquid loci nostrae gloriae; nisi forte est majus patefacere provincias nobis, quo possimus exire, ⁴ quam curare, ut etiam illi, qui absunt, habeant quo revertantur victores. ¶ Quamquam conditio externae victoriae est ⁵ uno loco melior quam domesticae (victoriae), ⁶ quod alienigenae hostes aut oppressi serviunt, aut recepti putant se obligatos (esse) beneficio: qui autem ex numero civium, depravati aliqua dementia, semel coeperunt esse hostes patriae, eos, quum repuleris a pernicie reipublicae, possis nec coercere vi nec placare beneficio; quare video aeternum bellum susceptum esse mihi cum perditis civibus. ⁷ Ego confido id (bellum),

---

¹ *Cujus currum Perses.* "Whose (triumphal) chariot Perses, once a very powerful and illustrious king, adorned" as a captive.

² *Obsidione et metu servitutis.* "From siege and the fear of subjection to a foreign foe."

³ *Aliquid loci.* "Some room."

⁴ *Quam curare, ut,* &c. "Than to provide (by the exercise of skill and energy in the civil administration) that those also, who are absent (in the military service of the republic) may have a country to return to as victors."

⁵ *Uno loco.* "In one particular."

⁶ *Quod alienigenae hostes,* &c. "Because foreign enemies are either overcome and brought into subjection, or being received (into alliance), think themselves to be bound to gratitude by the favor and indulgence. But whoever, from the number of citizens, becoming perverted by some criminal madness, have once begun to be enemies to their country—these persons, when you shall have deterred them from working the destruction of the republic, you can neither coerce by violence nor conciliate by kindness."

⁷ *Ego confido id (bellum),* &c. "I trust that that war (of disappointed conspirators), through your aid and the aid of all good men,

vestro (auxilio) que auxilio omnium bonorum, que memoria tantorum periculorum, quae semper haerebit non modo in hoc populo, qui servatus est, sed etiam in sermonibus ac mentibus omnium gentium, posse facile propulsari a me atque a meis. Neque profecto ulla tanta vis reperietur, quae possit confringere et labefactare vestram conjunctionem que (conjunctionem) Romanorum equitum, et tantam conspirationem omnium bonorum.

XI. Quum quae ita sint, Patres Conscripti, ¹ pro imperio, pro exercitu, pro provincia, quam neglexi, pro triumpho que ceteris insignibus laudis, quae repudiata sunt a me propter custodiam urbis que vestrae salutis, pro clientelis que hospistiis provinciarum, quae tamen urbanis opibus tueor non minore labore quam comparo : pro omnibus his rebus igitur, pro meis singularibus studiis in vos que pro hac diligentia, quam conspicitis, ad conservandam rempublicam, postulo nihil a vobis, nisi memoriam hujus temporis, que mei totius consulatus; dum quae erit fixa in vestris mentibus, arbitrabor me septum esse tutissimo muro. ² Quod si vis improborum fefellerit atque superaverit meam spem, commendo vobis meum parvum filium ; ³ cui profecto erit satis

---

and from the remembrance of so great perils (warded off by my exertions), which will always remain fixed not only in this people, which has been preserved, but also in the discourse and thoughts of all nations, can easily be averted (in any evil consequences and effects), from me and from mine."

¹ *Pro imperio*, &c. "In the place of empire," the dominion of the province of Macedonia. Cicero enumerates here the various advantages he relinquished in order to watch and circumvent the conspiracy of Catiline. *Pro clientelis que hospistiis provinciarum.* "In the place of the clientships and relations of friendship and hospitality which I might have had in the provinces, and which nevertheless by my city resources I support (at home) with no less labor than I procure them (so much do I value them), &c. (In the place of all these things, which I have sacrificed) I ask nothing from you, but the memory of this crisis and of my whole consulship."

² *Quod si vis*, &c. "But if the violence of the wicked shall disappoint and prevail over my hope," &c.

³ *Cui profecto erit.* "To whom it will prove a sufficient guarantee not only for safety, but also for future distinction and advancement," &c.

praesidii, non solum ad salutem, verum etiam ad dignitatem, si memineritis illum esse filium ejus, qui conservaverit omnia haec suo periculo solius. Quapropter, Patres Conscripti, de vestra summa salute que (salute) Romani populi, de vestris conjugibus ac liberis, de aris ac focis, de fanis atque templis, de tectis ac sedibus totius urbis, de imperio ac libertate, de salute Italiae, de universa republica, ¹ decernite diligenter ac fortiter, ut instituistis. Habetis eum consulem, qui non dubitet parere vestris decretis et possit defendere ² et per se-ipsum praestare ea, quae statueritis, quoad vivet.

---

¹ *Decernite diligenter*, &c. "(Deliberate) and decide with promptitudo and firmness, as you have already begun to do."
² *Et per se-ipsum praestare.* "And himself be responsible for the complete execution of what you shall determine, as long as he lives."

INTRODUCTION

TO THE

ORATION IN BEHALF OF T. ANNIUS MILO.

THIS oration was delivered at a period of much public disorder and irregularity at Rome. T. Annius Milo and P. Clodius, both of them men of rank, had long been personal antagonists and political opponents. They had already encountered one another with open violence amidst the political dissensions of the day, and commonly went attended with armed supporters or protected by a body-guard of their own slaves. The consular elections had been deferred, and were still in abeyance, in consequence of the turbulence of the times, it being pretty well understood by the Clodian party that Milo, who was a candidate for the consulship, would be likely to succeed if the canvass were permitted to take place. It was just at this crisis, when the hopes of Milo were becoming brighter, and the elections seemed to be more certainly at hand, that the transactions occurred that laid the foundation for the present prosecution of Milo, and eventuated in the destruction of all his personal prospects. Milo had occasion to go to his native town of Lanuvium, for the purpose of appointing and inaugurating a local priest there to have charge of certain religious ceremonies. He set out to go thither, accordingly, accompanied by his wife and a large body of attendants, consisting in part also of armed slaves and one or two professional gladiators. On the way

INTRODUCTION.

out he encounters the party of Clodius, who were returning to Rome, consisting also of a considerable body of armed retainers. The two bodies had already passed one another on the road, when an altercation taking place between the gladiators of Milo and some of the slaves of Clodius, the latter rode up, and, interfering with some asperity and promptness in the affray, he received a severe thrust in the shoulder from one of the gladiators, and had to be conveyed to a neighboring inn at Bovillae. In the mean time Milo is summoned to the scene of the conflict. He orders an attack to be made upon the house where Clodius was, and, as was alleged, had him dragged forth and dispatched on the public highway. The body of Clodius was taken up by one of his partisans and carried to Rome, where the news of his death had created already an intense excitement among the populace. Sextus Clodius, a kinsman of the slaughtered man, embraced the occasion to turn the tide of popular indignation against Milo. He had the body of the deceased conveyed to the senate-house, a funeral-pyre was constructed of the benches and furniture of the building, and the building itself was consumed in the confusion and conflagration and madness of the hour, and at the same time the flame of popular fury was roused by the most violent harangues addressed to the mob. In this imminent crisis the Senate assembled with haste, and created Pompey sole Consul of Rome, and invested him with unlimited power to call out military forces and to take measures, at discretion, to settle the disorders of the times. Among other measures, Pompey proceeded to appoint a special tribunal for the trial of Milo on the charge of the homicide of Clodius. It is before this tribunal that the present oration of Cicero purports to have been delivered. We say, purports, because the fact seems to be that the oration which Cicero actually delivered on that occasion was intercepted by his own trepidation and want of self-command, and fell short of his usual power and success. Milo was condemned and sent into banishment.

The present oration was afterwards reproduced and sent to Milo in his exile, who recognized its extraordinary merit, and declared that he would not then be in exile, enjoying himself amidst the luxuries of Massilia, if the speech had had its unobstructed place before the appointed tribunal. It is, in fact, the most elaborate and truly intellectual of the efforts of the genius of Cicero. His skilful introduction, extricating the case from adverse appearances and even turning them to his own account; his ingenious and plausible version of the facts connected with the encounter of Milo and Clodius, and the manner of the latter's death; his resolution of the whole case into an ambuscade on the one side or the other, and pressing the question in every form, *Which laid the plot for the destruction of the other?* and the marvellous array of circumstantial evidence and minute dissection of individual motives and influences, all tending to exculpate his own client, and to fasten criminality on his rival,—these things, together with the passages of customary brilliancy and eloquence found in all his orations—and nowhere more prominent than here,—mark this out as the ablest, as it is the most intellectual and, in the fullest sense, authentic of all the orations of Cicero.

ORATIO
PRO T. ANNIO MILONE.

I. ¹ ETSI vereor, Judices, ne sit turpe (me), incipientem dicere pro fortissimo viro, timere; que minime deceat, quum T. Annius ipse perturbetur magis de salute reipublicae quam de sua (salute), me non posse afferre ad ejus causam parem magnitudinem animi; tamen haec nova forma novi judicii terret oculos, qui, quocunque inciderunt, requirunt veterem consuetudinem fori et pristinum morem judiciorum: enim vester consessus non cinctus est ² corona, ut solebat; stipati sumus non usitata frequentia; nam illa praesidia, quae cernitis pro omnibus templis, etsi collocata sunt contra vim, ³ tamen non afferunt aliquid oratori; ut in foro et in judicio,

---

¹ *Etsi vereor,* &c. "Although I am apprehensive, Judges, that it may be discreditable for me, in beginning to speak in behalf of a very brave man, to manifest fear; and by no means a seemly thing, since T. Annius (Milo) is himself concerned more for the safety of the republic than for his own safety, not to be able to bring to his cause a like (elevation and) greatness of mind; nevertheless (I cannot deny) that this novel form of a new species of trial (disquiets) and affrights my eyes, which, whithersoever they have fallen, look in vain for the former practice of the forum and the ancient usage of judicial proceedings."

² *Corona, ut solebat,* &c. "By a circle of citizens such as was wont" to assemble on these occasions. "We are attended by no customary throng" of spectators.

³ *Tamen non afferunt,* &c. "Nevertheless do not bring any feeling of security to the orator; so that (here) in the forum and in a public trial, although we are surrounded by salutary and needful guards, still we cannot be entirely free from fear without (there

quamquam sumus septi salutaribus et necessariis praesidiis, tamen ne quidem possimus non timere sine aliquo timore; quae si putarem ¹ opposita Miloni, cederem tempori, Judices: nec existimarem inter tantam vim armorum esse locum oratori; sed consilium Cn. Pompeii, sapientissimi et justissimi viri recreat et reficit me: ² qui profecto putaret esse nec suae justitiae, dedere eundem telis militum, quem, reum, tradidisset sententiis judicum; nec sapientiae, armare temeritatem concitatae multitudinis publica auctoritate. Quamobrem illa arma, centuriones, cohortes non denunciant periculum nobis, sed praesidium; que hortantur, ne solum ut simus quieto [animo], sed etiam ut [simus] magno animo; que pollicentur ne modo auxilium, verum etiam silentium, meae defensioni. Vero reliqua multitudo, quae quidem est civium, est tota nostra; neque [est] quisque eorum, quos cernitis undique intuentes ex hoc ipso loco, unde aliqua pars fori potest aspici, et expectantes exitum hujus judicii, [qui] ³ non quum favet virtuti Milonis, tum putat decertari hodierno die de se, de suis liberis, de patria, de fortunis.

II. Unum genus [civium] est adversum que infestum nobis, [scilicet genus] eorum, quos furor P. Clodii pavit rapinis, incendiis et omnibus publicis exitiis; ⁴ qui hesterna

---

being in reality) any (sufficient) cause of apprehension." *Timore* is used here as a *cause* of fear and not the sentiment or feeling itself.

¹ *Opposita Miloni.* "Adverse to the interests of Milo."

² *Qui profecto putaret,* &c. "Who truly would deem that it belonged neither to his justice to deliver up the same person to the armed violence of soldiers whom (already), as an accused person, he had handed over to the decisions of the civil judges, nor to his wisdom," &c.

³ *Non quum favet.* "Who is not both favorable to the meritorious claims of Milo and who does not at the same time consider that the contest is to-day for himself, his children, his country, and his (personal) fortunes." *Quum* . . . . *tum.* "Both . . . . and."

⁴ *Qui hesterna concione,* &c. "Who in yesterday's assembly and harangue were instigated to the presumption of dictating to you beforehand what judgment you should form" in the present case. "Whose outcry and clamor, if there shall chance to be any, will justly have the effect only to admonish you of the necessity of retaining him as a citizen, viz., Milo, who always," &c.

concione etiam incitati sunt, ut praeirent vobis voce, quid judicaretis; quorum clamor, si forte fuerit qui, debebit admonere vos, ut retineatis eum (Milorum) civem, qui semper neglexit illud genus hominum que maximos clamores pro vestra salute. Quamobrem ¹ adeste animis, judices, et deponite timorem, si habetis (ali)quem. Nam si unquam fuit vobis potestas judicandi de bonis et fortibus viris, si unquam de bene meritis civibus: ² si denique unquam locus datus est delectis viris amplissimorum ordinum ubi declararent, re et sententiis, sua studia erga fortes et bonos cives, quae saepe significassent vultu et verbis; profecto hoc tempore vos habetis omnem eam potestatem, ut statuatis, utrum nos, qui semper dediti fuimus vestrae auctoritati, semper lugeamus miseri; an diu vexati a perditissimis civibus, aliquando recreemur per vos ac vestram fidem, virtutem quo sapientiam. ³ Quid enim potest dici aut fingi laboriosius, quid magis solicitum, magis exercitum nobis duobus, qui, adducti ad rempublicam spe amplissimorum praemiorum, non possumus carere metu crudelissimorum suppliciorum. ⁴ Semper putavi equidem ceteras tempestates et procellas, in

---

¹ *Adeste animis, judices*, &c. "Be prompt and resolute, judges, in performing your present duty, and lay aside fear, if you have any."
² *Si denique unquam.* "If, in fine, ever an opportunity was given to selected men of the highest rank to manifest by their actions and judicial decisions their approval and favor towards brave and good citizens, such as they have often signified by their looks and words; certainly at this time you have this opportunity to the full, so that you have it in your power to decide whether we, who have always been devoted to your authority, shall continue to grieve in wretchedness; or, after having been for a long time harassed by abandoned citizens, shall at length be re-animated and re-assured through you and through your integrity, virtue and wisdom."
³ *Quid enim potest*, &c. "What truly can be mentioned or imagined more irksome (and annoying), what more vexatious (and) more trying, than the situation of us two (Cicero and Milo), who, attracted (as we are) to the interests of the republic by the hope of the most generous rewards (viz., honorable distinction and office), yet cannot at any time be free from the fear of the most cruel punishments."
⁴ *Semper putavi*, &c. I have always supposed, indeed, that other

illis fluctibus concionum dumtaxat, esse subeundas Miloni, quod semper senserat pro bonis contra improbos; vero in judicio et in eo concilio, in quo amplissimi viri ex cunctis ordinibus judicarent, nunquam existimavi inimicos Milonis habituros esse ullam spem, per tales viros, non modo ad extinguendam ejus salutem sed etiam (ad) infringendam gloriam ¹ Quamquam in hac causa, judices, non abutemur tribunatu T. Annii que omnibus rebus gestis pro salute reipublicae ad defensionem hujus criminis, nisi videritis oculis insidias factas esse a Clodio Miloni: nec deprecaturi sumus, ut condonetis hoc crimen nobis propter multa praeclara merita in rempublicam; nec postulaturi (sumus), ut, si mors P. Clodii fuerit vestra salus, idcirco assignetis eam virtuti Milonis, potius quam felicitati Romani populi; sin insidiae illius fuerint clariores hac luce, tum denique obsecrabo que obtestabor vos, judices, si amisimus caetera, ² ut hoc saltem relinquatur, ut liceat impune defendere vitam ab audacia que telis inimicorum.

III. ³ Sed antequam venio, ad eam orationem, quae est

---

tempests and storms (such as occur), in those surgings of popular assemblies at least (that sometimes arise), were to be undergone (and submitted to) by Milo, because he had always taken sides in opinion for the good against the vicious and depraved; but in a public trial and in a council in which the most distinguished men of all orders were to exercise ·judgment, I never imagined that the personal enemies of Milo would have any hope, through the agency of such men, of destroying his safety not merely, but even so much as impairing his reputation and glory."

¹ *Quamquam in hoc causa*, &c. "And yet in this cause, judges, I will not avail myself of the (successful) tribuneship of T. Annius and all his (praiseworthy) actions in behalf of the safety of the republic, as a means of defence against this charge, unless you shall see with your own eyes (and be convinced) that a plot was made by Clodius for (the destruction of) Milo.

² *Ut hoc saltem relinquatur*, &c. "That this at least may be left to us, to be allowed with impunity to defend our life from the audacity and weapons of private enemies."

³ *Sed antequam venio*, &c. "But before I come to that part of my public plea, which belongs properly to our investigation, those things seem to require to be refuted which have both been thrown out (in discussion) in the senate by our friends and frequently in

propria nostrae quaestionis, ea videntur esse refutanda, quae et jactata sunt saepe in senatu ab amicis, et saepe in concione ab improbis, et jam paulo ante ab accusatoribus; ut, omni errore sublata, possitis videre plane rem, quae venit in judicium. ¹ Negant esse fas ei intueri lucem, qui fateatur hominem occisum esse a se. In qua urbe tandem stultissimi homines disputant hoc? ² In ea nempe, quae vidit primum judicium de capite M. Horatii fortissimi viri : qui, civitate nondum libera, tamen liberatus est comitiis Romani populi, ³ quum fateretur sororem interfectam esse sua manu. An est quisquam, qui ignoret hoc, quum quaeratur de homine occiso, ⁴ solere aut negari esse factum omnino, aut defendi esse factum recte ac jure? Nisi vero existimatis P. Africanum fuisse dementem, qui, quum seditiose interrogaretur a C. Carbone, tribuno plebis, in concione, quid sentiret de morte Tiberii Gracchi, responderit, videri [sibi] caesum [esse] jure. Enim neque posset aut ille Ahala Servilius, aut P. Nasica aut L. Opimius aut C. Marius ⁵ aut, me consule, senatus (ipse) haberi non nefarius, si esset nefas sceleratos cives interfici. ⁶ Itaque, judices, doctissimi homines

---

the popular assembly by the ill-disposed," &c. . . . *ut, omni errore sublata.* " That, all erroneous views being removed."

¹ *Negant esse fas.* "These persons allege that it is not right (or agreeable to justice) for him (to survive and to continue) to look upon the light of day, who confesses that a man has been killed by him," under whatever circumstances.

² *In ea nempe,* &c. " In that, to be sure, that witnessed the first trial for capital crime in the case of M. Horatius."

³ *Quum fateretur.* "Although he confessed."

⁴ *Solere aut negari,* &c. "It is wont to be the case either that a denial is made that the thing (the homicide) was done at all, or a defence is interposed that it was done lawfully and of right."

⁵ *Aut, me consule,* &c "Or under my consulship, the senate itself be esteemed otherwise than criminal (and obnoxious), if it be not lawful that flagitious citizens be put to death." Cicero refers here to the action of the senate in suppressing the conspiracy of Catiline.

⁶ *Itaque, judices, doctissimi,* &c. "Therefore, judges, very learned men have handed down to memory, not without good reason, even in the form of fictitious fable (and dramatic representation) this (transaction), that he (viz., Orestes) who, with a view to avenging his father, had slain his mother, when the opinions of

prodiderunt memoriae non sine causa, etiam fictis fabulis, hoc [factum], cum, qui, causa ulciscendi patris, necavisset matrem, sententiis hominum variatis, liberatum [esse] non solum divina [sententia] sed etiam sententia sapientissimae deae. ¹ Quod si duodecim tabulae voluerunt nocturnum furem interfici impune quoquo modo; autem diurnum (furem interfici impune), si defenderit se telo; quis est, qui putet, quoquo [ali]quis interfectus sit, puniendum [esse], quum videat gladium aliquando porrigi nobis ad legibus ipsis ad occidendum hominem?

IV. Atqui si est ullum tempus necandi hominis jure, ² quae sunt multa, certe illud est non modo justum, verum etiam necessarium, ³ quum vis illata defenditur vi. Quum militaris tribunus in exercitu C. Marii, propinquus ejus imperatoris, ⁴ eriperet pudicitiam militi, interfectus est ab eo, cui afferebat vim; enim probus adolescens malit facere periculose, quam perpeti turpiter; atque ille summus vir liberavit periculo hunc solutum scelere. Vero quae injusta nex potest inferri insidiatori et latroni? ⁵ Quid volunt nostri

---

men were divided on the question had been exonerated not only by a divine sentence, but even by the sentence of the wisest goddess (Minerva).

¹ *Quod si duodecim tabulae*, &c. "But if the Twelve Tables have provided that a nocturnal thief may be slain with impunity in any manner, but a day-thief only if he attempt to defend himself with a (deadly) weapon, who is there that can think, in whatever way (or under whatever circumstances) any one is killed, (the homicide) is to be punished, when he sees a sword sometimes handed to us by the laws themselves to kill a man with."

² *Quae sunt multa*. "And there are many such occasions."

³ *Quum vis illata*, &c. "When violence inflicted is (met) and defended with violence," when force is met and overcome with force.

⁴ *Eriperet pudicitiam*, &c. "Sought to invade the chastity of a private soldier, he was slain by him on whom he made the attack; for the worthy young man preferred to incur the danger (of his commander's displeasure and punishment) rather than suffer dishonor to his person. And that illustrious man (Marius) exonerated him alike from the offence and the apprehended punishment." Literally, "Freed him from danger as being free from offence."

⁵ *Quid volunt*, &c. "What mean the attendants or escorts (we employ in journeys), and why do we carry swords? which certainly

comitatus, quid gladii? quos certo non liceret habere, si liceret nullo pacto uti illis. Enim haec est, judices, non scripta (lex), sed nata lex; quam non didicimus, accepimus, legimus; verum arripuimus, hausimus, expressimus ex natura ipsa; ad quam non docti (sumus), sed facti; non instituti (sumus), sed imbuti sumus; ut si nostra vita incidisset in aliquas insidias, si in vim, si in tela aut latronum aut inimicorum, ¹ omnis ratio expediendae salutis esset honesta. Enim leges silent inter arma, ² nec jubent se expectari, quum ei, qui velit expectare, injusta poena sit luenda, antequam justa [poena sit] repetenda. ³ Etsi persapienter et quodammodo tacite, lex ipsa dat potestatem defendendi: quae non vetat hominem occidi, sed esse cum telo causa occidendi hominis; ut, quum causa, non telum quaereretur, qui usus esset telo causa defendendi sui, non judicaretur habuisse telum causa occidendi hominis. ⁴ Quapropter hoc maneat in causa, judices; enim non dubito, quin probaturus sim vobis

---

we ought not to be allowed to have, if we are permitted in no circumstances to use them. For this is not, judges, a written (conventional) law, but a law born with us—one which we have not learned, received (from tradition) or read (from books), but one which we have, as it were, snatched, drawn, immediately derived from nature herself—one to which we have not been educated, but originally formed; one with which we have not been indoctrinated, but with which we have been imbued."

¹ *Omnis ratio*, &c. "Every method of expediting our safety, of extricating ourselves from peril, is (allowable) and right."

² *Nec jubent*, &c. "Nor do they require that they be waited for, since by him who determines to wait for them, an unjust suffering may be incurred, before a just vindication can be obtained."

³ *Etsi persapienter*, &c. "And yet—" (*i.e.*, although I have said that the laws are silent and inoperative in the midst of arms, *silent leges*, &c.)—"very wisely and somewhat tacitly *the law itself* gives the power of self-defence; inasmuch as it does not forbid a man to be slain, but only that one be with a weapon (be armed) with the intention of killing a man; so that, since the motive and not the weapon is brought into question, whoever should use a weapon with the intention of defending himself, would not be adjudged (as a matter of course) to have had a weapon with the design of killing a man."

⁴ *Quapropter hoc*, &c. "Wherefore let this be settled as an established point in the case."

meam defensionem, si memineritis id, quod non potestis oblivisci, insidiatorem posse interfici jure.

V. Illud sequitur, quod saepissime dicitur a inimicis Milonis, senatum judicasse caedem, in qua P. Clodius occisus est, esse factam contra rempublicam. ¹ Vero senatus comprobavit illam non suis sententiis solum, sed etiam studiis. ² Enim quoties illa causa acta est a nobis in senatu? quibus assensionibus universi ordinis? ³ quam (sententiis) nec tacitis, nec occultis? ⁴ Enim quando frequentissimo senatu inventi sunt quatuor, ad summum quinque, qui non probarent causam Milonis? ⁵ Illae intermortuae conciones hujus ambusti tribuni plebis declarant (hoc), quibus quotidie invidiose criminabatur meam potentiam, quum diceret senatum decernere non quod sentiret, sed quod ego vellem. ⁶ Quae quidem si est appellanda potentia, potius quam mediocris auctoritas in bonis causis propter magna merita in rempublicam, aut nonnulla gratia apud bonos propter meos officiosos labores, appelletur ita sane, dummodo nos utamur ea pro salute bonorum contra amentiam perditorum. ⁷ Hanc

---

¹ *Vero senatus comprobavit*, &c. "But the senate approved of that (transaction), not with (the cold acquiescence of) their opinions and votes, but with their warm and ardent support (of Milo)."

² *Enim quoties illa causa acta est.* "For how often has that cause been pleaded."

³ *Quam (sententiis)*, &c. "With what loud and open expressions of opinion."

⁴ *Enim quando*, &c. "For when, (even) in a very full senate, have there been found four, (or) at the utmost five," &c.

⁵ *Illae intermortuae*, &c. "Those feeble and abortive harangues of this half-consumed tribune of the people prove this," viz., that the senate are on the side of Milo, "in which he invidiously charges me with undue power (over the senate), inasmuch as he says that the senate decreed not what it (really) thought, but what I wished." He speaks of the tribune here contemptuously as "half-consumed," because of the conflagration that was made in connection with the riot and public commotion occasioned by the death of Clodius.

⁶ *Quae quidem si*, &c. "If this is to be called (an unauthorized exertion of) power rather than a reasonable (and legitimate) authority in meritorious causes," &c.

⁷ *Hanc quaestionem*, &c. "This (novel and unusual) mode of

quaestionem vero, etsi non est iniqua, senatus tamen nunquam putavit constituendam; enim erant leges, erunt quaestiones vel de caede vel de vi; nec mors P. Clodii afferebat tantum moerorem ac luctum senatui, ut nova quaestio constitueretur. ¹ Enim de illo incesto stupro cujus potestas decernendi judicium esset erepta senatui, de ejus interitu quis potest credere senatum putasse novum judicium constituendum [esse]? ² Cur igitur senatus decrevit incendium curiae, oppugnationem aedium M. Lepidi, hanc ipsam caedem esse factam contra rempublicam? Quia nulla vis unquam est suscepta inter cives in libera civitate, [quae] non [sit] contra rempublicam. Enim non est ulla defensio contra vim unquam ³ optanda, sed nonnunquam est necessaria. Nisi vero aut ille dies, in quo Tiberius Gracchus caesus est, aut ille, quo Caius [caesus est], ⁴ aut quo arma Saturnini oppressa sunt, etiamsi e republica, tamen non vulnerarunt rempublicam.

VI. ⁵ Itaque ego ipse decrevi, quum constaret caedem fac-

---

trial or tribunal, however, although it is not an unjust one, the senate nevertheless would never have thought ought to have been appointed."

¹ *Enim de illo incesto*, &c. Literally, "For, concerning that (infamous and) incestuous intrigue *of whom* the power of decreeing an investigation was violently taken from the senate; concerning *his* death, who can believe that the senate could have thought that a new and special tribunal ought to be appointed;" more freely, "Since concerning that (infamous and) incestuous intrigue of his, the power of decreeing an investigation was violently taken from the senate, who can believe that the (same) senate, on occasion of his death, would think it worth while," &c.

² *Cur igitur*, &c. "Why, then, it may be asked."

³ *Optanda.* "A thing to be desired in itself."

⁴ *Aut quo arma*, &c. "Or in which the armed violence of Saturninus was overpowered, (though done) by and in behalf of the republic, did not nevertheless wound and injure the republic itself."

⁵ *Itaque ego ipse*, &c. "Therefore. I myself voted, as it was evident that homicide and slaughter had been perpetrated on the Appian Way, that not he who stood on the defence had acted against the republic; but, since there was violence in the affair itself. and a plot laid, I reserved the question of criminality for trial, but explicitly condemned the transaction itself."

tam esse in Appia via, non eum, qui defendisset se, fecisse contra rempublicam; sed, quum inesset vis in re et insidiae, reservavi crimen judicio, notavi rem. Quod si, per illum furiosum tribunum, [1] licuisset senatui perficere quod sentiebat, nunc haberemus nullam novam quaestionem; [2] enim decernebat, ut quaereretur veteribus legibus tantummodo extra ordinem; sententia divisa est, nescio quo postulante, (enim est nihil necesse me proferre flagitia omnium.) Sic, intercessione empta, reliqua auctoritas senatus sublata est. [3] At enim Cn. Pompeius sua rogatione judicavit et de re et de causa; enim tulit de caede, quae facta esset in Appia via, in qua P. Clodius occisus fuit. [4] Quid ergo tulit? Nempe ut quaereretur. Quid porro quaerendum est? Ne factum sit? At constat. A quo? At paret. [5] Vidit, etiam in confessione facti, tamen defensionem juris posse suscipi. Quod nisi vidisset eum posse absolvi, qui fateretur; quum videret nos fateri, neque unquam jussisset quaeri, [6] nec dedisset vobis hanc tam salutarem literam in judicando, quam illam tristem. Mihi vero Cn. Pompeius videtur non modo judicasse nihil gravius contra Milonem,

---

[1] *Licuisset senatui,* &c. "It had been allowed the senate to carry into effect the opinion it entertained."

[2] *Enim decernebat,* &c. "For it was proceeding to vote that the trial should be had in accordance with the ancient laws." .... *Nescio quo postulante,* &c. "Some one making a demand to that effect" (for it is not necessary that I should expose [by name] the offences of all). . . . *Sic, intercessione,* &c. "Thus, by a veto corruptly purchased, the remaining authority of the senate was taken away."

[3] *At enim Cn. Pompeius,* &c. "But, it may be alleged, that Cn. Pompey, by his proposal of a law, has passed a judgment (unfavorable to Milo) both concerning the transaction and the motive of it."

[4] *Quid ergo tulit?* &c. "What then did he propose? Doubtless that a trial should be had."

[5] *Vidit, etiam,* &c. "He saw, even though there were a confession of the act itself, nevertheless a defence of the right could be undertaken."

[6] *Nec dedisset vobis,* &c. "Neither would he have put into your hands as well this salutary (and acquitting) letter as that sad (and condemning) letter" to be used according to your discretion. The ballots of the judges had upon them the letters A and C—*Absolvo, Condemno.*

sed etiam statuisse quid oporteret vos spectare in judicando; nam qui non dedit poenam confessioni, sed defensionem, is putavit causam interitus quaerendam (esse), non interitum (ipsum). ¹ Jam ipse (Pompeius) dicet profecto, (ne) illud, quod fecit, sua sponte, tribuendum (esse) Publio Clodio an tempori.

VII. Suae domi nobilissimus vir, propugnator atque quidem illis temporibus pene patronus senatus, avunculus hujus nostri judicis, fortissimi viri M. Catonis, (scilicet) M. Drusus, tribunus plebis occisus est; populus nihil consultus [est] de ejus morte, nulla quaestio decreta est a senatu. Quantum luctum accepimus a nostris patribus fuisse in hac urbe, quum illa nocturna vis esset illata P. Africano quiescenti suae domi? Quis non tum gemuit? ² Quis non arsit dolore? ³ Quem omnes cuperent esse immortalem, si posset fieri, ne quidem ejus necessariam mortem expectatam [esse]. Num ulla quaestio igitur lata est de morte Africani? Nulla certe. Quid ita? ⁴ Quia clari homines non necantur alio facinore, obscuri alio. ⁵ Intersit inter dignitatem vitae summorum atque infimorum; mors quidem illata per scelus teneatur iisdem poenis et legibus : nisi forte [ille] erit magis parricida, si quis necaverit consularem patrem, quam si quis [necaverit] humilem, aut mors P. Clodii erit eo atrocior, quod is interfectus sit in monumentis

---

¹ *Jam ipse,* &c. "Let now Pompey himself declare whether that which he has done of his own accord is to be ascribed to (the favor he has for) Publius Clodius, or to the exigency of the times."

² *Quis non arsit,* &c. "Who did not burn with indignant sorrow?"

³ *Quem omnes cuperent,* &c. "(The man) whom all wished to be immortal (never to die), if it were possible; not even his (natural and) necessary death was waited for."

⁴ *Quia clari homines,* &c. "Because distinguished men are not slain with one measure of criminality and obscure men with another."

⁵ *Intersit inter dignitatem,* &c. "There is a difference, doubtless, between the dignity that pertains to the life of the highest and the lowest; but death inflicted by crime is held answerable to the same penalties and laws."

suorum majorum (enim hoc saepe dicitur ab istis) ; ¹ perinde quasi ille Appius Claudius munierit viam, non qua populus uteretur, sed ubi sui posteri latrocinarentur impune. Itaque quum Clodius occidisset M. Papirium ornatissimum Romanum equitem in ista eadem Appia via, illud facinus non fuit puniendum ; enim nobilis homo occiderat Romanum equitem in suis monumentis. Nunc ² quantas tragoedias nomen ejusdem Appiae [viae] excitat ? ³ Quae [via] cruentata caede honesti atque innocentis viri antea silebatur, eadem nunc crebro usurpatur, posteaquam imbuta est sanguine latronis et parricidae. Sed quid ego commemoro illa ? Servus P. Clodii comprehensus est in templo Castoris, quem ille collocarat ad interficiendum Cn. Pompeium ; ⁴ sica extorta est confitenti—de manibus : Pompeius postea ⁵ caruit foro, caruit senatu, caruit publico ; texit se janua ac parietibus, non jure legum que judiciorum. Num quae rogatio lata [est] ? Num quae quaestio decreta est ? ⁶ Atqui si res, si vir, si ullum tempus fuit, certe omnia haec fuerunt summa in illa causa. Insidiator collocatus erat in foro atque in ipso vestibulo senatus ; ⁷ mors autem parabatur ei viro, in cujus

---

¹ *Perinde quasi ille Appius Claudius*, &c. "Just as if that Appius Claudius (of a former day) constructed and made secure a public road, not as a path which the people might use, but (as a place) where his posterity might commit depredation and violence with impunity."
² *Quantas tragoedias.* "What tragic emotions."
³ *Quae [via] cruentata caede*, &c. "The very road, which, when rendered bloody with the slaughter of an honorable and innocent man, before made no outcry,—the same now is frequently made to speak (in mournful and affecting tones) since it has been stained with the blood of a robber and a parricide."
⁴ *Sica extorta est*, &c. "The dagger was wrested from the avowed and confessing criminal—from his very hands."
⁵ *Caruit.* "Absented himself from."
⁶ *Atqui si res*, &c. "But if ever there was a transaction, if ever a man, if ever a critical time (that would have justified a public inquiry), all these things were greatest (and most urgent) in that (atrocious) affair."
⁷ *Mors autem*, &c. "A (violent) death, moreover, was (insidiously) prepared for that man, on whose life the safety of the state depended."

vita salus civitatis intebatur; eo tempore porro reipublicae, quo si ille unus occidisset, non solum haec civitas, sed omnes gentes concidissent. Nisi forte, quia res non perfecta est, fuit non punienda; ¹perinde quasi exitus rerum, non consilia hominum vindicentur legibus. Fuit minus dolendum, re non perfecta, sed certo nihilo minus puniendum. Quoties ego ipse, judices, effugi ex telis P. Clodii et ex ejus cruentis manibus? Ex quibus, si vel mea [fortuna] vel fortuna reipublicae servasset me, quis tandem tulisset quaestionem de meo interitu?

VIII. Sed stulti sumus, qui audeamus ² conferre Drusum, qui [audeamus conferre] Africanum, Pompeium, nosmet ipsos cum P. Clodio. ³ Illa fuerunt tolerabilia; nemo potest ferre mortem P. Clodii aequo animo; senatus luget; equester ordo moeret; tota civitas est confecta senio; municipia squalent; coloniae afflictantur; agri ipsi denique desiderant tam beneficum, tam salutarem, tam mansuetum civem. ⁴ Ea non fuit causa, judices, profecto non fuit, cur Pompeius censeret quaestionem ferendam [esse] sibi; sed sapiens homo, et praeditus quadam alta et divina mente vidit multa; illum (Clodium) fuisse inimicum sibi, Milonem familiarem; ⁵ si, in

---

¹ *Perinde quasi exitus*, &c. "Just as if the (fortuitous) results of (human) crimes, and not the motives and designs of men, were not intended to be punished by the laws."

² *Conferre.* "To compare."

³ *Illa fuerunt tolerabilia*, &c. "Those were trifling misfortunes, easily borne. No one, however, can bear the death of P. Clodius with equanimity." .... *Tota civitas est confecta*, &c. "The whole state is spent with exhaustion." .... *Agri ipsi denique*, &c "The very fields, in short, miss so beneficent, so useful, so gentle a citizen." Ironically said.

⁴ *Ea non fuit causa*, &c. "That was not the reason, judges, assuredly it was not, why Pompey thought that a judicial inquiry (in a novel form) was to be proposed by him."

⁵ *Si, in communi gaudio*, &c. "If in the common joy of all, he himself also exhibited joy, he feared lest the confidence in his restored favor (to Clodius), his reconciliation to him, might seem to be weakened (and his sincerity disparaged); he saw also many other things; but especially this, that although he himself should propose laws with severity (relative to this trial), nevertheless that you, at least, would judge with firmness and impartiality."

communi gaudio omnium, ipse etiam gauderet, timuit ne fides reconciliatae gratiae videretur infirmior; vidit etiam multa alia, sed maxime illud, quamvis ipse tulisset atrociter, tamen vos judicaturos [esse] fortiter. Itaque delegit ipsa lumina e florentissimis ordinibus; ¹ neque vero, quod nonnulli dictitant, secrevit meos amicos in legendis judicibus; enim neque justissimus vir cogitavit hoc, neque potuisset assequi id in legendis bonis viris, etiamsi cupisset; enim mea gratia non continetur familiaritatibus, quae non possunt patere late, ² propterea quod consuetudines victus non possunt esse cum multis; sed si possumus quid, possumus ex eo, quod respublica conjunxit nos cum bonis; ex quibus quum ille legeret optimos viros, que arbitraretur id maxime pertinere ad suam fidem, ³ non potuit legere [viros] non studiosos mei. ⁴ Quod vero [Pompeius] maxime voluit te, L. Domiti, praeesse huic quaestioni, quaesivit nihil aliud nisi justitiam, gravitatem, humanitatem, fidem. ⁵ Tulit, ut necesse esset consularem [legendum esse]; credo, quod ducebat esse munus principum resistere levitati multitudinis et temeritati perditorum; ex consularibus creavit te potissimum, enim dederas jam adolescentia maxima documenta, quam contemneres populares insanias.

---

¹ *Neque vero, quod nonnulli dictitant, secrevit meos amicos*, &c. "Neither did he, as some persist in alleging, set aside my friends in choosing judges; for this singularly just man did not meditate (such a purpose as) this, nor could he have accomplished it, on the supposition of his choosing good men (at all), even if he had desired it."

² *Propterea quod*, &c. "Because the intimacies of life cannot be with many (persons)," cannot be numerous; "but if we have any influence, we have influence for the reason that the republic has united us in association and alliance with good men," &c.

³ *Non potuit legere*, &c. "He could not choose men that were not friendly to me."

⁴ *Quod vero* [*Pompeius*], &c. "That, indeed, Pompey especially wished you, L. Domitius, to preside over this trial—(in this arrangement)—he aimed at nothing else but justice, dignity, clemency and impartiality."

⁵ *Tulit, ut necesse*, &c. "He made it a necessary provision of the law that a man of consular dignity should be chosen to preside, I suppose, because he considered it to be the proper duty of such leading men to oppose the caprice of the multitude," &c.

IX. ¹ Quamobrem, judices, ut veniamus ad causam que crimen, si neque omnis confessio facti est inusitata, neque quidquam judicatum est a senatu de nostra causa aliter ac nos vellemus; et lator ipse legis, quum esset nulla controversia facti, tamen voluit esse disceptationem juris; et judices electi, que is praepositus quaestioni, qui disceptet haec juste que sapienter: reliquum est, judices, ut debeatis quaerere jam nihil aliud, nisi UTER FECERIT INSIDIAS UTRI; quod quo possitis facilius perspicere argumentis, attendite diligenter, quaeso, dum breviter expono vobis rem gestam. Quum P. Clodius statuisset vexare rempublicam in praetura omni scelere, que videret comitia superiore anno ² ita tracta esse, ut non posset gerere praeturam multos menses, ³ qui non spectaret gradum honoris, ut ceteri, sed et vellet effugere L. Paullum collegam, civem singulari virtute, et quaereret integrum annum ad dilacerandam rempublicam, ⁴ subito reliquit suum annum, que transtulit sese in proximum annum, ⁵ non

---

¹ *Quamobrem, judices*, &c. "Wherefore, judges, to come at length to the cause itself and the accusation, if the full confession of the fact (reserving the right) is not an unusual thing, and nothing has been adjudged by the senate concerning our cause otherwise than as we could wish; and the proposer himself of the law, although there was no controversy relative to the fact, nevertheless wished that there might be a discussion of the (legal) right (of the case); and judges have been selected and he (in particular, viz., L. Domitius) put at the head of this investigation, who shall decide these things justly and wisely; it remains, judges, that you have to inquire now nothing else except (this), WHICH (of these men) PREPARED A PLOT FOR THE OTHER, and in order that you may be able to see this more easily from the arguments (to be adduced), give diligent attention. I pray, while I briefly explain to you the transaction itself, the matter of fact, as it actually occurred."

² *Ita tracta esse*, &c. "To be so protracted or deferred, that he could not (if elected) exercise the praetorship for many months."

³ *Qui non spectaret*, &c. "Inasmuch as he did not have regard to the succession of honor and office (as adjusted to particular ages) like other (persons), but both wished to escape," &c.

⁴ *Subito reliquit suum*, &c. "Suddenly abandoned his own year," that is, the year in which he became eligible to the office. It was a point of distinction with most to be elected as soon as eligible.

⁵ *Non aliqua religione, ut fit.* "Not from some religious scruple, as sometimes happens," when, perhaps, the omens were not favorable.

aliqua religione, ut fit, sed ut haberet, quod ipse dicebat, ad gerendam praeturam, ¹ hoc est [re vera] ad evertendam rempublicam, plenum atque integrum annum. Occurrebat ei, suam praeturam futuram ² [esse] mancam ac debilem, Milone consule; videbat porro eum fieri consulem summo consensu Romani populi. Contulit se ad ejus competitores, sed ita, ut ipse solus gubernaret petitionem, etiam illis invitis; ut sustineret comitia suis humeris, ut dictitabat. Convocabat tribus; interponebat se; conscribebat novam Collinam [Tribum] delectu perditissimorum civium. ³ Quanto ille [Clodius] miscebat plura, tanto magis hic [Milo] in dies convalescebat. Ubi homo paratissimus ad omne facinus vidit fortissimum virum, suum inimicissimum, certissimum consulem, quo intellexit id saepe esse declaratum non solum sermonibus, sed etiam suffragiis Romani populi, coepit agere palam et dicere aperte, Milonem occidendum [esse]. Deduxerat ex Apennino agrestes et barbaros servos, quos videbatis, quibus depopulatus erat publicas silvas, que vexarat Etruriam. Res erat minime obscura. ⁴ Etenim dictitabat palam consulatum non posse eripi Miloni, vitam posse. Significavit hoc saepe in senatu; dixit in concione; quin etiam M. Favonio, fortissimo viro, quaerenti ex eo, ⁵ qua spe fureret, Milone vivo, respondit illum triduo aut ⁶ summum quatriduo periturum esse; ⁷ quam vocem ejus Favonius statim detulit ad hunc M. Catonem.

---

¹ *Hoc est [re vera].* "That is in reality."
² *[Esse] mancam ac debilem.* "Would be crippled and inoperative."
³ *Quanto ille [Clodius],* &c. "The more he (Clodius) strove to create confusion and disorder, the more this client of mine (Milo) became strong, every day (in popular favor)."
⁴ *Etenim dictitabat palam,* &c. "For he frequently said openly that (though) the consulship could not be taken from Milo, life could." That though Milo could not be despoiled of the consulship, he could be of his life.
⁵ *Qua spe fureret,* &c. "With what hope he indulged in his mad designs, while Milo was alive," &c.
⁶ *Summum.* "At the utmost." The neuter of the adjective used adverbially.
⁷ *Quam vocem ejus.* "Which declaration of his."

X. Interim, quum Clodius sciret (enim neque erat difficile scire) ¹ sollemne iter, legitimum, esse necessarium Miloni Lanuvium ad prodendum flaminem, quod Milo erat dictator Lanuvii, subito ipse profectus est pridie Roma, ut collocaret insidias Miloni ante suum fundum ² (quod intellectum est re). Atque profectus ³ ita, ut relinqueret turbulentam concionem, in qua ejus furor desideratus est, quae habita est illo ipso die, quam nunquam reliquisset, ⁴ nisi voluisset obire locum que tempus facinoris. Quum autem Milo fuisset in senatu eo die, quoad senatus dimissus est venit domum; mutavit calceos et vestimenta; commoratus est paulisper, dum uxor comparat se, ⁵ ut fit; deinde profectus (est) id temporis, ⁶ quum jam Clodius potuisset redire, si quidem venturus erat eo die Romam. Clodius fit obviam ei, ⁷ expeditus, in equo, nulla rheda, nullis impedimentis, nullis Graecis comitibus, ut solebat, sine uxore, quod nunquam fere [solebat fieri]; quum hic insidiator, qui apparasset illud iter ad faciendam caedem, veheretur in rheda cum uxore, ⁸ paenulatus, magno et impedito, et muliebri ac delicato comitatu ancillarum que puerorum. Fit obviam Clodio ante

---

¹ *Sollemne iter*, &c. "That a yearly journey, provided for by law, was necessary to be made by Milo to Lanuvium, for the public appointment or inauguration of a flamen or priest," so called from the fillet or *flamen* he wore.

² (*Quod intellectum est re*). "A design which is seen (with sufficient clearness) from what actually occurred."

³ *Ita ut relinqueret*, &c. "So as to leave (without his presence) a disorderly assembly, in which his frenzy was needed."

⁴ *Nisi voluisset*, &c. "Had he not wished to meet the (specific) place and time of some deed of daring and crime."

⁵ *Ut fit*. "As is usually done," as is customary.

⁶ *Quum jam Clodius*, &c. "When already Clodius could have returned, if indeed he intended to come that day to Rome." If Milo designed to waylay Clodius, Cicero intimates, he would have been more prompt, and not have waited until it might be too late.

⁷ *Expeditus*. "Lightly equipped," "unencumbered.... *Nullis Graecis comitibus*. "With no Grecian attendants, as was customary with him," and other distinguished Romans of that day.

⁸ *Paenulatus*, &c. "Wrapped in a cloak (and accompanied) with a large and encumbered, and withal feminine and effeminate, retinue of maidens and male attendants."

ejus fundum, fere undecima hora, aut non multo secus.
¹ Statim complures cum telis faciunt impetum in hunc de
superiore loco; adversi occidunt rhedarium; quum autem hic,
paenula rejecta, desiluisset de rheda, que defenderet se acri
animo, illi, qui erant cum Clodio, gladiis eductis, incipiunt
partim recurrere ad rhedam, ut adorirentur Milonem a tergo,
partim, quod putarent hunc jam interfectum, caedere ejus
servos, qui erant post : servi Milonis, [ii] ex quibus, qui fuerunt fideli animo in dominum et praesenti [animo] partim
occisi sunt, partim, quum viderent pugnari ad rhedam, prohiberentur succurrere domino, audirent Milonem occisum
[esse] ex Clodio ipso et re vera putarent, fecerunt id (enim
dicam aperte non causa derivandi criminis, sed ut factum est)
domino nec imperante, nec sciente, nec praesente, quod
quisque voluisset suos servos facere in tali re.

XI. Haec ita gesta sunt, judices, sicut exposui; insidiator superatus est; vis victa est vi vel potius audacia
oppressa est virtute. Dico nihil, quid respublica ² consecuta
est, nihil quid vos, nihil quid omnes boni. ³ Id sane prosit

---

¹ *Statim complures*, &c. "Immediately very many (armed) with weapons make an attack upon him from higher ground ; those (of the attacking party) in front kill the charioteer : when, moreover, this my client, throwing away his cloak, had leaped down from the chariot and was defending himself with spirit, those who were with Clodius, drawing their swords, begin some of them to run back to the chariot in order to attack Milo from behind; some of them, because they thought that he was already slain, (begin) to kill his servants who were in the rear; the slaves of Milo (on the other hand),—those of them who were of a faithful mind to their master and of a resolute spirit, some of them, were killed, others of them, when they saw the battle to be going on at the chariot, were prevented from bringing succor to their master, heard that Milo had been slain by Clodius himself, and really thought so—(the slaves of Milo, I say)—did (in these circumstances) that very thing (for I will declare the facts openly, not with a view of shifting the accusation from my client, but as the thing really was done), their master neither commanding, nor knowing of, nor being present at the transaction,—did that very thing which every one would have wished his own slaves to do in a like situation of affairs."

² *Consecuta est.* "Has gained " by the death of Clodius.

³ *Id sane prosit*, &c. "Let that circumstance indeed be of no

Miloni nihil, qui natus est hoc fato, ut ne quidem potuerit servare se, quin servaret una rempublicam que vos. Si id non potuit fieri jure, habeo nihil ¹ quod defendam. Sin et ratio praescripsit hoc doctis, et necessitas barbaris et mos gentibus, et natura ipsa etiam feris belluis, ut semper propulsarent omnem vim, quacunque ope possent, a corpore, a capite, a sua vita, non potestis judicare hoc facinus improbum, ² quin simul judicetis esse pereundum omnibus, qui inciderint in latrones, aut illorum telis aut vestris sententiis. Quod si putasset ita, certe fuit obtabilius Miloni dare jugulum P. Clodio, ³ non semel petitum ab illo neque tum primum, quam jugulari a vobis, quia non tradidisset se illi jugulandum. Sin nemo vestrum ita sentit hoc, jam illud venit in judicium, non, ne occisus sit, quod fatemur; sed [ne occisus sit] jure, an injuria; quod saepe quaesitum est in multis causis. ⁴ Constat insidias factas esse, et id est quod senatus judicavit [esse] factum contra rempublicam; ab utro factae sint, incertum est. Igitur latum est, ut quaereretur de hoc. Ita et senatus notavit rem, non hominem, et Pompeius tulit quaestionem de jure, non de facto.

XII. Numquid aliud igitur venit in judicium, nisi uter fecerit insidias utri? Profecto nihil; si hic (fecerit insidias) illi, [rogo] ut ne sit (factum) impune; si ille huic, tum nos

---

advantage to Milo, who was born with this destiny, that he could not even preserve himself without at the same time preserving the republic and you."

¹ *Quod defendam.* "Which I can allege in defence."

² *Quin simul judicetis,* &c. "Without at the same time determining that all who fall among robbers, must (inevitably) perish either by *their* weapons or by *your* judicial decisions and votes."

³ *Non semel petitum,* &c. "Not once or on one occasion (alone) assaulted by him, nor then for the first time."

⁴ *Constat insidias,* &c. "It is clear that an insidious plot has been laid (by one or the other), and that is the thing which the senate adjudged to have been done in hostility to the republic. By which of the two the plot was laid is the matter that is in doubt. Therefore a law was passed that inquiry should be made concerning this very thing. Thus both the senate condemned the *thing* without deciding on the *man*, and Pompey also proposed an inquiry concerning the *right* of the case and not concerning *the fact.*

solvamur scelere. Quonam pacto igitur potest probari, Clodium fecisse insidias Miloni. ¹ Est satis quidem, in illa tam audaci, tam nefaria bellua, docere, fuisse propositam ei magnam causam, magnam spem in morte Milonis, magnas utilitates. Itaque illud Cassianum [propositum], CUI FUERIT BONO, valeat in his personis; etsi boni impelluntur in fraudem nullo emolumento, improbi saepe parvo. Atqui, Milone interfecto, Clodius assequebatur hoc, non modo ut esset praetor, ² eo non consule, quo posset facere nihil sceleris, sed etiam, ut esset praetor ³ iis consulibus, quibus si non adjuvantibus, at certe conniventibus, speraret se posse eludere rempublicam in illis cogitatis furoribus suis, cujus conatus illi, ut ipse ratiocinabatur, nec cuperent reprimere, si possent, quum arbitrarentur se debere tantum beneficium ei; et, si vellent, possent fortasse ⁴ vix frangere audaciam scelera tissimi hominis jam corroboratam vetustate. ⁵ An vero, judices, vos soli ignoratis? vos versamini hospites in hac urbe? Vestrae aures peregrinantur neque versantur in hoc pervagato sermone civitatis, quas leges (si sunt nominandae

---

¹ *Est satis quidem*, &c. "It is enough indeed in the case of that so unscrupulous, so nefarious a monster to suggest that there was placed before him a great inducement, a great hope in the death of Milo—great advantages" accruing from it. *Itaque illud Cassianum*, &c. "Therefore that suggestion of Cassius (literally put), To WHOM WAS IT FOR A GOOD, who derived advantage from the transaction, is applicable in the case of these persons."

² *Eo non consule*, &c. "Without *his* being consul, through whom or under whose restraint he could perpetrate no crime." With Milo as consul his hands would be tied.

³ *Iis consulibus*, &c. "Those men being consuls, with whose assistance, if not directly aiding at least as conniving, he hoped that he could elude the vigilance of the republic in those meditated frenzies of his."

⁴ *Vix frangere*, &c. "With difficulty check the effrontery," &c.

⁵ *An vero, judices, vos soli ignoratis*, &c. "Are you indeed, judges, alone ignorant" of what is doing? Do you live as mere strangers in this city? Are your ears gone on an excursion abroad and not familiarized with the wide-spread talk of the city, what laws (if they are to be called laws and not firebrands of the city, pests of the republic) that (infamous man Clodius) intended to impose upon us, and to fix in upon us as a brand" of disgrace.

leges, ac non faces urbis, pestes reipublicae) ille fuerit impositurus nobis omnibus atque inusturus? Exhibe, quaeso, Sexte Clodi, exhibe illud librarium vestrarum legum, quod aiunt te eripuisse e domo ¹ et extulisse, tamquam Palladium, ex mediis armis que nocturna turba, ut posses deferre praeclarum munus videlicet atque instrumentum tribunatus ad aliquem, si nactus esses, qui gereret tribunatum tuo arbitrio. An ille ausus esset facere mentionem hujus legis, quam Sex. Clodius gloriatur inventam [esse] a se, ² Milone vivo, ne dicam consule? ³ De nostrum omnium—non audeo dicere totum. ⁴ Videte, quid vitii ea lex fuerit habitura, cujus reprehensio etiam est periculosa. Et adspexit me quidem illis oculis, quibus tum solebat, quum minabatur omnia omnibus. ⁵ Quippe lumen curiae movet me. Quid? tu putas, Sexte, me iratum tibi, ⁶ cujus inimicissimum punitus es etiam multo crudelius, quam erat meae humanitatis postulare? Tu ejecisti domo cruentum cadaver P. Clodii, ⁷ tu abjecisti in publicum, tu reliquisti [idem] spoliatum

---

¹ *Et extulisse, tamquam Palladium*, &c. "And carried forth like another Palladium from the midst of arms and nocturnal tumult, in order that you might confer the illustrious gift, forsooth, and documentary guide of the tribuneship on some one, if you could find any such, who would conduct the tribuneship in accordance with your wishes." The allusion of the Palladium is to the image of Minerva (Pallas) claimed by the Romans to have been conveyed to them after the destruction of Troy.
² *Milone vivo*, &c. "If Milo were alive, and much less if he were consul." Literally, "not to say consul."
³ *De nostrum omnium*. An unfinished sentence, interrupted apparently by encountering the threatening looks of Sextus.
⁴ *Videte, quid vitii*, &c. "You see what bane that law would have had (in itself), the bare reprehension of which is so dangerous."
⁵ *Quippe lumen*, &c. (No wonder I am thus affected.) "Truly, it is the very light of the senate-house that moves me." A subtle and witty allusion to the conflagration that Sextus Clodius created at the disorderly funeral of his kinsman.
⁶ *Cujus inimicissimum*, &c. "Whose bitterest enemy you have punished even much more cruelly than it belonged to my humanity to ask."
⁷ *Tu abjecisti in publicum*. "You have exposed it to the public gaze."... . *Spoliatum imaginibus*. "Despoiled of the images or statues" of an honorable ancestry, which were usually exhibited on

imaginibus, exsequiis, pompa, laudatione, semiustulatum infelicissimis lignis, dilaniandum nocturnis canibus. Quare etsi fecisti nefarie, tamen, ¹ quoniam exprompsisti tuam crudelitatem in meo inimico, [quamquam] non possum laudare, certe non debeo irasci.

XIII. Demonstravi, judices, ² quantum interfuerit Clodii Milonem occidi. Convertite animos nunc vicissim ad Milonem. Quid intererat Milonis Clodium interfici? ³ Quid erat, cur Milo, non dicam admitteret, sed optaret? ⁴ Clodius obstabat Miloni in spe consulatus.—⁵ At fiebat eo repugnante; immo vero fiebat eo magis, nec [Milo] utebatur me meliore suffragatore quam Clodio. Memoria meritorum Milonis erga me que rempublicam valebat apud vos, judices; nostrae preces et lacrimae valebant, quibus ego sentiebam vos tum mirifice moveri; sed timor impendentium periculorum ⁶ multo plus valebat. ⁷ Enim quis civium erat, qui proponeret sibi sine maximo metu novarum rerum solutam praeturam P. Clodii? Autem videbatis, fore solutam, nisi is esset consul, qui auderet que posset constringere eam.

---

a funeral occasion. . . . . *Semiustulatum infelicissimis lignis.* "Half-consumed with the most inauspicious wood" of the senate-house, used by the rabble in the disorder of a public tumult.

¹ *Quoniam exprompsisti,* &c. "Since you have displayed your cruelty in the case of my personal enemy, although I cannot praise you, certainly I ought not to be angry." Ironically said.

² *Quantum interfuerit,* &c. "How much interest Clodius had, that Milo should be killed."

³ *Quid erat, cur,* &c. "What reason was there why Milo, I will not say, should commit the deed, but why he should even wish to do it."

⁴ *Clodius obstabat,* &c. "Clodius was an obstacle to Milo in his aspirations after the consulship." This is what is alleged on the other side as the motive of Milo's conduct.

⁵ *At fiebat eo repugnante,* &c. This is Cicero's reply. "But he was succeeding, he was becoming consul, notwithstanding his (Clodius') opposition), nay, rather he was succeeding on that account the more, and (Milo) did not have a better supporter in me than in Clodius." His very opposition was a help.

⁶ *Multo plus valebat.* "Had much more effect."

⁷ *Enim quis civium,* &c. "For what citizen was there, who could propose to himself without the greatest fear of public revolution and disorder, the unrestrained praetorship of P. Clodius?"

Quum universus Romanus populus sentiret ¹ Milonem unum esse eum, quis dubitaret suo suffragio liberare se metu, rempublicam periculo? ² At nunc, Clodio remoto, enitendum est Miloni jam usitatis rebus, ut tueatur suam dignitatem; illa singularis gloria et concessa huic uni, quae augebatur quotidie frangendis Clodianis furoribus, jam cecidit morte Clodii. Vos adepti estis, ne metueretis [ali]quem civem; hic perdidit exercitationem virtutis, suffragationem consulatus, perennem fontem suae gloriae. Itaque consulatus Milonis, qui, Clodio vivo, non poterat labefactari, ³ [Clodio] mortuo denique coeptus est tentari. Mors Clodii, igitur, non modo nihil prodest, sed etiam obest Miloni. ⁴ At odium valuit, iratus fecit, inimicus fecit, fuit ultor injuriae, punitor sui doloris. Quid si haec fuerunt, non dico, majora in Clodio quam in Milone, sed maxima in illo, nulla in hoc! Quid amplius vultis? ⁵ Enim quid Milo odisset Clodium, segetem ac materiem suae gloriae, praeter hoc civile odium, quo odimus omnes improbos? Erat, ut ille odisset primum defensorem meae salutis, deinde vexatorem furoris, domitorem suorum armorum, postremo etiam suum accusatorem. Enim Clodius ⁶ fuit reus Milonis, Plotia lege, quoad vixit.

---

¹ *Milonem unum esse eum.* "That Milo alone was the man" to control Clodius.

² *At nunc, Clodio remoto,* &c. "But now that Clodius is removed, Milo is left to struggle by the ordinary means in order to preserve and maintain his own dignity. That extraordinary merit and distinction (of Milo) and one accorded to him alone, which was daily augmented by checking the frightful excesses of Clodius, has collapsed and fallen by the death of Clodius."

³ [*Clodio*] *mortuo,* &c. "Since Clodius is dead, has at length begun to be assailed."

⁴ *At odium valuit,* &c. "But, (says my opponent) hatred influenced" (the conduct of Milo); in anger he perpetrated the deed; as a personal enemy he acted in the transaction.

⁵ *Enim quid Milo,* &c. "For why should Milo hate Clodius, the fertile source and material of his glory, except that public opposition, that leads us to detest all unprincipled men. *Erat, ut ille odisset,* &c. "There was reason enough why he should hate the first protector of my safety," &c.

⁶ *Fuit reus Milonis.* Literally, "Was the accused of Milo," was under Milo's accusation.

Quo animo tandem creditis illum tyrannum tulisse hoc? Quantum [creditis] fuisse odium illius [Clodii] et, ¹in injusto homine, quam etiam justum?

XIV. ²Reliquum est, ut jam ipsius natura defendat illum [Clodium] que consuetudo, autem haec eadem coarguant hunc [Milonem]. Clodius [fecit] nihil unquam per vim, Milo [fecit] omnia per vim. ³Quid! quum ego, judices, vobis moerentibus, cessi urbe, judiciumne timui? non [timui] servos, non arma, non vim? Quae justa causa, igitur, fuisset restituendi mei, nisi fuisset injusta [causa] ejiciendi? ⁴Dixerat mihi, credo, diem, irrogarat multam, intenderat actionem perduellionis, et videlicet in causa aut mala aut mea, non et praeclarissima et vestra, judicium fuit timendum mihi. Nolui meos cives, servatos meis consiliis que periculis, objici pro me armis servorum et egentium civium et facinorosorum [hominum]. Enim vidi, [immo] vidi hunc Q. Hortensium ipsum, lumen et ornamentum reipublicae poene interfici manu servorum, ⁵quum adesset mihi; in qua turba C. Vibienus, senator, optimus vir, quum esset una cum hoc, ita mulcatus est, ut amiserit vitam. Itaque quando postea illa sica illius, quam acceperat a Catilina, conquievit? Haec intentata est nobis; huic ego non passus

---

¹ *In injusto homine*, &c. "And in an unjust man (such as Clodius was), how (in a manner) even just and well-founded." A bad man, Cicero intimates, naturally and with good reason hates a good one.

² *Reliquum est ut jam*, &c. "It remains that now his own natural disposition (as being averse to violence) should be alleged in the defence of Clodius, and the habit of his life; but that these same things should convict Milo."

³ *Quid! quum ego*, &c. "What! when I, judges, while you were arrayed in mourning, departed from the city (into exile), was it a trial that I feared?" a judicial investigation. "Did I not fear (in reality) the slaves, the arms, the violence (of Clodius)?"

⁴ *Dixerat mihi, credo.* "He had appointed for me, I suppose, a day (of arraignment), he had proposed against me a fine, he had threatened a prosecution of treason; and, doubtless, in some cause either bad (in itself) or (at least) pertaining to myself, and not one that was both illustrious and an affair of yours, I had reason to fear a public prosecution; (the truth is), I was unwilling that my fellow-citizens," &c.

⁵ *Quum adesset mihi.* "When he had come to my aid."

sum vos objici pro me; haec insidiata est Pompeio; haec cruentavit nece Papirii istam Appiam, monumentum sui nominis; haec, haec eadem, longo intervallo, rursus conversa est in me; nuper quidem, ut scitis, poene confecit me ad regiam (scilicet Numae). ¹ Quid simile (est) Milonis? Omnis cujus vis fuit semper haec, ne P. Clodius, quum non posset detrahi in judicium, teneret civitatem oppressam vi. Quem si voluisset interficere, quantae occasiones fuerunt, quoties, quam praeclarae ? ² Potuitne, quum defenderet domum ac suos penates deos, illo oppugnante, ulcisci se jure? Potuitne, egregio civi et fortissimo viro, P. Sestio, suo collega, vulnerato? Potuitne, Q. Fabricio, optimo viro, pulso, quum ferret legem de meo reditu, crudelissima caede facta in foro? Potuitne domo L. Caecilii, justissimi que fortissimi praetoris, oppugnata? Potuitne illo die, ³ quum lex lata est de me? quum concursus totius Italiae, quem mea salus concitarat, libens agnovisset gloriam illius facti, ut, etiamsi Milo fecisset, cuncta civitas vindicaret eam laudem pro sua?

XV. ⁴ Atqui erat id temporis clarissimus et fortis-

---

¹ *Quid simile (est) Milonis?* "What of a similar character is there pertaining to Milo, all whose violence (if it can be called such) was always this, or to this effect, that P. Clodius, since he could not be impleaded in court, should not (be permitted to) overpower the state with (his) violence, and hold it in subjection." Literally, "should not hold the state, oppressed with violence, in subjection."

² *Potuitne, quum defenderet,* &c. "Could he not, when he was defending his home and his household gods from the attack of Clodius (Literally, 'he, [Clodius] making an attack'), have avenged himself with (entire) justification. Could he not have done so?" &c.

³ *Quum lex lata est,* &c. "When the law was passed concerning me, (and my recall from exile)? when the concurrence of all Italy, which my safety had roused (to solicitude), would have gladly acknowledged the glory of that act, so that, even if Milo had done so (had inflicted punishment on Clodius), the whole state would have claimed the praise (and credit) as its own."

⁴ *Atqui erat id temporis,* &c. "But there was at that time (at the head of the republic) a very illustrious and resolute consul, a personal foe to Clodius, P. Lentulus, an avenger of his criminal treat-

simus consul, inimicus Clodio, P. Lentulus, ultor illius sceleris, propugnator senatus, defensor vestrae voluntatis, patronus publici consensus, restitutor meae salutis ; [erant] septem praetores, octo tribuni plebis, adversarii illius, defensores mei ; Cn. Pompeius [fuit] auctor et dux mei reditus, hostis illius [Clodii], cujus sententiam gravissimam et ornatissimam de mea salute omnis senatus secutus est, ¹ qui cohortatus est Romanum populum, qui, quum fecit decretum de me Capuae, ² ipse dedit signum cunctae Italiae cupienti et imploranti ejus fidem, ut concurrerent ad restituendum me Romam ; tum denique omnia odia civium ardebant in illum ³ desiderio mei ; quem qui tum interemisset, ⁴ non cogitaretur de ejus impunitate sed de praemiis. Tamen Milo continuit se, et vocavit P. Clodium bis in judicium, nunquam ad vim. Quid? Milone privato, et reo ad populum, P. Clodio accusante, quum impetus factus est in Cn. Pompeium dicentem pro Milone, ⁵ quae occasio non modo fuit tum, sed etiam causa opprimendi illius? ⁶ Nuper vero quum

---

ment of me (in procuring my banishment), a supporter of the senate, an advocate of your wish (for my return), a promoter of the public unanimity (on the subject), a restorer of my (personal privileges and) safety."

¹ *Qui cohortatus est*, &c. "Who encouraged the Roman people (to take a stand in my behalf)."

² *Ipse dedit*, &c. "Himself gave the signal to all Italy desiring (the measure), and imploring his protection and support to it, to concur in restoring me to Rome."

³ *Desiderio mei.* "In consequence of affection for me and regret at my absence."

⁴ *Non cogitaretur*, &c. "The question would not be concerning his impunity (simply), but (rather) concerning rewards (for a meritorious act)."

⁵ *Quae occasio*, &c. "What opportunity not only was there then, but also what just cause for crushing and destroying him."

⁶ *Nuper vero*, &c. "Recently, indeed, when M. Antony occasioned to all good men the highest hope concerning (the common) safety, and, very noble young man that he is, took upon himself the responsibility of a very grave step on the side of the republic, and captured and laid hold of that monster (Clodius), who had always avoided the meshes of the law; what a fit occasion and what a time was that" for dispatching him. "When he fled and hid himself in the shelter of a staircase, it would have been a great

M. Antonius attulisset omnibus bonis summam spem salutis, quo nobilissimus adolescens fortissimo suscepisset gravissimam partem reipublicae, atque teneret jam irretitam illam belluam, declinantem laqueos judicii; qui locus, quod tempus fuit illud, immortales dii! Quum ille fugiens abdidisset se in tenebras scalarum, fuit magnum Miloni conficere illam pestem nulla invidia sua, vero maxima gloria Antonii. Quid! quoties fuit potestas comitiis in campo? ¹Quum ille irrupisset in septa, curavisset gladios destringendos, lapides jaciendos, dein subito, perterritus vultu Milonis, fugeret ad Tiberim, vos et omnes boni faceretis vota, ut liberet Miloni uti sua virtute?

XVI. ²Quem igitur cum gratia omnium noluit [occidere], hunc voluit cum querela aliquorum? Quem jure, quem loco, quem tempore, quem impune non ausus est occidere, hunc non dubitavit [occidere] injuria, iniquo loco, alieno tempore, periculo capitis? Praesertim, judices, quum contentio amplissimi honoris et dies comitiorum ³subesset; quo tempore quidem (enim scio quam timida ambitio sit, quanta et quam sollicita sit cupiditas consulatus) timemus omnia, non modo quae possunt palam reprehendi, sed etiam quae [possunt] obscure cogitari, ⁴perhorrescimus rumorem, fabulam fictam,

---

thing for Milo (then) to have destroyed that (public) pest without any odium to himself, but with a very great meed of glory to Antony."

¹ *Quum ille irrupisset*, &c. "When, for example, he had broken into the enclosure with violence. . . . . *Vos et omnes*, &c. "You and all good men offered prayers (to the gods) that it might please Milo to use his courage" (and resolution) to effect his punishment and destruction.

² *Quem igitur cum gratia*, &c. "Whom, therefore. with the approval of all he was unwilling to kill; this (man) was he willing (to kill) with the disapproval of some? whom with justice, whom in a favorable place, whom at a convenient time, whom with (the assurance of) impunity he did not dare to kill, (is it to be supposed) that this man he did not hesitate to kill with injustice," &c., &c.

³ *Subesset.* "Was near at hand."

⁴ *Perhorrescimus*, &c. "We dread (every passing) rumor, (every) story (however) false (and) frivolous. We examine the countenances and look into the eyes of all."

levem, intuemur ora atque oculos omnium. Enim est nihil tam molle, tam tenerum, tam aut fragile aut flexibile, quam voluntas que sensus civium erga nos, ¹ qui irascuntur non modo improbitati candidatorum, sed etiam saepe fastidiunt in recte factis. Milo igitur proponens sibi hunc speratum atque exoptatum diem campi, ² cruentis manibus, ferens prae se et confitens scelus et facinus, veniebat ad illa augusta auspicia centuriarum ? ³ Quam non credibile hoc in hoc ! Quam idem non dubitandum in Clodio ! qui putaret se regnaturum, Milone interfecto ? Quid ! ⁴ quis ignorat spem impunitatis, quod est caput audaciae, judices, esse maximam illecebram peccandi ? In utro igitur fuit haec ? in Milone, qui est etiam nunc reus facti aut praeclari, aut certe necessarii, an in Clodio, qui ita contempserat judicia que poenam, ut nihil delectaret eum, quod aut esset fas per naturam aut liceret per leges ? Sed quid argumentor, quid disputo plura ? Appello te, Q. Petili, optimum et fortissimum civem ; testor te, M. Cato ; quos quaedam divina sors dedit mihi judices. Vos audistis, ex M. Favonio, Clodium dixisse sibi, et audistis, Clodio vivo, Milonem periturum [esse] triduo. Post tertium diem res gesta est, quam dixerat. ⁵ Quum ille non dubitaret aperire, quid cogitaret, potestis vos dubitare, quid feceri t ?

---

¹ *Qui irascuntur non modo*, &c. "Who are irritated, not only at the wrong conduct of candidates, but are even oftentimes out of humor with what they do aright."
² *Cruentis manibus*, &c. "With blood-stained hands, openly displaying and avowing his wickedness and crime."
³ *Quam non credibile*, &c. "How (utterly) incredible is this in the case of this man (Milo), and how is the same thing beyond a doubt in the case of Clodius, who imagined that he would come to reign if Milo were slain."
⁴ *Quis ignorat*, &c. "Who is not aware that the hope of impunity, which is the head and fountain of presumption and audacity, is the greatest of all allurements to crime ? In which of the two did this (hope of impunity) exist (in the greatest degree) ; in Milo, who is even now under accusation for a deed that was either illustrious or, to say the least, necessary ; or in Clodius," &c.
⁵ *Quum ille non dubitaret*, &c. "When he did not hesitate to dis-

XVII. ¹Quemadmodum igitur dies non fefellit cum? Equidem dixi modo. Nihil negotii erat nosse stata sacrificia Lanuvini Dictatoris. Vidit esse necesse Miloni proficisci illo ipso die, quo profectus est. Itaque antevertit. At quo die? [Eo die] quo, ut dixi ante, fuit insanissima concio, concitata ab ipsius mercenario tribuno plebis; quem diem, quam concionem, quos clamores nunquam reliquisset, ² nisi approperaret ad cogitatum facinus. Ergo illi [fuit] ne quidem causa itineris; [fuit etiam] causa manendi. Miloni [fuit] nulla facultas manendi; fuit causa non solum, sed etiam necessitas exeundi. ³ Quid, si, ut ille [Clodius] scivit Milonem fore in via eo die, sic Milo potuit ne quidem suspicari Clodium [fore in via]! Primum quaero, qui potuerit scire? ⁴ quod idem vos non potestis quaerere in Clodio. Enim, ut rogasset neminem alium nisi T. Patinam, suum familiarissimum, potuit scire esse necesse flaminem prodi a Milone dictatore illo ipso die Lanuvii. Sed erant permulti alii, ex quibus posset facillime scire id; scilicet omnes Lanuvini. Unde Milo quaesivit de reditu Clodii? ⁵ Quaesierit sane. Videte quid largiar vobis. Etiam corruperit servum, ut

---

close what he (only) thought, can you hesitate to believe what he (actually) did."

¹ *Quemadmodum igitur*, &c. "In what manner, then, was he certainly informed with regard to the day," of Milo's journey to Lanuvium. Literally, "Did not the day deceive him or escape his knowledge." *Dixi modo.* "I told you just now." *Nihil negotii nosse.* "There was no difficulty in knowing"

² *Nisi approperaret*, &c. "Unless he were hastening to some meditated deed of wickedness."

³ *Quid, si, ut ille*, &c. "What will you say, if I tell you that, as he (Clodius) knew that Milo would be on the road (to Lanuvium) on that day, so, on the other hand, Milo could not even suspect that Clodius would be on the road" (back to Rome).

⁴ *Quod idem vos*, &c "A question you cannot put, in turn, in the case of Clodius. For although he had asked no one else but T. Patina, &c." *Flaminem prodi.* "A Flamen or priest was to be appointed by Milo as dictator," &c.

⁵ *Quaesierit sane.* "Grant that he did make inquiry." *Videte quid largiar*, &c. "You see how liberal I am in my concessions to you." *Etiam corruperit*, &c. "Let him even have bribed a slave," &c.

Q. Arrius meus amicus dixit. Legite testimonia vestrorum tertium. C. Cassinius Schola, Interamnanus, familiarissimus et idem comes Clodii,¹ (cujus testimonio jampridem Clodius fuerat eadem hora Interamnae et Romae), dixit P. Clodium mansurum fuisse illo die in Albano, sed esse subito nuntiatum ei Cyrum architectum esse mortuum; itaque constituisse repente proficisci Romam. C. Clodius, item comes P. Clodii, dixit hoc.

XVIII. Videte, judices, ² quantae res confectae sint his testimoniis. Primum certe Milo liberatur; [probatur] non profectus esse eo consilio, ut insidiaretur Clodio in via; ³ quippe, si ille non erat futurus obvius ei omnino. Deinde (⁴ enim non video, cur non agam quoque meum negotium) scitis, judices, fuisse [eos], qui dicerent, ⁵ in suadenda hac rogatione, caedem [Clodii] factam esse manu Milonis, ⁶ vero consilio alicujus majoris. Abjecti et perditi homines ⁷ describebant me, videlicet, latronem ac sicarium. ⁸ Hi jacent suis testibus, qui negant Clodium fuisse rediturum eo die Romam, nisi audisset de Cyro. ⁹ Respiravi; sum liberatus; non vereor ne videar cogitasse id, quod potuerim ne quidem suspicari. Nunc persequar cetera. ¹⁰ Nam illud occurrit:

---

¹ *Cujus testimonio*, &c. "By whose testimony some time before Clodius was (alleged to be) at the same hour at Interamna and at Rome."

² *Quantae res*, &c. "What important results have been accomplished."

³ *Quippe, si ille*, &c. "This is certainly the case, if he was not going to meet him at all."

⁴ *Enim non video*, &c. "For I do not see why I am not at liberty to discuss my own connection with this business."

⁵ *In suadenda hac rogatione.* "In urging the passage of the law relative to this prosecution."

⁶ *Vero consilio*, &c. "But under the advice and connivance of some greater personage" (viz., Cicero himself).

⁷ *Describebant me*, &c. "Designated me, pointed to me, forsooth, as a robber and assassin."

⁸ *Hi jacent*, &c. "These men are prostrated, laid low, or in common phrase *floored* by their own witnesses."

⁹ *Respiravi.* "I breathe again."

¹⁰ *Nam illud occurrit.* "For that objection occurs, or that point is made on the other side. 'Then Clodius did not meditate any plot

Igitur Clodius ne quidem cogitavit de insidiis, quoniam fuit mansurus in Albano. Si quidem non fuisset exiturus ad caedem e villa; enim video, illum, qui dicatur nuntiasse de morte Cyri, non nuntiasse id, sed Milonem appropinquare. Nam quid nuntiaret de Cyro, quem Clodius, proficiscens Roma, reliquerat morientem? ¹ Fui una; obsignavi testamentum simul cum Clodio; fecerat autem testamentum palam et scripserat illum heredem et me. ² Quem reliquisset pridie tertia hora efflantem animam, nuntiabatur ei denique postridie decima hora cum [esse] mortuum?

XIX. ³ Age, sit ita factum; quae causa [fuit], cur properaret Romam, cur conjiceret se in noctem? ⁴ Quid afferebat causam festinationis? Quod erat heres? Primum erat nihil, cur esset opus properato; deinde, si esset quid, quid tandem erat, quod posset consequi ea nocte, autem amitteret, si venisset Romam postridie mane? Atque, ut nocturnus adventus ad urbem fuit vitandus illi potius, quam

---

of assassination, since he was to remain at Albanum.' (That may be true, Cicero replies,) "if he was not intending to go to the slaughter (of Milo) from his villa itself. For I see (very clearly) that he who is reported to have brought intelligence of the death of Cyrus, did not report this, but rather that Milo was approaching."

¹ *Fui una.* "I was there with him."

² *Quem reliquisset,* &c. (Is it to be supposed with regard to one) "whom he had left the day before at the third hour breathing out his life (at the point of death), that intelligence was (studiously) brought to him (Clodius) the next day at the eleventh hour, that this man was dead." Was this the trifling and gratuitous import of the message he received?

³ *Age, sit ita factum.* "Well, suppose it was so done." Grant that it was so.

⁴ *Quid afferebat,* &c. "What produced a cause of haste?" What made the occasion of haste? "Was it because he was an heir (of the deceased man)? In the first place there was nothing (in the nature of the case) why there was need of precipitancy; in the next place, if there was anything of this kind, what was there. I ask, which he could accomplish that night, but would fail of attaining if he had come to Rome the next day in the morning; and farther, as a night-arrival in the city was to be avoided by him (Clodius) rather than to be sought, so was it incumbent on Milo to stop and wait, since he was (by the supposition) a way-layer (and assassin), if he knew that he (Clodius) was to approach near the city at night."

expetendus, sic fuit subsidendum atque exspectandum Miloni, quum esset insidiator, si sciebat illum accessurum [esse] ad urbem noctu. Occidisset noctu, in loco insidioso et pleno latronum; nemo non credidisset ei neganti, quem omnes volunt esse salvum, etiam confitentem. Primum ille ipse locus, occultator et receptor latronum, ¹ sustinuisset hoc crimen; tum neque muta solitudo neque caeca nox ostendisset Milonem; deinde ibi violati ² ab illo, spoliati, expulsi bonis, multi etiam timentes haec ³ caderent in suspicionem; denique tota Etruria citaretur rea. ⁴ Atque illo die certe Clodius rediens Aricia devertit ad se in Albanum; quod ut Milo sciret illum fuisse Ariciae, tamen debuit suspicari eum, etiamsi vellet reverti Romam illo die, deversurum [esse] ad suam villam, quae tangeret viam. Cur neque occurrit ante, ne ille resideret in villa, nec subsedit in eo loco, quo ille venturus noctu?

⁵Video omnia adhuc constare, judices; fuisse etiam utile

---

¹ *Sustinuisset hoc crimen.* "Would have been burdened with this accusation."
² *Ab illo.* "Clodius."
³ *Caderent in suspicionem.* "Would have fallen under the suspicion" of being the assassins of Clodius.
⁴ *Atque illo die certe,* &c. "Still farther, it is certain that on that day Clodius, in returning from Aricia, turned aside to his own house at Albanum; and although Milo knew that he had been at Aricia, he ought to have conjectured that he, even though he intended to return to Rome that day, would (nevertheless) turn aside to his own villa, that adjoined the road. Why, then, did he neither meet him before (he reached this point) lest he should (conclude to) abide in his villa (for the night), nor, again, lie in wait for him in a place to which he would have to come at night, or after nightfall?"
⁵ *Video omnia,* &c. "I see all things thus far to be consistent" with the innocence of Milo. "It would have been even advantageous to Milo that Clodius should continue to live; the death of Milo, on the other hand, was very much to be desired by that man (Clodius) for the ends which he longed to accomplish. The hatred of that man to this was very bitter; there was no hatred of my client to him. The constant habit of the one was that of inflicting violence, that of the other, only of repelling violence received; death was threatened to Milo by that man and openly predicted. Nothing was ever heard from Milo (of a similar sort). The day of this man's departure was known to that one, the day of that one's return was

Miloni Clodium vivere, interitum Milonis optatissimum illi (Clodio) ad ea, quae concupierat; odium illius in hunc fuisse acerbissimum, nullum [odium] hujus in illum; perpetuam consuetudinem illius in inferenda vi, hujus tantum in repellenda [vi]; mortem denunciatam Miloni ab illo et palam praedictam, nihil unquam auditum ex Milone; diem profectionis hujus notum fuisse illi, [diem] reditus illius ignotum huic; iter hujus necessarium, [iter] illius etiam potius alienum; hunc tulisse prae se, se exiturum Roma illo die; illum dissimulasse se rediturum eo die; hunc mutasse consilium nullius rei, illum finxisse causam mutandi consilii; huic, si insidiaretur, noctem exspectandam prope urbem, illi, etiamsi non timeret hunc, tamen nocturnum accessum ad urbem fuisse metuendum.

XX. ¹ Videamus nunc id, quod est caput, utri tandem ille ipse locus, ubi congressi sunt, fuerit aptior ad insidias. Est id vero, judices, etiam dubitandum et diutius cogitandum? ² Ante fundum Clodii, in quo fundo, propter illas insanas substructiones, mille valentium hominum facile versabantur, loco adversarii edito atque excelso, Milo pu-

---

unknown to this. The journey of this man was necessary, the journey of that one was even inopportune (and incongruous.) This man openly avowed that he was going from Rome on that day, that one concealed the fact that he was to return that day; this man changed his plan in no respect, that one invented a reason for changing his purpose. By this man, if he intended an ambuscade, night ought to have been waited for near the city; by that one, even if he had no apprehensions of this man, nevertheless a night-approach to the city was to be feared."

¹ *Videamus nunc*, &c. "Let us see now, what is a principal point (in the case), to which of the two the very place where they met was the most favorable for an ambuscade."

² *Ante fundum Clodii.* "Before the estate of Clodius, where, on account of those extensive works of substructure (that are going on), a thousand muscular men at least were in employment, with his adversary on high and elevated ground—did Milo think that (in these circumstances) he would come off conqueror, and for this reason especially select this place for the encounter? Or was he waited for rather in this place by him who thought to make the attack with the advantage of the place itself?"

tarat se fore superiorem, et ob eam rem potissimum elegerat eum locum ad pugnam? an exspectatus potius in eo loco ab eo, qui cogitarat facere impetum spe loci ipsius? Res ipsa loquitur, judices, quae semper plurimum valet. ¹ Si non audiretis haec gesta, sed videretis picta, tamen appareret uter esset insidiator, uter cogitaret nihil mali, quum alter veheretur in rheda paenulatus, uxor sederet una. Quid horum non impeditissimum? vestitus, an vehiculum, an comes? ² Quid minus promptum ad pugnam [quam Milo], quum esset irretitus paenula, impeditus rheda, paene constrictus uxore? ³ Videte nunc illum egredientem primum e villa subito; cur? vesperi; quid necesse est? tarde; qui convenit, praesertim id temporis? Devertit in villam Pompeii. Ut videret Pompeium? sciebat esse in Alsiensi; ut perspiceret villam? fuerat in ea millies; quid ergo erat? mora et tergiversatio; dum hic veniret, noluit relinquere locum.

XXI. Age nunc comparate iter expediti latronis cum impedimentis Milonis. Semper ille [ibat] antea cum uxore; tum sine ea; nunquam nisi in rheda, tum in equo; comites [erant] Graeculi, quocunque ibat, etiam quum properabat in

---

¹ *Si non audiretis*, &c. "If you were not to hear this transaction (narrated), but were to see it represented in a picture, it would be apparent at once which of the two was the way-layer, (and) which intended no mischief, inasmuch as one of them was conveyed in a chariot, encumbered with a cloak, and had his wife sitting with him. Which of these things was not a very great hindrance," the garment, &c.

² *Quid minus promptum*, &c. "How could any one be less prepared for an encounter than Milo (was)." Literally, "What could be less," &c.

³ *Videte nunc illum*, &c. "Look now at the other (man). Coming forth at first from his villa with a sudden and hasty movement." Why was this? In the evening; what was the necessity for it? (He moves now) slowly. How happens it especially at that period of the day? He turns out of his way to the villa of Pompey: Was it to see Pompey? He knew that he was at Alsium. Was it to see the villa? He had been in it a thousand times. What was it, then, (that led to these movements)? (Simply) delay and intentional lingering. Until this man came, he was unwilling to leave the place."

Etrusca castra; tum [fuit] ¹nihil nugarum in comitatu. Milo, qui nunquam [duceret eos], tum casu ducebat symphoniacos pueros uxoris et greges ancillarum. Ille, qui semper duceret secum scorta, semper exoletos, semper lupas, tum [ducebat] neminem, ²nisi [ita] ut diceres virum esse lectum a viro. Cur igitur victus est? Quia viator non semper occiditur a latrone, nonnunquam etiam latro [occiditur] a viatore; quia, quamquam Clodius [esset] paratus in imparatos, tamen mulier inciderat in viros. Nec vero erat Milo unquam sic non paratus contra illum, ut esset non fere satis paratus. ³Ille semper cogitabat, et quantum interesset P. Clodii se perire, et quanto odio esset illi, et quantum illo auderet. ⁴Quamobrem nunquam projiciebat in periculum sine praesidio et sine custodia suam vitam, quam sciebat propositam et paene addictam maximis praemiis. Adde casus, adde incertos exitus pugnarum ⁵que communem Martem, qui saepe evertit jam spoliantem et exsultantem et perculit ab abjecto; adde inscitiam pransi, poti, oscitantis ducis, qui, quum reliquisset hostem interclusum a tergo, cogitavit

---

¹ *Nihil nugarum.* "None of those frivolous persons."
² *Nisi [ita] ut diceres,* &c. "Unless you might say each man was selected by his companion," man by man, as for a dangerous enterprise.
³ *Ille semper cogitabat,* &c. "He was having it in mind both how much it concerned the interest of P. Clodius that he should die, and in how much ill-favor he was with him [Clodius], and how great was his daring (and effrontery)."
⁴ *Quamobrem nunquam projiciebat,* &c. "Wherefore he never exposed to peril, without precaution and without a guard, his life, which he knew to be publicly offered, and almost made over and devoted to the highest premium."
⁵ *Que communem Martem,* &c. "And the common fortune of war, which has often overthrown the already plundering and exulting (conqueror), and hurled him off from the prostrate (form of his adversary). Add [to these things] the unskilfulness of an overfed, drunken, and listless leader, who, when he had left his enemy intercepted in the rear, took no thought of his hindmost attendants, among whom, when he had fallen, (as they were inflamed with anger and despairing of the life of their master), he got caught in those retributions which faithful slaves demanded from him (in revenge) for the life of their master.

nihil de ejus extremis comitibus, in quos incensos ira que desperantes vitam domini quum incidisset, haesit in iis poenis, quas fideles servi expetiverunt ab eo pro vita domini. Cur igitur manumisit eos? Metuebat scilicet ne indicarent, ne non possent perferre dolorem, ne cogerentur tormentis confiteri P. Clodium occisum esse a servis Milonis in Appia via. Quid opus est tortore? ¹ Quid quaeris? Occideritne? Occidit. Jure an injuria? Nihil ad tortorem. Enim quaestio est facti in equuleo, juris in judicio.

XXII. ² Quod igitur est quaerendum in causa, agamus id hic; quod vis invenire tormentis, id fatemur. Vero cur manumiserit, si quaeris id, potius quam cur affecerit parum amplis praemiis, ³ nescis reprehendere factum inimici. Enim hic idem M. Cato, qui semper [dicit] omnia constanter et fortiter, dixit, et dixit in turbulenta concione, quae tamen placata est hujus auctoritate, [eos], qui defendissent ⁴ caput domini fuisse dignissimos non solum libertate, sed etiam omnibus praemiis. Enim quod praemium est satis magnum tam benevolis, tam bonis, tam fidelibus servis, ⁵ propter quos vivit? ⁶ Etsi id quidem non est tanti, quam quod propter eosdem non satiavit mentem que oculos

---

¹ *Quid quaeris?* &c. "What is the information you seek" to extort by the rack? "Whether he killed him?" It is conceded that "he killed him." Do you desire to know "whether it was done justly or unjustly?" This is not a matter that belongs to the torturer. Literally, "It is nothing to the torturer." "For the question is one of fact in the use of the rack, and of right in the province or sphere of judicial investigation."

² *Quod igitur est quaerendum*, &c. "What, then, is the real subject of investigation in the cause, that we are to occupy ourselves with here. What you wish to discover by the use of the torture, that we confess."

³ *Nescis reprehendere*, &c. "You do not know how to find fault with the conduct of an enemy."

⁴ *Caput domini*. "The life of their master."

⁵ *Propter quos*. "Through whose agency."

⁶ *Etsi id quidem*, &c. "And yet that, indeed, is not of so much importance as (the fact) that, through the agency of these same (slaves), he did not satiate (with revenge) the mind and eyes of a most cruel enemy with his blood and his wounds."

crudelissimi inimici [suo] sanguine et suis vulneribus. ¹ Quos
nisi manumisset, conservatores domini, ultores sceleris, defensores necis fuerunt dedendi etiam tormentis. ² Hic vero
habet nihil in his malis, quod ferat minus moleste, quam
etiamsi quid accidat ipsi, tamen meritum praemium persolutum esse illis. ³ Sed quaestiones, quae sunt habitae in atrio
Libertatis, urgent Milonem. De quibusnam servis? Rogas?
De [servis] P. Clodii. Quis postulavit eos? Appius.
Quis produxit? Appius. Unde? Ab Appio. Boni dii!
⁴ Quid potest agi severius? De servis nulla quaestio est lege
in dominum nisi de incestu, ut fuit in Clodium. Clodius
accessit proxime deos, propius quam tum, quum penetrarat
ad ipsos, de cujus morte quaeritur tamquam de violatis
ceremoniis. Sed tamen nostri majores noluerunt quaeri
de servo in dominum, non quia verum non posset inveniri,
⁵ sed quia videbatur indignum, et tristius dominis morte ipsa.
Quum quaeritur in reum de servo accusatoris potest verum
inveniri? ⁶ Vero age, quae erat quaestio aut qualis? Heus

---

¹ *Quos nisi manumisset*, &c. "Unless he had manumitted these
(slaves), the preservers of their master, &c. . . . . must have been
given up to the rack."
² *Hic vero habet*, &c. "This (my client) has nothing, in the midst
of these misfortunes, that gives him so much satisfaction (literally, that he bears with less uneasiness), than (the fact) that although some (serious evil) should happen to himself, nevertheless a
merited reward has been paid to them."
³ *Sed quaestiones*, &c. "But (it is said) the investigations by the
torture that are going on in the Hall of Liberty press hard upon
Milo."
⁴ *Quid potest agi severius*, &c. "What more unjust thing can be
done? no inquest (by torture) can legally be made of slaves against
their master except in a case of incest, as was done against Clodius
(on a former occasion). Clodius (it seems) has made a very near
approach to the gods, nearer than then when he penetrated to (the
mysteries of) the gods themselves, concerning whose death an inquest is now made, as if for the sacrilege of violated ceremonies."
⁵ *Sed quia videbatur indignum*, &c. "But because it seemed an
unfit thing, and more melancholy to the masters than death itself."
⁶ *Vero age*, &c. "But come, what was the inquest, or of what
nature?" "Here you, Rufio, (for example) take care, if you please,
that you utter no falsehood. Did Clodius make a plot for Milo?
He did. (To say this is to incur) certain crucifixion. He made no

tu, Rufio, verbi causa, cave, si vis, [ne] mentiare. Clodius fecit insidias Miloni? Fecit. Certa crux. Fecit nullas. Libertas sperata. Quid certius hac quaestione? Subito abrepti in quaestionem tamen separantur a ceteris, et conjiciuntur [1] in arcas, ne quis possit colloqui cum iis. Quum hi fuissent centum dies penes accusatorem, sunt producti ab eo ipso accusatore. Quid potest dici integrius hac quaestione? quid incorruptius?

XXIII. Quod si nondum satis cernitis, [2] quum res ipsa luceat tot tam claris argumentis que signis, Milonem revertisse Romam pura atque integra mente, imbutum nullo scelere, perterritum nullo metu, examinatum nulla conscientia; recordamini, per immortales deos! quae celeritas ejus reditus, qui ingressus in forum, [3] curia ardente, quae magnitudo animi, qui vultus, quae oratio! Neque vero commisit se solum populo, sed etiam senatui, neque modo senatui, sed etiam publicis praesidiis et armis, neque his tantum, verum etiam potestati ejus, cui senatus commiserat totam rempublicam, omnem pubem Italiae, cuncta arma Romani populi; cui hic nunquam profecto tradidisset se, nisi confideret suae causae, [4] praesertim audiente omnia, metuenti magna, suspicanti multa, credenti nonnulla. Magna est vis conscientiae, judices, et magna in utramque partem, ut [ii] neque timeant, qui commiserint nihil, et [ii], qui peccaverint, putent [5] poenam semper versari ante oculos. Neque vero causa Milonis semper probata est a senatu sine certa ratione. Enim sapientissimi homines videbant [6] rationem

---

plot. Emancipation is looked for (as the consequence of this testimony); what is more reliable than such an inquest as this?"

[1] *In arcas.* "Into cells."
[2] *Quum.* "Although."
[3] *Curia ardente.* "While the senate-house was burning."
[4] *Praesertim audiente,* &c. "Especially as he (Pompey) was one who heard all (rumors), was in apprehension of great (movements)," &c.
[5] *Poenam semper versari,* &c. "That retribution is always present and impending before their eyes."
[6] *Rationem facti,* &c. "The lawfulness of (Milo's) act, his calmness of mind, the firmness of his defence."

facti, praesentiam animi, constantiam defensionis. An vero obliti estis, judices, ¹ illo nuntio Clodianae necis recenti, non modo sermones et opiniones inimicorum, ² sed nonnullorum etiam imperitorum? Negabant eum esse rediturum Romam. Enim arbitrabantur, sive fecisset illud irato ac percito animo, ut incensus odio trucidaret inimicum, cum putasse mortem P. Clodii ³ [esse] tanti, ut careret patria aequo animo, quum explesset suum odium sanguine inimici; ⁴ sive etiam voluisset liberare patriam illius morte, fortem virum non dubitaturum, quum attulisset salutem reipublicae suo periculo, ⁵ quin cederet legibus aequo animo, auferret secum sempiternam gloriam, relinqueret haec fruenda nobis, quae ipse servasset. ⁶ Multi etiam loquebantur Catilinam atque illa portenta: "Erumpet, occupabit aliquem locum, faciet bellum patriae." Miseros interdum cives optime meritos de republica, in quibus homines non modo obliviscuntur praeclarissimas res, sed etiam suspicantur nefarias! Ergo illa fuerunt falsa; ⁷ quae certe exstitissent vera, si Milo admisisset aliquid, quod non posset honeste que vere defendere.

XXIV. Quid? ⁸ quae postea congesta sunt in eum, quae

---

¹ *Illo nuntio . . . . recenti.* "As soon as the report of Clodius' death was made."

² *Sed nonnullorum,* &c. "Of some persons also (however sincere) who were inexperienced (and misguided)."

³ *[Esse] tanti,* &c. "To be of so much importance or advantage (to the public good) that he would forego his country (and become an exile) with a contented mind, inasmuch as he had satisfied his animosity with the blood of his foe."

⁴ *Sive etiam voluisset.* "Or had even intended," &c.

⁵ *Quin cederet,* &c. "To yield to the laws with equanimity, (and) bear away with himself (into exile) an enduring (meed of) glory."

⁶ *Multi etiam loquebantur,* &c. "Many also were talking of Catiline and those monsters of iniquity," as if Milo were a second Catiline; (predicting), "He will break forth (from the city); he will take possession of some advantageous place; he will make war upon his country."

⁷ *Quae certe exstitissent vera,* &c. "Which certainly would have turned out true, if Milo had done anything, &c."

⁸ *Quae postea congesta sunt,* &c. "(The accusations) that were afterwards heaped upon him, that would have smitten down any

perculissent quemvis conscientia etiam mediocrium delictorum, ut sustinuisset [ea]! Immortales dii! sustinuisset? immo vero ut contempsit ac putavit pro nihilo! quae neque nocens maximo animo, neque innocens, nisi fortissimus vir, potuisset negligere. Multitudo etiam scutorum, gladiorum, frenorum que pilorum ¹ indicabatur posse deprehendi. Dicebant esse nullum vicum in urbe, nullum angiportum, in quo domus ² non esset conducta Miloni; arma devecta Tiberi in villam Ocriculanam; domus in Capitolino clivo referta scutis; omnia plena malleorum comparatorum ad incendia urbis. Haec non solum delata sed paene credita, ³ nec repudiata sunt, antequam quaesita. Laudabam equidem incredibilem diligentiam Cn. Pompeii; sed dicam, ut sentio, judices. Ii, quibus tota respublica est commissa, coguntur audire nimis multa, neque possunt facere aliter; ⁴ cui etiam nescio qui popa Licinius de maximo circo fuerit audiendus; [dicens] servos Milonis, factos ebrios ⁵ apud se, confessos esse sibi, conjurasse de interficiendo Pompeio, dein postea se percussum esse gladio ab uno de illis, ⁶ ne indicaret. Nuntiavit Pompeio in hortos. Arcessor in primis. ⁷ De sententia amicorum defert rem ad senatum. ⁸ Non poteram non ex-

---

one (who labored under) the consciousness of even moderate offences, how did he bear up under these?"
¹ *Indicabatur posse deprehendi.* Literally, "Was shown to be able to be seized." Equivalent to *Indicabatur multitudinem posse*, &c.
² *Non esset conducta.* "Had not been hired."
³ *Nec repudiata sunt*, &c. "And were not rejected (as false) before strict inquisition was made."
⁴ *Cui etiam*, &c. "By him also (Pompey) an obscure priest, Licinius, from the *Circus Maximus*, had to be listened to."
⁵ *Apud se.* "In his presence."
⁶ *Ne indicaret.* "To intimidate him from giving information."
⁷ *De sententia amicorum.* "In accordance with the opinion of his friends."
⁸ *Non poteram non exanimari.* "I could not but be half dead with fear under so great apprehension concerning that guardian of myself and of my country (Pompey), but I wondered, nevertheless, that any credit was given to the priest. . . . . that a wound in the side, that seemed to be punctured with a needle, should be accepted and taken as a thrust of a gladiator."

animari metu in tanta suspicione illius custodis mei quo patriae, sed mirabar tamen credi popao; confessionem servorum audiri ; vulnus in latere, quod videretur punctum acu, probari pro ictu gladiatoris. Verum, ut intelligo, Pompeius ¹ cavebat magis quam timebat non solum ea, quae erant timenda, sed omnia, ne vos timeretis aliquid. Domus C. Caesaris, clarissimi et fortissimi viri, nuntiabatur oppugnata [fuisse] per multas horas noctis. Nemo audierat ² [etiam] tam celebri loco, nemo senserat; tamen audiebatur. Non poteram suspicari Cn. Pompeium, virum praestantissima virtute, [fuisse] timidum; putabam nullam diligentiam [fuisse] nimiam, tota republica suscepta. Nuper frequentissimo senatu in Capitolio senator inventus est, qui diceret Milonem esse cum telo. Nudavit se in sanctissimo templo, ³ quoniam vita talis et civis et viri non faciebat fidem,'ut, eo tacente, res ipsa loqueretur.

XXV. Omnia comperta sunt falsa atque insidiose ficta; ⁴ quum tamen etiam nunc Milo metuitur. Non jam timemus ⁵ hoc Clodianum crimen, sed perhorrescimus tuas [suspiciones], Cn. Pompei, (enim jam appello te; et ea voce, ut possis exaudire me), tuas, tuas suspiciones, inquam. Si times Milonem, si putas hunc aut nunc cogitare nefarie de tua vita, ⁶ aut aliquando molitum esse aliquid ; si delectus Italiae, ⁷ ut nonnulli conquisitores tui dictitarunt ; si haec arma, si Capitolinae cohortes, si excubiae, si vigiliae, si delecta juventus, quae custodit tuum corpus que domum, armata est contra

---

¹ *Cavebat magis*, &c. "Took precautions more than really exercised fear.".... *Ne vos timeretis aliquid.* "In order that you might not have any fear at all."

² [*Etiam*] *tam celebri loco.* "Even in so public a place."

³ *Quoniam vita*, &c. "Inasmuch as the life of such a citizen and man did not afford any pledge" of the falseness of the charge ; "so that, being silent himself, the thing might speak for itself."

⁴ *Quum tamen*, &c. "Though still even now Milo is feared."

⁵ *Hoc Clodianum crimen.* "This charge concerning the death of Clodius, but we dread thy suspicions, Cn. Pompey."

⁶ *Aut aliquando*, &c. "Or at any time has attempted any thing."

⁷ *Ut nonnulli conquisitores*, &c. "As some detective agents of yours have frequently said."

10*

impetum Milonis; atque omnia illa ¹instituta, parata, intenta sunt in hunc unum, magna vis certe et incredibilis ²animus, et vires atque opes non unius viri indicantur [esse] in hoc [Milone], si quidem in hunc unum, et praestantissimus dux electus [est] et tota respublica armata est. Sed quis non intelligit omnes partes reipublicae ³aegras et labantes, commissas esse tibi, ut sanares et confirmares eas his armis? ⁴Quod si locus esset datus Miloni, probasset profecto tibi ipsi, neminem hominem fuisse unquam cariorem homini quam te sibi; se unquam fugisse nullum periculum pro tua dignitate; se saepissime contendisse ⁵cum illa teterrima peste ipsa pro tua gloria; suum tribunatum, ⁶tuis consiliis, gubernatum [esse] ad meam salutem, quae fuisset carissima tibi; se postea defensum [fuisse] a te in periculo capitis, ⁷adjutum in petitione praeturae; ⁸semper sperasse se habere duos amicissimos, te tuo beneficio, me suo (beneficio). Quae si non probaret, ⁹si ista suspicio inhaesisset tibi ita penitus, ut posset nullo modo evelli, si denique Italia esset nunquam conquietura a delectu, urbs ab armis, sine clade Milonis, nae iste haud dubitans cessisset patria, is, qui ita

---

¹ *Instituta,* &c. "Have been set on foot, prepared, aimed against this one man," &c.
² *Animus, et vires,* &c. "Resolution, and the strength and resources of no one man."
³ *Aegras et labantes.* "Disordered and tottering."
⁴ *Quod si locus,* &c. "But if an opportunity were given to Milo."
.... *Neminem,* &c. "That no man was ever dearer to another than you to himself."
⁵ *Cum illa teterrima,* &c. "With that detestable pest" (Clodius).
⁶ *Tuis consiliis.* "By your advice or under your auspices."
⁷ *Adjutum in petitione praeturae.* "Aided in the canvass for the praetorship."
⁸ *Semper sperasse,* &c. "That he had always indulged the hope that he had two persons strongly attached to him, you by your kindness to him, me by his kindness to me." Milo had exerted himself to restore Cicero from exile.
⁹ *Si ista suspicio,* &c. "If that distrust remained fixed in you so deeply that it could in no way be eradicated." .... *Conquietura a delectu.* "Would never have rest from a levy." .... *Is, qui ita natus est,* &c. "He who was born for this very thing, and has been thus accustomed to act" and to make sacrifices for his country.

natus est et ita consuevit; ¹ tamen antestaretur te, Magno [Pompei], quod nunc etiam facit.

XXVI. ² Vide, quam varia que commutabilis sit ratio vitae, quam vaga que volubilis [sit] fortuna, quantae infidelitates in amicitiis, simulationes quam aptae ad tempus, quantae fugae proximorum in periculis, quantae timiditates. Illud tempus erit, profecto erit, et ille dies aliquando illucescet, quum tu, tuis rebus salutaribus, ut spero, sed fortasse aliquo motu communium temporum (qui quam crebro occidat, debemus scire experti), desideres et benevolentiam amicissimi et fidem gravissimi hominis, et magnitudinem animi unius, fortissimi viri post homines natos. ³ Quamquam quis credat hoc, Cn. Pompeium, peritissimum publici juris, moris majorum, denique reipublicae, quum senatus commiserit ei, ut videret, RESPUBLICA CAPERET NEQUID DETRIMENTI, quo uno versiculo consules semper fuerunt satis

---

¹ *Tamen antestaretur*, &c. "Nevertheless he would still summon thee as a witness (to the fact of his innocence of this charge), as he now does."

² *Vide, quam varia*, &c. "Observe how fickle and changeable is the plan of our life, how unsettled and fluctuating is fortune, how great perfidies in friendships, disguises how suited to the time, what desertions of nearest friends in seasons of peril, what examples of pusillanimity. That time will come, truly it will come, and that day sooner or later appear, when you, with your own affairs in safety, as I trust, but perhaps in some disturbance of the common interests and concerns of men (and how frequently this may happen, we ought to know from experience,—the time will come, I say, when you) will stand in need of the good-will of a most friendly and the good-faith of a most reliable man, and the magnanimity of one of the bravest man that ever lived." Literally, "since men were born."

³ *Quamquam quis*, &c. "And yet who would believe this," &c. .... *Hunc exercitu*, &c. "That this man with an army, this man with a levy granted, would have waited the result of a judicial investigation in order to defend the measures of him (Clodius) who, by his violence, habitually abolished judicial proceedings themselves." "It has been sufficiently adjudged by Pompey that those (charges) are falsely brought against Milo, since he has passed a law, by which, as I think, it would be right that Milo should be acquitted by you, (and by which), as all confess, you have the power (to acquit him)."

armati, etiam nullis armis datis, hunc exercitu, hunc delectu dato, fuisse exspectaturum judicium in vindicandis consiliis ejus, qui tolleret vel judicia ipsa? Satis judicatum est a Pompeio, ista falso conferri in Milonem, qui tulit legem, qua, ut ego sentio, oporteret Milonem absolvi a vobis, ut omnes confitentur, liceret. Quod vero sedet in illo loco atque circumfusus illis copiis publicorum praesidiorum, satis declarat [1] se non inferre terrorem vobis (enim quid [esset] minus dignum illo, quam cogere, ut vos condemnetis eum, in quem ipse et more majorum et suo jure posset animadvertere) sed esse praesidio, ut intelligatis, contra illam hesternam concionem, licere vobis libere judicare, quod sentiatis.

XXVII. Nec vero, judices, Clodianum crimen movet me, nec sum tam demens, que tam ignarus atque expers vestri sensus, ut nesciam quid sentiatis de morte Clodii. [2] De qua, si jam nollem ita diluere crimen, ut dilui, tamen liceret Miloni impune palam clamare ac mentiri gloriose "Occidi, occidi, non Sp. Maelium, qui, [3] levanda annona que jacturis rei familiaris, quia videbatur nimis amplecti plebem, incidit in suspicionem appetendi regni, non Ti. Gracchum, qui abrogavit magistratum collegae per seditionem, quorum interfectores impleverunt orbem terrarum

---

[1] *Se non inferre terrorem*, &c. "That he is not imposing terror (and constraint) upon you (for what would be less worthy of him than to compel you to condemn a person on whom he himself, both by the custom of his ancestors and his own right, could pass judgment), but that it is for your protection, in order that you may understand, in opposition to the design of that (disorderly) assemblage of yesterday, that you are permitted freely to decide what you (really) think."

[2] *De qua, si jam nollem*, &c. "Concerning which, if I were disposed not thus to invalidate the accusation as I have done, nevertheless Milo might with impunity openly declare and proclaim with boasting, though not with truth." Not with truth, because Cicero claims that Clodius was really killed by the slaves of Milo without Milo's knowledge or connivance.

[3] *Levanda annona que jacturis*, &c. "By lessening the price of corn (to the people) and the expenditures of his private property (in their behalf), because he seemed to be paying too much court to the people, fell into the suspicion of seeking dominion."

gloria sui nominis, ¹ sed cum (enim auderet dicere, quum liberasset patriam suo periculo), cujus nefandum adulterium in sanctissimis pulvinaribus nobilissimae feminae ² comprehenderunt; cum, cujus supplicio, senatus saepe censuit ³ sollemnes religiones expiandas [esse]; cum, ⁴ quem L. Lucullus juratus dixit se comperisse fecisse nefarium stuprum cum germana sorore, quaestionibus habitis; eum, qui armis servorum ⁵ exterminavit civem, quem senatus, quem Romanus populus, quem omnes gentes judicarant [esse] conservatorem urbis ac vitae civium; eum, qui dedit, ademit regna, partitus est orbem terrarum, quibuscum voluit; eum, qui, plurimis caedibus factis in foro, compulit domum vi et armis ⁶ civem singulari virtute et gloria; eum, cui nihil unquam fuit nefas ⁷ nec in facinore nec in libidine; eum, qui incendit aedem Nympharum, ⁸ ut exstingueret publicam memoriam recensionis, impressam publicis tabulis; eum denique, ⁹ cui jam erat nulla lex, nullum civile jus, nulli termini possessionum; ¹⁰ qui petebat alienos fundos non calumnia litium, non injustis vindiciis ac sacramentis, sed castris, exercitu, inferendis signis; qui conatus est armis que castris pellere possessionibus non solum Etruscos (enim penitus contempserat eos),

---

¹ *Sed cum,* &c. "But [I have slain] him, (for he would dare to avow it, inasmuch as he had liberated his country at his own peril)."

² *Comprehenderunt.* "Have detected."

³ *Sollemnes religiones,* &c. "The established and venerable rites of religion (that had been violated) were to be expiated."

⁴ *Quem L. Lucullus,* &c. "Whom L. Lucullus, under oath, declared that he had discovered to have perpetrated incest with his own sister, inquest having been had with the torture (of slaves)."

⁵ *Exterminavit civem.* "Banished a citizen;" meaning Cicero himself.

⁶ *Civem;* meaning Pompey.

⁷ *Nec in facinore nec in libidine.* "Neither in open crime nor in secret lust."

⁸ *Ut exstingueret,* &c. "That he might destroy the public record of the censorial register inscribed upon the official tables."

⁹ *Cui jam erat,* &c. Literally, "To whom there was no law," &c., *i.e.,* who recognized no law, &c.

¹⁰ *Qui petebat,* &c. "Who sought to obtain the estates of others not by the chicanery of lawsuits or by unjust reclamations and prosecutions," &c.

sed hunc P. Varium, fortissimum atque optimum civem, nostrum judicem; ¹ qui peragrabat cum architectis et decempedis villas que hortos multorum; qui terminabat spem possessionum Janiculo et Alpibus; qui, quum ² non impetrasset ab splendido et forti Romano equite, M. Paconio, ³ ut venderet sibi insulam in lacu Prilio, repente convexit lintribus in eam insulam materiem, calcem, caementa, arma, que, domino inspectante trans ripam, non dubitavit exstruere aedificium in alieno; qui [ausus est dicere] huic T. Furfanio, ³ cui viro! Immortales dii! (quid ego dicam de muliercula Scantia, quid de adolescente P. Apinio? utrique quorum minitatus est mortem, ⁴ nisi cessissent sibi possessione hortorum); sed ausus est dicere Furfanio, si non dedisset sibi pecuniam, quantam poposcerat, ⁵ se illaturum in ejus domum mortuum, ⁶ qua invidia esset conflagrandum huic tali viro; qui dejecit de possessione fundi Appium absentem, hominem conjunctum mihi fidissima gratia; qui instituit ⁷ sic ducere parietem per vestibulum sororis, sic agere fundamenta, ut privaret sororem non modo vestibulo, sed omni aditu et limine."

XXVIII. ⁸ Quamquam haec quidem videbantur jam tol-

---

¹ *Qui peragrabat*, &c. "Who was in the habit of traversing, (attended) with architects and instruments of mensuration, the estates," &c.
² *Non impetrasset . . . . ut venderet.* "Did not obtain . . . . that he should sell, *i.e.*, "Did not induce him to sell."
³ *Cui viro!* &c. "What a man too this, ye Immortal Gods" (to exercise this presumption to).
⁴ *Nisi cessissent.* Literally, "Unless they retired for him (in his favor), from the possession of their gardens."
⁵ *Se illaturum*, &c. "That he would (secretly) introduce into his house a dead body," and thus involve him in a charge of homicide, or put his house under a religious ban of some kind.
⁶ *Qua invidia*, &c. Equivalent to *invidia cujus*. "By the odium of which a flame of indignation (and obloquy) was to be kindled against such a man as this."
⁷ *Sic ducere*, &c. "In such a manner to extend a wall past the threshold of his sister," &c.
⁸ *Quamquam haec quidem*, &c. "And yet these things seemed to be endurable, although he was making assaults equally on the republic, on private individuals, on persons distant and near, foreigners

erabilia, etsi irruebat aequabiliter in rempublicam, in privatos, in longinquos, in propinquos, in alienos, in suos; sed nescio quomodo incredibilis patientia civitatis jam usu obduruerat et percalluerat. Vero quae jam aderant et impendebant, quonam modo potuissetis aut depellere aut ferro ea? ¹ Si ille nactus esset imperium, omitto socios, exteras nationes, reges, tetrarchas; enim faceretis vota, ut potius immitteret se in eos, quam in vestras possessiones, vestra tecta, vestras pecunias; pecunias dico? ille nunquam cohibuisset suas effrenatas libidines ² a liberis, medius fidius, et a vestris conjugibus. Putatis haec fingi, quae patent, quae nota sunt omnibus, ³ quae tenentur? illum fuisse conscripturum exercitus servorum, per quos possideret totam rempublicam, que privatas res omnium? Quamobrem, si T. Annius, tenens cruentum gladium clamaret: Adeste, quaeso, atque audite, cives; interfeci P. Clodium, repuli hoc ferro et hac dextra a vestris cervicibus ejus furores, quos poteramus jam frenare nullis legibus, nullis judiciis, ⁴ ut per me unum jus, aequitas, leges, libertas, pudor, pudicitia manerent in civitate, ⁵ esset vero timendum, quonam modo civitas ferret id! Enim nunc quis est, qui non probet? qui non laudet? qui non et dicat et sentiat T. Annium unum post memoriam hominum plurimum profuisse reipublicae, affecisse maxima laetitia Romanum populum, cunctam Italiam, omnes nationes? Non queo judicare quanta fuerint

---

and his own countrymen; but somehow the incredible patience of the state now by use had become hardened and callous."

¹ *Si ille nactus esset*, &c. "If he had gained possession of the government I pass by our allies," &c....(what they would have suffered)....*Enim faceretis vota*. "For you would offer prayers, that he would rather hurl himself against them, than against your possessions," &c.

² *A liberis, medius fidius*. &c. "From your children, as God is true, and from your wives."

³ *Quae tenentur.* Supply *memoria*. "Which are well remembered."

⁴ *Ut per me unum.* "So that through my agency alone."

⁵ *Esset vero timendum*, &c. "Would he (Milo) have reason to fear in what way the state would bear that" (avowal).

illa vetera gaudia Romani populi. Tamen ¹ nostra aetas jam vidit multas clarissimas victorias summorum imperatorum, nulla quarum attulit neque tam diuturnam nec tantam laetitiam. ² Mandate hoc memoriae, judices. Spero vos que vestros liberos esse visuros multa bona in republica; in iis singulis semper ita existimabitis vos fuisse visuros nihil corum, P. Clodio vivo. Adducti sumus in maximam, et, quemadmodum confido, verissimam spem, ³ hunc ipsum annum, hoc ipso summo viro consule, licentia hominum compressa, cupititatibus fractis, legibus et judiciis constitutis, fore salutarem civitati. Num est igitur quis tam demens, qui arbitretur hoc potuisse contingere, P. Clodio vivo? Quid? ⁴ quod jus perpetuae possessionis potuissent ea habere, quae tenetis, privata atque vestra, furioso homine dominante?

XXIX. Non timeo, judices, ⁵ ne inflammatus odio mearum inimicitiarum videar evomere haec in illum libentius, quam verius. ⁶ Etenim etsi debebat esse praecipuum, tamen ille erat ita communis hostis omnium, ut meum odium paene aequaliter versaretur in communi odio. Non potest satis

---

¹ *Nostra aetas*, &c. "Our own age has already seen."....*Nulla quarum*, &c. "None of which afforded such long-continued and so great joy and satisfaction."

² *Mandate hoc*, &c. "Commit this (thought) to your memory, judges," (which I am about to express). "I trust that you and your children will yet experience many blessings in the republic: in regard to each one of these several blessings, you will always have this opinion, that you would have experienced none of them if Clodius were still alive."

³ *Hunc ipsum annum....civitati.* "That this very year....is about to prove a prosperous one to the state."

⁴ *Quod jus*, &c. "What right of permanent possession could those things have, which you hold as private property and as belonging to yourself, if this mad man (Clodius) were ruling (the state)."

⁵ *Ne inflammatus*, &c. "That inflamed with a hatred produced by my private animosities, I may seem to spew out these (reproaches) against him with more freedom than truth."

⁶ *Etenim etsi*, &c. "For although it (my personal hostility) might well be prominent, nevertheless he was to such a degree the common enemy of all, that my individual hatred was almost merged in the common hatred and only on a level with it."

dici, ne quidem cogitari, ¹quantum sceleris fuerit in illo, quantum exitii. Quin attendite sic, judices. Nempe haec est quaestio de interitu P. Clodii. ²Fingite animis (enim nostrae cogitationes sunt liberae, et, quae volunt, sic intuentur ut cernimus ea, quae videmus) fingite igitur cogitatione imaginem hujus meae conditionis, si possim efficere, ut absolvatis Milonem, sed ita, si P. Clodius revixerit. Quid extimuistis vultu? Quonam modo ille vivus afficeret vos, quos mortuus percussit inani cogitatione? Quid! ³si Cn. Pompeius ipse, qui est ea virtute ac fortuna, ut semper potuerit [facere] ea, quae nemo praeter illum, si is, inquam, potuisset aut ferre quaestionem de morte P. Clodii aut excitare ipsum ab inferis, utrum putatis fuisse potius facturum? Etiamsi propter amicitiam vellet evocare illum ab inferis, propter rempublicam non fecisset. Sedetis igitur ultores ejus mortis, cujus vitam si putetis posse restitui per vos, nolitis, et quaestio lata est de nece ejus, qui si posset reviviscere eadem lege, lex nunquam lata esset. ⁴Si ergo esset interfector hujus, in confitendo ne timeret poenam ab iis, quos liberasset? Graeci homines tribuunt

---

¹ *Quantum sceleris*, &c. "How much that was criminal there was in him, how much that was pernicious and hurtful."

² *Fingite animis*, &c. "Form a conception in your minds (for our thoughts are free, and what they wish they so behold, as we perceive, what we behold (with our eyes); form then in thought an image of this my condition, if I could succeed in procuring your acquittal of Milo, but only on the condition that P. Clodius (also) were brought to life again. Why do you betray fear in your countenances? In what manner would he, were he alive, affect you, whom, though dead, he strikes with dread by the empty thought of himself?"

³ *Si Cn. Pompeius*, &c. "If Cn. Pompey himself, who is of such intrinsic worth and propitious fortune, that he could always do things which no one besides him could do,—if he, I say, could have either procured a legal inquiry concerning the death of P. Clodius, or (at his option) have raised Clodius himself from the dead, which do you think he would have preferred to do?"

⁴ *Si ergo esset*, &c. "If then he (Milo) were (in point of fact) the slayer of this man (Clodius), in confessing it, ought he to fear punishment at the hands of those whom he had liberated" from fear and danger?

honores deorum iis viris, qui necaverunt tyrannos. Quae ego vidi Athenis ? quae in aliis urbibus Graeciae ? ¹ quas divinas res institutas talibus viris ? quos cantus ? quae carmina ? ² Consecrantur prope ad et religionem et memoriam immortalitatis. ³ Vos afficietis conservatorem tanti populi, ultorem tanti sceleris, non modo nullis honoribus, sed etiam patiemini rapi ad supplicium ? ⁴ Confiteretur, confiteretur, inquam, si fecisset, et magno animo et libente, se fecisse causa libertatis omnium, quod esset non modo confitendum ei, verum etiam praedicandum.

XXX. Etenim, si non negat id, ex quo petit nihil, nisi ut ignoscatur, dubitaret fateri id, ex quo etiam praemia laudis essent petenda ? ⁵ nisi vero putat esse gratius vobis se fuisse defensorem sui capitis, quam vestri ; quum praesertim in ea confessione, si velletis esse grati, assequeretur amplissimos honores ; si factum non probaretur vobis (quamquam qui poterat sua salus non probari cuiquam ?) sed tamen si virtus fortissimi viri cecidisset minus grata civibus, magno que constanti animo cederet ex ingrata civitate. Nam quid

---

¹ *Quas divinas res,"* &c. "What divine rites instituted for (the honor of) such men ! "

² *Consecrantur prope,* &c. "They are well-nigh consecrated both to the religious reverence and commemoration of immortality."

³ *Vos afficietis,* &c. "Will you distinguish the preserver of so great a people, the avenger of so great criminality, not only with no honors, but even suffer him to be dragged to punishment ? "

⁴ *Confiteretur,* &c. "He might well confess—confess, I say, if he had done this thing, and that too with magnanimity and freedom— that he had done it for the sake of the liberty of all—a thing which might not only be confessed by him, but publicly proclaimed (and gloried in)."

⁵ *Nisi vero putat,* &c. "Unless, indeed, he supposes it to be more pleasing to you for him to have been a defender of his own life than (a champion) of you (and of your rights) ; when, especially in that confession, if you were disposed to be grateful, he would acquire the most ample honors ; if, on the other hand, the deed were not approved by you (although how could one's own preservation not be approved (and applauded) by any one), still, if the virtue of a very brave man did not turn out an agreeable offering to his fellow-citizens, he could withdraw from an ungrateful country with a magnanimous and unshaken mind."

esset ingratius, quam ceteros laetari, cum solum lugere,
¹ propter quem ceteri laetarentur? ² Quamquam omnes semper fuimus hoc animo in opprimendis proditoribus patriae, ut, quoniam gloria esset futura nostra, putaremus periculum quoque et invidiam nostram. Nam quae laus esset tribuenda mihi ipsi, quum ausus essem tantum in meo consulatu pro vobis ac vestris liberis, si arbitrarer me ausurum esse id, quod conabar, sine maximis dimicationibus meis? Quae mulier non auderet occidere sceleratum ac perniciosum civem, si non timeret periculum? ³ Qui defendit rempublicam nihilo segnius invidia, morte, poena proposita, is putandus est vere vir. ⁴ Est grati populi afficere praemiis cives bene meritos de republica; [est] fortis viri ne quidem moveri suppliciis, ut poeniteat fecisse fortiter. Quamobrem T. Annius uteretur eadem confessione, qua Ahala, qua Nasica, qua Opimius, qua Marius, qua nosmet ipsi, et, si respublica esset grata, laetaretur, si ingrata, ⁵ tamen in gravi fortuna niteretur sua conscientia. ⁶ Sed fortuna Romani

---

¹ *Propter quem.* "Through whose agency."

² *Quamquam omnes,* &c. "And yet we all have always been of the opinion, in undertaking to overcome the (enemies) and traitors of our country, that, since the glory was to be ours, we should reckon the danger and the odium to be ours also" (and willingly submit to it). "For what praise would there have been accruing to myself when I had ventured so much in my consulship for you and your children" (in suppressing the conspiracy of Catiline), if I supposed (at the time) that I was about to attempt that which I endeavored (to accomplish) without the greatest (and most perilous) conflicts of my own."

³ *Qui defendit.* "Whoever defends the republic with no less alacrity, when (he understands) that odium, death and punishment are set before him (as his only reward), he is to be esteemed truly a hero."

⁴ *Est grati populi,* &c. "It is the part of a grateful people," &c.... *Est fortis viri,* &c. "It is the part of a brave man not even to be moved by punishments so as to repent of having acted with courage" in a critical period of the republic.

⁵ *Tamen in gravi fortuna,* &c. "Nevertheless in his adverse fortune he might be sustained by his own conscious rectitude."

⁶ *Sed fortuna Romani populi,* &c. "But the good-fortune of the Roman people, your (singular) felicity, and the immortal gods, reckon a grateful recognition of this favor (the timely removal of Clodius)

populi, et vestra felicitas, et immortales dii putant gratiam hujus beneficii deberi sibi. Nec vero potest quisquam arbitrari aliter, nisi qui ducit esse nullam [divinam] vim, ve divinum numen, quem neque magnitudo nostri imperii, neque ille sol, nec motus coeli que signorum, nec vicissitudines atque ordines rerum movent, neque, id quod est maximum, sapientia majorum; qui et ipsi sanctissime coluerunt sacra, qui caerimonias, qui auspicia, et prodiderunt nobis, suis posteris.

XXXI. Est, est profecto illa vis; [1] neque inest quiddam in his corporibus atque in hac nostra imbecillitate, quod vigeat et sentiat, et non inest in hoc tanto tam praeclaro motu naturae. Nisi forte idcirco putant non [inesse], quia non apparet nec cernitur; [2] proinde quasi nostram mentem ipsam, qua sapimus, qua providemus, qua agimus ac dicimus haec ipsa possimus videre aut plane sentire, qualis aut ubi sit. Ea ipsa vis igitur, quae saepe attulit incredibiles felicitates atque opes huic urbi, exstinxit ac sustulit illam perniciem, [3] cui primum injecit mentem, ut auderet vi irri-

---

to be due to themselves. Nor, indeed, can any one judge otherwise, unless one who thinks that there is no supernatural agency, no divine power (concerned in human affairs)—one, whom neither the greatness of our empire, nor that (illustrious) sun, nor the motions of the heavens and the stars, nor the changes and orderly successions of the material universe, move to conviction and reverence, nor that which is greatest, the wisdom and piety of our ancestors, who have both cultivated themselves most devoutly the observance of sacred duties, the fulfilment of ceremonies, the due attention to auguries, and have handed (these things) down to us, their posterity."

[1] *Neque inest quiddam*, &c. "Nor (is it to be supposed) that there is something in these bodies and this imbecile (and insignificant) nature of ours, that lives and thinks; and that there is not the like power in this so great, so illustrious movement of nature."

[2] *Proinde quasi*, &c. "Just as if with regard to our mind itself with which we know, &c. .... we can see or clearly perceive what or where it is."

[3] *Cui primum injecit*, &c. "Into whom it first infused the purpose to venture to provoke by violence and with the sword to attack a very brave man, and to suffer a defeat from him, whom, if he (Clodius) had conquered, he would have enjoyed a perpetual impunity and license."

tare que ferro lacessere fortissimum virum, que vinceretur ab eo, quem si vicisset, habiturus esset sempiternam impunitatem et licentiam. Non humano consilio, ¹ ne quidem mediocri cura immortalium Deorum, illa res perfecta est. ² Religiones ipsae, mehercule, quae viderunt illam belluam cadere, videntur commovisse se et retinuisse suum jus in illo. ³ Enim vos jam, Albani tumuli atque luci, vos, inquam, imploro atque testor, que vos, obrutae arae Albanorum, sociae et aequales sacrorum Romani populi, quas ille, praeceps amentia, sanctissimis lucis caesis que prostratis, oppresserat insanis molibus substructionum; vestrae arae, vestrae religiones tum viguerunt, vestra vis valuit, quam ille polluerat omni scelere; que tu ex tuo edito monte, sancte Latiaris Jupiter, cujus lacus, nemora que fines ille saepe macularat omni nefario stupro et scelere, aliquando aperuisti oculos ad puniendum eum; vobis, vobis in vestro conspectu illae serae, sed tamen justae et debitae, poenae solutae sunt. Nisi forte dicemus hoc etiam factum esse casu, ut quum commisisset proelium ante ipsum sacrarium Bonae Deae, quod est in fundo T. Sestii Galli, in primis honesti et ornati adolescentis, ante inquam, Bonam Deam ipsam, primum

---

¹ *Ne quidem mediocri cura.* "Nor by any ordinary care."

² *Religiones ipsae*, &c. "The consecrated places themselves, I solemnly affirm, which saw that monster fall, seem to have put themselves in motion and to have re-asserted their right in him" as a fit subject of punishment.

³ *Enim vos jam.* "For you now, ye Alban mounds and groves, you, I say, I invoke and call to witness, and you, ye subverted altars of Alba, associates and equals in the sacred observances of the Roman people, which he, with headlong temerity, after cutting down and levelling the most sacred groves, buried under huge piles of buildings; your altars and your sacred prerogatives then revived again (when Clodius fell), and your divine energy asserted itself, which he had dishonored (and set at nought) by every crime; and thou, from thy lofty mount, venerable Jupiter Latiaris, whose lakes, groves and precincts he had often stained with every act of infamous licentiousness and crime, at length didst open thine eyes to visit him with punishment. To you, to you and in your very sight those late but nevertheless just and merited retributions were paid."

acciperet illud vulnus, quo obiret teterrimam mortem,¹ ut non videretur absolutus illo nefario judicio, sed reservatus ad hanc insignem poenam.

XXXII. Nec non vero eadem ira deorum ² injecit ejus satellitibus hanc amentiam, ut ambureretur abjectus, sine imaginibus, sine cantu atque ludis, sine exsequiis, sine lamentis, sine laudationibus, sine funere, oblitus cruore et luto, spoliatus celebritate illius supremi diei, cui etiam inimici solent cedere. Credo non fuisse fas, formas clarissimorum virorum afferre aliquid decoris illi teterrimo parricidae ³ neque ejus mortem lacerari in ullo loco potius quam in quo vita damnata est. Fortuna Romani populi, medius fidius, jam videbatur mihi dura et crudelis, quae pateretur illum tot annos insultare in hanc rempublicam. Polluerat stupro sanctissimas religiones, perfregerat gravissima decreta senatus, palam redemerat se a judicibus pecunia, vexarat senatum in tribunatu, ⁴ resciderat gesta pro salute reipublicae consensu omnium ordinum, expulerat me patria, diripuerat bona, incenderat domum, vexarat (meos) liberos, meam conjugem. Indixerat nefarium bellum Cn. Pompeio, effecerat caedes magistratuumque privatorum, incenderat domum mei fratris, vastarat Etruriam, ejecerat multos sedibus ac fortu-

---

¹ *Ut non videretur*, &c. "So that he might not appear to have been acquitted by that infamous tribunal (that first tried him for sacrilege), but rather reserved for this (more) signal retribution."

² *Injecit ejus satellitibus*, &c. "Infused into his satellites this madness, that (by their insane agency) he was burned in dishonor without the (customary) images," &c. .... *Oblitus*, &c. "Smeared with blood and mire, robbed of the (funereal) distinction of that last day (of death), to which even personal enemies are accustomed to yield respect."

· *Neque ejus mortem*, &c. "Nor that his dead body should be torn (and mutilated) in any other place, than that in which his life had been (frequently and publicly) condemned," *i.e.*, the forum. *Mortem* is the abstract for the concrete *mortuum*.

⁴ *Resciderat gesta*, &c. "He had rescinded public acts, done for the safety of the republic with the consent of all the orders (of the state)," alluding to the summary suppression of the conspiracy of Catiline, which Clodius condemned and impeached.

nis, instabat, urgebat; ¹ civitas, Italia, provinciae, regni non poterant capere ejus amentiam ; ² leges jam incidebantur domi, quae addicerent nos nostris servis. ³ Erat nihil cujusquam, quod quidem ille adamasset, quod non putaret fore suum hoc anno. Nemo obstabat ⁴ ejus cogitationibus praeter Milonem. ⁵ Arbitrabatur illum ipsum, qui poterat obstare, quasi devinctum novo reditu in gratiam ; dicebat potentiam Caesaris esse suam ; ⁶ contempserat animos bonorum in meo casu ; Milo unus urgebat.

XXXIII. ⁷ Hic immortales Dii, ut supra dixi, dederunt illi perdito ac furioso mentem, ut faceret insidias huic. Illa pestis non potuit aliter perire ; nunquam respublica ulta esset illum suo jure. ⁸ Senatus, credo, circumscripsisset eum praetorem. ⁹ Ne quidem quum solebat facere id, profecerat aliquid in hoc eodem privato. ¹⁰ An consules fuissent fortes in coercendo praetore ? Primum, Milone occiso, habuisset suos consules ; deinde quis consul esset fortis ¹¹ in co

---

¹ *Civitas, Italia . . . . non poterant capere*, &c. "The state, Italy, &c. . . . . could not confine or limit (the bounds of) his mad ambition."

² *Leges jam incidebantur*, &c. "Laws were already engraved at his own house (as if they had been antecedently enacted) that consigned us into subjection to our own slaves."

³ *Erat nihil cujusquam*, &c. "There was nothing belonging to any one (else) that he took a fancy to, which he did not think would be his own during this year."

⁴ *Ejus cogitationibus.* "His sinister plans."

⁵ *Arbitrabatur illum ipsum*, &c. "He supposed that that very person (Pompey) who (alone) could successfully oppose him, was, as it were, pledged to him by his recent restoration into his favor."

⁶ *Contempserat*, &c. "He had shown his contempt for the feelings of all good persons in (procuring) my exile."

⁷ *Hic.* "Hereupon," or "in this state of affairs."

⁸ *Senatus, credo*, &c. "The senate, I suppose, would have restricted him (in the exercise of his office) as praetor."

⁹ *Ne quidem quum solebat*, &c. "Not even when it was accustomed to do this, did it accomplish anything in this same person in a private condition of life ;" much less could it restrain him in office.

¹⁰ *An consules*, &c. "Would the consuls have been resolute in coercing him as praetor ?"

¹¹ *In eo praetore*, &c. "In the case of that praetor (Clodius),

praetore, per quem, tribunum, meminisset consularem virtutem esse crudelissime vexatam? Oppressisset omnia, possideret, teneret; nova lege, quae inventa est apud eum cum reliquis Clodianis legibus, ¹ fecisset nostros servos suos libertos. ² Postremo, nisi immortales Dii impulissent eum in eam mentem, ut effeminatus homo conaretur occidere fortissimum virum, haberetis hodie nullam rempublicam. ³ An ille praetor, ille vero consul, si modo haec templa atque moenia ipsa potuissent stare tamdiu, eo vivo, et exspectare ejus consulatum, ille denique vivus fecisset nihil mali, qui, mortuus, Sex. Clodio uno ex suis satellitibus duce, incenderit curiam? Quo quid vidimus miserius, quid acerbius, quid luctuosius? Templum sanctitatis, amplitudinis, mentis, publici consilii, caput urbis, aram sociorum, portum omnium gentium, sedem concessam ab universo populo uni ordini, inflammari, exscindi, funestari? neque id fieri a imperita multitudine, quamquam id ipsum esset miserum, sed ab uno? ⁴ Qui quum ausus sit tantum ustor pro mortuo, quid non ausus esset signifer pro vivo? ⁵ Abjecit in curiam potissimum ut incen-

---

through whom, when tribune, he remembered that the consular power had been most cruelly harassed."

¹ *Fecisset nostros*, &c. "He would have made our slaves his freedmen," by conferring upon them political rights that would have bound them to himself in attachment and devotion.

² *Postremo, nisi*, &c. "In short, had not the gods impelled him to the purpose, that led an effeminate man (as he was) to attempt to kill a very brave man, you would have no republic this day at all."

³ *An ille praetor*, &c. "Would he as praetor, would he indeed as consul, if only these temples and the walls themselves (of the city) could have stood so long, with him alive, and have waited for his consulship, would he, in fine, as a living man simply, have perpetrated no evil, who, even after death, with Sextus Clodius alone of his followers as a leader, could set fire to the senate-house?"

⁴ *Qui quum ausus sit*, &c. "If this man dared to do so much as a corpse-burner for a dead man, what would he not have dared to do as a standard-bearer for a living one?"

⁵ *Abjecit in curiam*, &c. "He threw him down in the senate-house with the express purpose that he might set on fire, as a dead man, that (edifice) which he had already, as a living man, subverted (in its authority and influence)."

deret mortuus eam, quam everterat vivus. Et sunt [ii] qui
querantur de Appia via, taceant de curia? ¹ et qui putent
forum potuisse defendi ab eo spirante, cujus cadaveri curia
non restiterit? Excitate, excitate ipsum, si potestis, a
mortuis. ² Frangetis impetum vivi, furias cujus insepulti
vix sustinetis? Nisi vero sustinuistis eos, qui concurrerunt
cum facibus ad curiam, cum falcibus ad (aedem) Castoris,
volitarunt cum gladiis toto foro. Vidistis Romanum populum caedi, concionem disturbari gladiis, quum M. Caelius
³ audiretur silentio, tribunus plebis, vir et fortissimus in republica et firmissimus in causa suscepta et deditus voluntati
bonorum et auctoritati senatus, et divina et incredibili fide
in hac sive invidia, sive singulari fortuna, Milonis.

XXXIV. ⁴ Sed jam satis multa [adducta sunt] de causa;
fortasse etiam nimis multa extra causam. Quid restat, nisi
ut orem que obtester vos, judices, ut tribuatis eam misericordiam fortissimo viro, quam ipse non implorat; ⁵ ego, etiam
hoc repugnante, et imploro et exposco. Nolite, si, ⁶ in fletu
nostro omnium, adspexistis nullam lacrimam Milonis, si
videtis (ejus) vultum semper eundem, si vocem, si orationem

---

¹ *Et qui putent,* &c. "And who think that the forum could have been protected from him as a living and breathing man, whose dead body, even, the senate-house could not resist."

² *Frangetis impetum,* &c. "Will you undertake to subdue the violent onset of the living man, the frenzied assaults of whose unburied body you could with difficulty support?"

³ *Audiretur silentio.* "Was being listened to in silent attention."
.... *Firmissimus in causa suscepta.* "Most resolute in any cause espoused by him." .... *Divina et incredibili fide,* &c. "Of a divine and incredible honor and trustworthiness in this critical situation of Milo, whether of odium (on the one hand), or of singular good-fortune and felicity (on the other).

⁴ *Sed jam satis multa,* &c. "But now arguments and topics sufficiently numerous have been adduced relating immediately to the cause itself; perhaps also matters too numerous without (the sphere of the) cause."

⁵ *Ego, etiam hoc repugnante,* &c. "I, even with the opposition of this my client, entreat and (earnestly) implore."

⁶ *In fletu nostro omnium.* "In the weeping or amidst the tears of us all." *Nostro* is equivalent to *nostrum.*

stabilem ac non mutatam, ¹ hoc minus parcere ei. ² Haud scio, an sit etiam multo magis adjuvandus [his rebus]. ³ Etenim si in gladiatoriis pugnis, et in conditione atque fortuna infimi generis hominum, solemus etiam odisse timidos atque supplices et obsecrantes, ut liceat vivere, cupimus servare fortes et animosos et offerentes se ipsos acriter morti; que miseret nos eorum magis, qui non requirunt nostram misericordiam, quam qui efflagitant, quanto magis debemus facere hoc in fortissimis civibus. Hae voces Milonis quidem, judices, quas audio assidue et quibus intersum quotidie, examinant et interimunt me. ⁴ "Valeant, inquit, mei cives valeant; sint incolumes; sint florentes, sint beati; haec praeclara urbs que patria carissima mihi, quoquo modo merita erit de me, stet; mei cives ipsi, sine me, sed tamen per me, perfruantur tranquilla republica, quoniam non licet mihi, [perfruit eadem] cum illis; ego cedam atque abibo; si non licuerit mihi frui bona republica, at carebo mala, et quam primam bene moratam et liberam civitatem tetigero, in ea conquiescam. O mei labores, inquit, frustra suscepti! O

---

¹ *Hoc.* "On this account."

² *Haud scio*, &c. "I am inclined to think that he is much rather to derive advantage" from these circumstances, *i.e.*, from his firmness and resolution.

³ *Etenim si in gladiatoriis*, &c. "For if in gladiatorial contests and in the condition and fortune of the lowest class of men we are wont even to dislike the timid and the fawning and those that beg to be permitted to live, (but) are anxious to save the brave and courageous and those exposing themselves with alacrity to death; and we pity those more who do not ask our pity than those who urgently demand it, how much rather ought we to do this in the case of the bravest citizens?"

⁴ *Valeant, inquit*, &c. "Let them thrive, he says, let my fellow-citizens thrive in prosperity and health. Let them be safe, let them be flourishing, let them be happy; let this illustrious city and (this) country, most dear to me, in whatever way it shall merit from me (by its treatment of me personally) continue to stand; let my fellow-citizens enjoy a tranquil republic without me, but nevertheless by my agency, since it is not permitted me to enjoy the same in conjunction with them; I will give place and withdraw; if I am not allowed to enjoy a good republic, at least I shall be without a bad one, and what first well-regulated and liberally constituted state I shall come to (in my exile) in it will I find repose."

fallaces spes! O! meae inanes cogitationes! ¹Ego, quum tribunus plebis, republica oppressa, dedissem me senatui, quem acceperam exstinctum, Romanis equitibus, quorum vires erant debiles, bonis viris, qui abjecerant omnem auctoritatem Clodianis armis, uuquam putarem, praesidium bonorum defuturum [esse] mihi? Ego, quum reddidissem te patriae (enim saepissime loquitur cum me), putarem non futurum [esse] locum mihi in patria? Ubi nunc est senatus, quem secuti sumus? ubi illi Romani equites, inquit, illi tui? ubi studia municipiorum? ubi voces Italiae? ubi denique illa vox atque defensio tua, M. Tulli, quae fuit auxilio plurimis? ²mihine soli potest ea [vox] opitulari nihil, [mihi], qui toties obtuli me morti pro te?"

XXXV. Nec vero loquitur haec, judices, ut ego nunc, flens, sed hoc eodem vultu, quo videtis. ³Enim negat, negat se fecisse, quae fecerit, ingratis civibus; [fecisse] timidis et circumspicientibus omnia pericula, non negat. ⁴Plebem et

---

¹ *Ego, quum tribunus plebis.* "I, when as tribune of the people, with the republic under oppression, I devoted myself to the senate, which I found (well-nigh) extinct (in authority), (when I devoted myself) to the Roman knights, &c. (when I devoted myself) to (the interests of all) good men, who had surrendered all authority to the arms of Clodius, did I ever imagine that the protection of the good would be wanting to myself? I, when I had restored you to your country (for very often he speaks with me in familiar converse), did I suppose that there would not be a place for me in that same country?"

² *Mihine soli,* &c. "To me alone can that voice (of thine) bring no assistance, to me, who so often have exposed myself to death in your behalf?"

³ *Enim negat, negat,* &c. "For he utterly refuses to believe that he has done what he has done for ungrateful citizens (and who cannot appreciate his services); that he has acted for timid citizens and those who are surveying with circumspection all the perils of the situation, he does not deny."

⁴ *Plebem et infimam,* &c. "The common people and lowest mass of the population, who, under the leadership of P. Clodius, threatened your prosperity, this class, in order that your life might be secure, he says that he made his own, so as not only to control them by his power but also to soothe them by means of his three patrimonial estates; nor does he fear that, when he shall have quieted the people

infimam multitudinem, quae, P. Clodio duce, imminebat vestris fortunis, eam, quo vestra vita esset tutior, commemorat se fecisse suam, ut non modo flecteret virtute, sed etiam deleniret suis tribus patrimoniis; nec timet ne, quum placarit plebem muneribus, non conciliarit vos singularibus meritis in rempublicam. ¹ Dicit benevolentiam senatus erga se saepe perspectam esse his ipsis temporibus; vestras occursationes et [occursationes] vestrorum ordinum, studia, sermones, quemcunque cursum fortuna dederit, [dicit] se ablaturum esse secum. Meminit etiam vocem praeconis modo defuisse sibi, quam minime desiderarit; vero se declaratum [esse] consulem cunctis suffragiis populi, quod unum cupierit; ² nunc denique, si haec sint futura contra se, suspicionem fa-inoris, non crimen facti obstare sibi. Addit haec, quae sunt certe vera, fortes et sapientes viros solere sequi non tam praemia recte factorum, quam ipsa recte facta; se fecisse nihil in vita nisi praeclarissime, si quidem nihil sit praestabilius viro quam liberare patriam periculis; [eos] esse beatos, quibus ea res fuerit honori a suis civibus, nec tamen eos [esse] miseros, ³ qui vicerint suos cives beneficio; sed tamen ex omnibus praemiis virtutis, si ratio esset habenda praemiorum, gloriam esse amplissimum praemium; hanc esse unam, ⁴ quae consolaretur brevitatem vitae memoria posteritatis, quae effi-

---

by his liberal gifts, he shall not at length conciliate you by his extraordinary services towards the republic."

¹ *Dicit benevolentiam*, &c. "He says that the good-will of the senate towards himself was often seen by him during these (critical) times; your attentions and the attentions of your different orders, your favorable regards and (encouraging) words, whatever turn of events fortune may grant to him, he will carry away with him" in memory, and, if need be, into exile.

² *Nunc denique, si haec*, &c. "Now at length, if these things (this present trial, &c.) shall turn out to his disadvantage, it is (the unfounded) suspicion of a criminal purpose (against the state) and not this accusation (respecting Clodius) that is an obstacle to his acquittal."

³ *Qui vicerint suos cives beneficio.* "Who have surpassed their fellow-citizens in beneficent action."

⁴ *Quae consolaretur brevitatem*, &c. "Which compensates the brevity of life by the grateful memory of posterity."

ceret, ut adessemus absentes, viveremus mortui; denique hanc esse [viam], cujus gradibus homines etiam viderentur ascendere in coelum. "De me, inquit, semper Romanus populus, semper omnes gentes loquentur, ¹ nulla vetustas unquam obmutescet. ² Quin hoc ipso tempore, quum omnes faces subjiciantur meae invidiae a meis inimicis, tamen in omni coetu hominum celebramur agendis gratiis, et habendis gratulationibus, et omni sermone. Omitto festos dies Etruriae ³ et actos et institutos. Haec est centesima et altera lux opinor ab interitu P. Clodii; ⁴ qua sunt fines imperii Romani populi, non solum ea fama de illo jam peragravit, sed etiam laetitia (ob ejus mortem peragravit). Quamobrem ubi hoc corpus sit, inquit, ⁵ non laboro, quoniam gloria mei nominis et jam versatur et semper habitabit in omnibus terris."

XXXVI. Haec tu saepe [dixisti] mecum, his absentibus; sed, iisdem audientibus, ego [loquar] haec tecum, Milo; non possum quidem satis laudare te, quum es isto animo; ⁶ sed quo magis divina est ista virtus, eo majore dolore divellor a te. ⁷ Nec vero si eriperis mihi, est illa querela tamen

---

¹ *Nulla vestustas*, &c. "No distant age shall ever be silent."
² *Quin hoc ipso tempore.* "But at this very time when all torches are applied to kindle against me a flame of odium by my enemies, it is still the case in every assembly of men I am rendered illustrious by public thanksgiving and by mutual congratulations and by the universal speech of men."
³ *Et actos et institutos.* "Both those already past and (others) appointed (to be held)."
⁴ *Qua sunt fines.* "Wheresoever are the limits of the empire of the Roman people, not only this report concerning him (Clodius) has already spread, but likewise joy on account of his death (has been communicated)."
⁵ *Non laboro.* "I do not care." *Quoniam gloria*, &c. Since the glory of my name is both now familiarly known and always will abide in all lands."
⁶ *Sed quo magis divina*, &c. "But the more divine (and transcendent) is that virtue of thine, with the greater grief am I torn from you," if that is to be the unhappy result.
⁷ *Nec vero si eriperis*, &c. "Nor indeed, if you shall be snatched away from me, is there that (opportunity of) complaint, nevertheless, left for my consolation, that I can be angry at these, from

reliqua ad consolandum, ut possim irasci his, a quibus accepero tantum vulnus. Enim non mei inimici eripient to mihi, sed amicissimi, non meriti male aliquando de me, sed semper optime. ¹ Nullum tantum dolorem judices unquam inuretis mihi (etsi quis potest esse tantus?); sed ne quidem hunc ipsum, ut obliviscar, quanti semper feceritis me. Quae oblivio si cepit vos, aut si offendistis aliquid in me, cur non id luitur potius meo capite, quam [capite] Milonis? Enim vixero praeclare, si quid acciderit mihi prius, quam videro hoc tantum mali. Nunc una consolatio sustentat me, quod nullum officium amoris a me, nullum studii, nullum pietatis defuit tibi, T. Anni. Ego appetivi inimicitias potentium pro te, ego saepe objeci meum corpus et vitam armis tuorum inimicorum, ² ego abjeci me supplicem plurimis pro te; [mea] bona, meas fortunas ac [fortunas] meorum liberorum contuli in communionem tuorum temporum; denique hoc ipso die, si qua vis parata est, ³ si qua dimicatio capitis futura, deposco. Quid jam restat? quid habeo, quod faciam pro tuis meritis in me, ⁴ nisi ut ducam eam fortunam, quaecunque

---

whom I shall have received so severe a wound. For it is not my personal enemies that will tear you from me, but my most intimate friends, not those who have at any time deserved ill of me, but always the very best."

¹ *Nullum unquam, judices*, &c. "No such great sorrow will you ever impress upon me, judges," (literally, brand or burn in) as will arise from the banishment of Milo " (indeed, what can be so great); but not even this very (sorrow) can I suffer to such a degree as to forget how much esteem you have always had for me. If the like forgetfulness has seized upon you or you have taken offence at me in anything, why is not that rather punished with *my* death, than the death of Milo? For I shall have lived illustriously (and to some purpose) provided my existence shall terminate before I shall see this so great evil." *Si quid acciderit mihi* is a softened expression for the occurrence of death.

² *Ego abjeci me*, &c. "I have humbled myself as a suppliant to very many in your behalf; my goods, my fortunes and the fortunes of my children I have surrendered to a participation in your perilous circumstances."

³ *Si qua dimicatio*, &c. "If any dangerous conflict is to occur, I demand to have a part in it."

⁴ *Nisi ut ducam*, &c. "Unless to consider that fortune, which

erit tua, [esse] meam? ¹ Non abnuo, non recuso; quo obsecro vos, judices, ut aut augeatis in hujus salute vestra beneficia, quae contulistis in me, aut videatis [ea] esse occasura in exitio ejusdem.

XXXVII. Milo non movetur his lacrimis. [Ille] est quodam incredibili robore animi; putat exsilium esse ibi, ubi non sit locus virtuti; mortem ² esse finem naturae, non poenam. ³ Sed hic ea mente, qua natus est; quid vos, judices? quo animo tandem eritis? Retinebitis memoriam Milonis, ejecietis ipsum? et erit ullus locus in terris dignior, qui excipiat hanc virtutem, quam hic, qui procreavit? Vos, vos appello, fortissimi viri, qui effudistis multum sanguinem pro republica; vos appello, centuriones, que vos, milites, in [periculo] viri et in periculo invicti civis; vobis non modo inspectantibus sed etiam armatis, et praesidentibus huic judicio, haec tanta virtus expelletur ex hac urbe, exterminabitur, projicietur? O me miserum, O me infelicem! ⁴ Potuisti tu revocare me in patriam, Milo, per hos, potero non ego retinere te in patria per eosdem? Quid respondebo meis liberis, qui putant te alterum parentem? ⁵ Quid [re-

---

shall be yours, of whatsoever nature it may be, shall also be mine," by a willing and cordial adoption.

¹ *Non abnuo*, &c. "I do not reject, I do not refuse (these conditions), and I beg of you, judges, that you either augment your favors, which you have (already) conferred upon me, (by acquiescing) in his (acquittal) and safety, or behold them ready to be cancelled and extinguished in his (condemnation) and destruction."

² *Esse finem naturae*, &c. "Is the (appointed) end of the natural life, (and) not a punishment" of crime.

³ *Sed hic ea mente*, &c. "But he is of the resolute temperament and purpose with which he was born: what, nevertheless, do you intend? judges! of what mind, I ask, will you be? will you preserve the memory of Milo (and) will you banish himself? and shall any place on earth be more worthy to receive this virtue, than this, which produced it?

⁴ *Potuisti tu*, &c. "Couldst thou recall me to my country from exile, Milo, by means of these persons (whom I address), and shall not I be able to retain you in your country by the agency of the same persons?"

⁵ *Quid [respondebo] tibi*, &c. "What answer shall I make to thee

spondebo] tibi, frater Quinte, qui nunc abes, consorti mecum illorum temporum? mene non potuisse tueri salutem Milonis per eosdem, per quos ille servasset nostram? At in qua causa non potuisse? ¹ [In ea] quae est grata gentibus. A quibus non potuisse? ab iis, qui maxime acquierunt morte P. Clodii; quo deprecante? me. ² Quodnam tantum scelus ego concepi, aut quod tantum facinus admisi in me judices, quum indagavi illa indicia communis exitii, patefeci, protuli, exstinxi? Omnes dolores redundant in me que meos ex illo fonte. ³ Quid voluistis me esse reducem? an ut, me inspectante, ii expellerentur, per quos essem restitutus? Nolite, obsecro vos, pati reditum esse acerbiorem mihi, quam fuerit ille ipse discessus. ⁴ Nam qui possum putare me esse restitutum, si distrahar ab iis, per quos sum restitutus?

XXXVIII. Utinam immortales Dii fecissent ⁵ (tua pace, patria, dixerim; enim metuo, ne dicam scelerate in te, quod dicam pie pro Milone), utinam P. Clodius non modo viveret, sed etiam esset praetor, consul, dictator, potius quam vide-

---

brother Quintus, who art now absent, [to thee] a sharer with me in those perilous times (of my exile)."

¹ [*In ea*] *quae est grata*, &c. "In that cause which is approved by all. *A quibus non potuisse*, &c. From whom could I not (obtain this boon)? From those, who most acquiesced in the death of P. Clodius; with whom as an intercessor? such a one as "myself" (who owe so much to Milo and have done so much to deserve well of the state).

² *Quodnam tantum scelus*, &c. "What a great crime did I conceive and what a grave offence did I commit against myself, judges, when I investigated those proofs (of a plot) for the common destruction (in the case of Catiline), when I exposed them, brought them forth to public view, (and) extinguished" (the seeds of the conspiracy itself).

³ *Quid voluistis*, &c. "Why did you wish me to be brought back" (from exile)? "was it that in my very sight, those might be banished through whom I was restored?"

⁴ *Nam qui possum*, &c. "For how can I think myself to be really restored, if I am torn away and separated from those through whom I have been recovered from exile."

⁵ *Tua pace, patria*, &c. "With your pardon, my country, let me say it! for I fear (in what I am about to wish), I shall speak wickedly against thee what I shall say affectionately in behalf of Milo)."

rem hoc spectaculum! ¹ O immortales Dii! fortem virum et a vobis, judices, conservandum! ² " Minime, minime, inquit [Milo]. Immo vero ille (Clodius) luerit debitas poenas; nos subeamus non debitas, si ita est necesse." ³ Hiccine vir natus patriae, morietur usquam nisi in patria, aut, si forte, pro patria? vos retinebitis monumenta animi hujus, patiemini nullum sepulcrum corporis esse in Italia? quisquam expellet sua sententia ex hac urbe hunc, quem, expulsum a vobis, omnes urbes vocabunt ad se? O beatam illam terram, quae exceperit hunc virum; ⁴ ingratam hanc [terram], si ejecerit, miseram, si amiserit! Sed sit finis. Enim neque jam possum loqui prae lacrimis, et hic vetat se defendi lacrimis. Oro que obtestor vos, judices, ut in ferendis sententiis, audeatis id, quod sentietis. Vestram virtutem, justitiam, fidem, credite mihi, ⁵ is maxime probabit, qui, in legendis judicibus, delegit quemque optimum et sapientissimum et fortissimum.

---

¹ *O! immortales Dii! fortem*, &c. "Ye immortal gods, how brave a man, and by you, judges, how worthy to be preserved."
² *Minime, minime, inquit*, &c. "By no means, by no means, remonstrates (Milo). Nay, rather let him (Clodius) suffer a merited punishment. Let us submit to one that is undeserved, if so it must needs be."
³ *Hiccine vir*, &c. "Shall such a man as this, born for his country, die anywhere else except in his country, or, if it should so chance, for his country? Will you retain among you the proofs and monuments of his noble mind, and suffer no sepulchre of his body to exist in Italy?"
⁴ *Ingratam hanc*, &c. "Ungrateful this land, if it shall banish him; unfortunate, if it shall lose him!"
⁵ *Is maxime probabit*, &c. "He (Pompey), most of all, will approve, who in selecting judges, has appointed (to the office) each best and wisest and most inflexible man" for this important function.

INTRODUCTION

TO THE

ORATION IN BEHALF OF A. LICINIUS ARCHIAS.

THIS oration does not require many words of introduction. It was an effort on the part of Cicero to establish Archias' claim to be a Roman citizen, which had been called in question by an officious person of the name of Gratius, without any very apparent motive. Archias was a native of Antioch, and had cultivated Greek literature extensively and acquired some distinction as a poet. At an early age he came to Rome, and was received into distinguished families there as a man of letters, and employed himself in the instruction of Roman youth of the better class. Through the agency of his principal patron, L. Lucullus, with whom he travelled, he had obtained enrolment as a citizen of Heraclea, a town of Lucania, of considerable character.

By a law enacted in B. C. 92, called the Plautian-Papirian law, it was provided that Roman citizenship should be accorded to all who had a domicile in Italy at that time, who were enrolled in any confederate town, and who made a public declaration before the praetor within sixty days.

All these conditions were fulfilled in the case of Archias. At a later period, in the year B. C. 65, a law was passed called the Papian law, that required all strangers or *peregrini* to be removed from Rome. Of this law Gratius availed himself to bring in question the claims of Archias.

It had unfortunately happened that the public archives of Heraclea had been destroyed by fire, and that in consequence of various absences of Archias from Rome, his name did not appear in the census-lists; so that strictly legal proof could not be produced of the validity of his claims. Cicero undertakes to support his claims, and besides some secondary evidence, such as the oral testimony of Lucullus and the evidence also of the magistrates of Heraclea, he introduces the claims of literature to special consideration, and descants with great beauty and a congenial spirit on the advantages of learning and the attractions of the polite arts, and thus endeavors to predispose the minds of the judges to an indulgent reception of the cause of Archias. Herein lies the excellence of this oration, as containing charming allusions to the advantages and pleasures of a cultivated mind, and affording a stimulus to the youthful reader to the prosecution of the most innocent, rational and humanizing of all pursuits—that of liberal learning and literary culture and accomplishments.

ORATIO

PRO. A. LICINIO ARCHIA, POETA.

NOTES EXPLANATORY AND CRITICAL.

I.

1. *Si quid est in me ingenii,* &c. "If there is in me, judges, any natural talent, which I am aware is very inconsiderable, or if any practical acquaintance with public speaking, in which I do not deny that I have been (at least) moderately exercised, or if any systematic knowledge of this subject proceeding from extensive study and training in the best (liberal) arts, from which I confess that no period of my life has been estranged; of all these things, even among the first, this Aulus Licinius is entitled to claim from me the fruit (and advantage) almost by a right of his own." 2. *Mihi principem....exstitisse.* "To have been to me a principal agent (in leading me) to undertake and prosecute the plan of these studies." 3. *Nonnullis aliquando,* &c. "Has been at any time a (means of) safety to some." 4. *Ac ne quis a nobis.* "And lest any one should chance to wonder that this is so asserted by us, inasmuch as there is in this man (Archias) a different kind of genius, and not this knowledge and training in public speaking (which I have cultivated, let me say), that not even have I been wholly (and exclusively) addicted to this one pursuit." 5. *Ad humanitatem.* "To liberal learning." 6. *Et quasi....continentur.* "And are connected among themselves as it were by a certain (affinity and) relationship."

II.

1. *Sed ne cui vestrum,* &c. "But lest to any of you it should seem strange, that I, in a (purely) legal question, and in a public trial, when the cause is pleaded before the praetor of the Roman people, a very upright man, and before very grave judges, in so great an assemblage and throng of men, should use this description of pleading, which is not only at variance with the custom of (public) trials, but also to forensic speech." 2. *Hanc veniam,* &c. "This privilege, suited (and appropriate) to this defendant." 3. *De studiis humanitatis....loqui.* "To speak a little more freely (than is common

concerning the pursuits of liberal knowledge and literature." 4. *Et in ejusmodi persona,* &c. "And in the case of a person of this description, who, on account of his [habits of] retirement and study, has been very little represented in public trials and controversies, to employ a certain almost new and unaccustomed method of pleading." *Persona* and *tractata est* are phrases belonging to the stage. 5. *Perficiam profecto ut....putetis.* Literally, "I will truly bring it to pass that you think," *i.e.* "I will induce or constrain you to think."

III.

1. *Nam ut primum,* &c. "For as soon as Archias emerged from boyhood and from those pursuits by which the age of boyhood is usually moulded and formed to liberal learning, he betook himself to the occupation of writing." *Celeritur....contigit.* "It was his good-fortune quickly to excel all (others) in the splendor of his genius." 2. *Sic ejus adventus,* &c. "His arrivals were so blazoned in report, that the expectation of the man surpassed the fame of his genius (and) his own (actual) coming, and the admiration (he awakened) exceeded the expectation (itself)." 3. *Civitate ceterisque praemiis donarunt.* "Presented him with citizenship and other tokens of distinction." 4. *Et omnes qui,* &c. "And all who could judge anything of his talents esteemed him worthy of acquaintance and hospitable entertainment." 5. *Hac tanta....jam absentibus notus.* "When, in consequence of this so great distinction of (personal) fame he was already known to persons at a distance: *i.e.* to those who had never seen him, he came to Rome, Marius being consul (at the time) in conjunction with Catulus." 6. *Nactus est primum,* &c. "He found, in the first place, these persons in the consulship, the one of whom could supply the most illustrious deeds for poetic celebration, the other both memorable exploits and also a fondness and appreciative taste (for literary composition)." 7. *Quum praetextatus..esset.* "When Archias was still a youth," literally, "was still clothed in the *praetexta.*" 8. *Sed etiam hoc,* &c. "But there was, moreover, this (degree) not only of genius and learning (in him), but also of natural excellence and moral worth, that the (illustrious) house which was the first (to receive) him in his youth, the same was the most familiar (and friendly) to his old age." 9. *Lucullos vero et Drusum,* &c. "But while he held the Luculli and Drusus and the Octavii, and Cato and the whole house of the Hortensii attached to him by familiar intercourse and intimacy, he was (everywhere) treated with the greatest distinction, because not only those sought his acquaintance who were anxious to learn and hear something (from him), but also those, if there chanced to be any such, who affected to have such a desire."

IV.

1. *Quae quum esset civitas,* &c. "Inasmuch as this state was (on terms) of the most equal privilege and confederation (with Rome), he wished himself to be enrolled, as a citizen, in that state: and this he obtained from the Heracleans, both because he was thought

to be worthy (of it) on his own account and also through the (personal) authority and influence of Lucullus." 2. *Data est civitas,* &c. "Citizenship was conferred by the law of Silanus and Carbo: IF ANY PERSONS HAD BEEN ENROLLED IN CONFEDERATED STATES, IF AT THE TIME THE LAW WAS PASSED THEY HAD A DOMICILE IN ITALY, AND IF WITHIN SIXTY DAYS THEY MADE A PUBLIC DECLARATION BEFORE THE PRAETOR. 3. *Si nihil aliud nisi,* &c. "If we are to speak of nothing else but his citizenship (at Heraclea) and the law (just mentioned), I have no more to say. The cause is pleaded." 4. *Quid enim horum,* &c. "For which of these things can be invalidated, O Gratius?" 5. *Heracleaene esse,* &c. "Will you deny that he was at that time enrolled (as a citizen) at Heraclea. *Adest in,* &c. "Here is a man of the highest authority and probity and credit, who says that he does not conjecture, but knows, that he has not heard, but seen, that he was not simply present, but acted (in the transaction). *Adsunt Heraclienses,* &c. "Here are present Heraclean ambassadors," &c. 6. *Hic tu tabulas,* &c. "Here you ask for the public records of Heraclea, which we all know perished in the Italian war, when the public edifice of the archives (of Heraclea) was burnt." 7. *Est ridiculum ad ea.* "It is absurd to say nothing with regard to the things which we have. to ask (at the same time) what we cannot (possibly) have, and to be silent concerning the recollection (and oral testimony) of men, to demand (in the same breath) the attestation of written documents; and when you have the integrity of a most distinguished man and the oath and credit of a most upright municipality,—things which can in no way be discredited, to reject (these) and, at the same moment, to call for public records, which you yourself say are liable to be tampered with (and corrupted). 8. *Immo vero iis tabulis,* &c. "Yes truly, he made a public declaration in those tables, which are the only ones relating to that declaration, and of the College of Praetors (then in office), that possess the authority of public records."

V.

1. *Nam quum Appii tabulae,* &c. "For while the tables of Appius were said to be kept too carelessly, the disreputableness of Galinius, while he was as yet uncondemned, and his utter ruin, after his condemnation, took away all credit from his tables; Metellus, on the other hand, a man the most venerable and virtuous of all others, was of such carefulness (in his official duties) that he came to L. Lentulus, the praetor and the judges, and said that he was much disturbed by the erasure of a single name." 2. *Etenim quum mediocribus,* &c. "For when to many persons of moderate abilities and endowed with either no professional skill or (only) with some humble (talent), men in (Magna) Graecia communicated freely the privilege of citizenship, I am to believe, that the inhabitants of Rhegium, or Locri, or Neapolis, or Tarentum were unwilling to confer upon this man, endowed (as he is) with the greatest splendor of genius, that (honor) which they were in the habit of lavishing upon the artists of the drama (mere stage-players)." 3. *Quid? quum*

ceteri, &c. "What! when others, not only after citizenship was conferred (by the law of Silvanus and Carbo above mentioned) but also after the Papian law (that expelled foreigners from Rome), in some way crept into the tables of those towns (*i.e.*, were surreptitiously enrolled), shall this man be rejected, who did not even avail himself of those (other) (public records) in which he was enrolled, because he always wished himself to be regarded as a Heraclean." 4. *Census nostros requiris*, &c. "You ask for our census-lists. Doubtless! For it is an unknown thing, (I suppose,) that during the last census this man was with the army with the illustrious commander L. Lucullus; during the preceding censors he was in Asia, with the same person as Quaestor; during the period of the first censors (after his citizenship), Julius and Crassus, no part of the people was enrolled." 5. *Sed quoniam census non*, &c. "But since the census does not establish the right of citizenship, and only shows that he, who is registered, conducted himself at that time just as if he were a citizen; during those periods (the man), whom you charge as not even in his own judgment being engaged in exercising the privilege of Roman citizens, both made a will frequently in accordance with our laws and succeeded as heir to the estates of Roman citizens, and was reported to the treasury by L. Lucullus, the proconsul, for (special) favors (as a citizen)."

VI.

1. *Quia suppeditat nobis*, &c. "Because he supplies to us (the literary resources and treasures) where our mind can be refreshed from this forensic tumult, and our ears, wearied with (the din of) wrangling, can find repose." 2. *Ceteros pudeat*, &c. "Let others be ashamed, if any have so buried themselves in literary pursuits as to be able to contribute nothing of these things to the common advantage, nor (even) to bring forth to (public) inspection and into the light" (the fruits of their study). "But why should I be ashamed, judges, who during so many years have lived in such a way, that never from any one's occasion or advantage has either my retirement withdrawn me, or pleasure called me, or even sleep withheld me." 3. *Si quantum ceteris ad suas res obeundas. . . . . conceditur temporum.* "If as much time as is given by others to attending to their own private affairs," &c. . . . . *tantum mihi*, &c. . "so much I myself shall take to myself for reviewing and cultivating these studies." 4. *Atque hoc adeo mihi*, &c. "And this is so much the more to be conceded to me, because from these very studies, this talent of public speaking also is augmented; which, whatever it is in me, was never wanting to the critical occasions of my friends." 5. *Quae si cui levior*, &c. "If this (matter of public speaking) seems to any one too unimportant (to be adduced in argument), I assuredly know from what fountain I derive those (incentives and principles) which are (in point of fact) of the highest moment. For had I not persuaded myself, from my youth, by the precepts of many (philosophers) and (an acquaintance) with much literature (and reading) that there was nothing in life to be greatly

sought after, but (true) distinction and integrity; that in acquiring these, moreover, all sufferings of the body, all perils of death and exile were to be esteemed of little account, never would I have exposed myself for your preservation to so many and so great conflicts and to these daily attacks of unprincipled men." 6. *Quas jacerent in tenebris,* &c. "Which would all be (buried) in darkness were not the torch of literature made to approach (and illuminate them)." 7. *Quam multas nobis imagines.* .... "How many (representations and) models of very brave men" .... *Expressas.* "Vividly portrayed." 8. *Animum et menten meam.* .... *conformabam.* "Have moulded (and stimulated) my spirit and mind by the bare contemplation itself of illustrious men."

VII.

1. *Quaeret quispiam,* &c. "Some one will ask: What! were those distinguished men, whose virtues have been handed down in literary remains, themselves instructed in that learning which you (so much) exalt with your praises? It is difficult to allege this (with truth) concerning all; but nevertheless this can be relied upon, which I answer. I confess that there have been many men of distinguished mind and merit, and that these, without (the advantage of) learning, by an almost divine constitution of nature itself, have of themselves turned out to be both discreet and influential (men). I add also this (farther) concession, that natural gifts without learning oftener avail to secure distinction and merit, than learning without natural talent. Still I also maintain this (truth with equal assurance) that when to rare and distinguished natural gifts there is added the orderly knowledge and moulding influence of (true) learning, there then is apt to take place an indescribable result of illustrious and extraordinary merit." 2. *Hanc animi adversionem,* &c. "You should regard this occupation of the mind as tending in the highest degree to refinement and liberality." 3. *Nam ceterae neque temporum,* &c. "For other pursuits (are restricted and) do not belong to all times, ages and places; but these studies stimulate youth, delight old age, adorn prosperity, afford a refuge and solace in adversity; they entertain at home, are no obstacle abroad, are with us in the night hours, travel with us, retreat with us into our country-retirement." 4. *Neque sensu nostro gustare possemus.* "And cannot appreciate them by any perception of our own."

VIII.

1. *Qui, quum esset senex,* &c. "Who, although he died an old man, nevertheless on account of his extraordinary skill and grace (as an actor) seemed as if he ought not to have died at all. He then barely by the movement of his body conciliated so much affection from us all; shall we undervalue the incredible movements of (distinguished) minds, the (mental) activity of extraordinary geniuses? How often have I seen this Archias, judges, (for I will avail myself of your kind indulgence, since you so strictly attend to

me in this new description of pleading) how often have I seen him, when he had not written a single letter, make *extempore* (and on the spur of the moment) a great number of very excellent verses relating to those very matters that were then transpiring in public affairs ! How often on being recalled (or asked to repeat) reproduce the same thing with an entire change of words and ideas ! but with regard to what he wrote carefully and with (proper) thought, those things I have seen so much applauded as to attain to the distinction of the old writers." 2. *Ceterarum rerum studia*, &c. "The successful pursuit (*studia* in the plural has this import) of other things depends upon learning and rules and art, the poet (on the other hand) is powerful by (the force of) nature itself, is roused by the energies of his own mind and, as it were, inspired by a kind of divine afflatus." 3. *Sanctos appellat poetas.* "Calls poets sacred or divine personages." 4. *Saxa et solitudines,* &c. "Rocks and solitudes respond to the (human) voice; wild beasts often turn and stop at (the melody of) song; shall we who have been instructed in the most excellent things (who been educated by the best intellectual training) not be moved with the utterance of poets? The inhabitants of Colophon declare Homer to be a citizen of theirs, those of Chios claim him as theirs, the people of Salamis make the same claim, those of Smyrna are sure that he is theirs, therefore also they have dedicated a temple to him in their town; very many others besides strive and contend among themselves (for the same honor)." *

IX.

1. *Ergo illi alienum*, &c. "They then seek (to honor) a stranger even after his death, because he was a poet; shall we reject (the claims of) this man, though a living man, who is ours both by his own wish and by the laws (of the land)." 2. *Nam et Cimbricas res*, &c. "For when a young man he undertook to treat in verse our Cimbrian affairs, and was agreeable to that very Caius Marius who seemed too severe a man for these pursuits (of literature)." 3. *Themistoclem illum*, &c. "They say that Themistocles, that very celebrated man at Athens, when the inquiry was made of him, what agreeable sound or whose voice he most willingly listened to, said, 'his by whom his own merit was best proclaimed.'" 4. *Mithridaticum vero bellum*, &c. "But the Mithridatic war, a great and, difficult contest, and conducted with much diversity of fortune and events by land and sea, was described throughout by this man; and these books," &c. 5. *Et regiis quondam opibus . . . . vallatum.* "Though successfully defended formerly by the resources of the King and by the very nature of the surrounding country." 6. *Non maxima manu.* "With no very great force." 7. *Nostra semper feretur*, &c. "*Ours* will always be named, and proclaimed as (our praise and distinction),—when L. Lucullus fought (as commander), —the sunken fleet of the enemy, together with their slain leaders, and that incredible naval battle at Tenedos; *ours* are the trophies, *ours* the monuments, *ours* the triumphs; (let it not be forgotten, how-

ever,) by whosesoever genius these things are extolled, by these the fame of Roman people is rendered illustrious."

X.

1. *In hac autem legibus constitutum,* &c. "Determined by the laws, however, (to be a citizen) in this State." 2. *Nam si quis minorem,* &c. " For if any one supposes that a less harvest of glory is enjoyed from Greek verses than from Latin, he greatly errs, because that Greek productions are read in almost all nations, Latin are confined within their own boundaries, which truly are comparatively small." 3. *Quare si res eae, quas gessimus,* &c. "Wherefore if those exploits, which we have performed, are bounded only by the limits of the world, we ought to desire that whithersoever the weapons of our hands have reached, thither (also) our glory and fame should penetrate; because both for the people themselves, concerning whose affairs the history or poem is written, these are glorious recompenses, and to those also, certainly, who fight for glory at the risk of their life, this is the great incitement to perils and labors." 4. *Atque is tamen quum in Sigeo,* &c. "And yet he, when he stood on Sigeum, near the tomb of Achilles, said, O fortunate youth to find (Lit. who hast found) a Homer as the herald of thy virtue." 5. *Et vere; nam, nisi Ilias illa,* &c. "And with truth," this was said; " for had not that Iliad existed, the same tomb that had covered his body would also have buried his name " in oblivion. 6. *Itaque credo, si civis,* &c. "Therefore, I suppose, if Archias had not been a citizen by the laws, he could not have brought it to pass that he should be presented with citizenship by some military command, &c." 7. *Sulla, quum Hispanos,* &c. "Sylla, I suppose, when he was presenting Spaniards and Gauls with citizenship, would have refused this man asking" (similar honors,)—[the same Sylla] whom we know, in a public assembly, when a bad poet of the common people had interposed a petition to him, because he had made an epigram on him, and with the alternate verses somewhat longer than the others (its only merit), to have immediately ordered a reward to be given to him from those things which he was then selling, but on the condition that he should not write anything afterwards." 8. *Qui praesertim usque eo,* &c. "Especially as he desired that a history of his affairs should be written, to such a degree, that even to poets born at Cordova, speaking a certain dull and barbarous accent, he nevertheless gave a hearing."

XI.

1. *Sed prae nobis ferendum.* "But to be kept distinctly in view." 2. *Trahimur omnes studio,* &c. "We are all drawn by the love of praise, and each best man (the best of us) is very much influenced by (the desire of) distinction." 3. *In eo, ipso, in quo.* "In that very production, in which they pour contempt on distinction and celebrity, they wish mention to be made of themselves and their names to be recorded." 4. *Quare, in, qua urbe imperatores,* &c. "Wherefore, in that city in which commanders almost

literally clad in armor, reverenced the name of the poets and the shrines of the Muses, judges, clothed in the garments of peace, ought not to be averse to the honor of the Muses and the protection of poets." 5. *Nam quas res nos in consulatu*, &c. "For the affairs which we conducted in our consulship in conjunction with you for the safety of this city and empire and for the life of the citizens and for the whole republic, this man attempted to celebrate in verse and made a beginning; these lines being heard, because the thing seemed to me important and pleasing, I supplied him with materials to complete (the poem)." 6. *Qua quidem detracta, judices,* &c. "If this be taken away from us, judges, what is there that should induce us, in this so limited and so brief race-course of life, to exert ourselves in so great labors. Certainly if the mind anticipates nothing in the future, and if in the narrow limits in which the space of our natural life is circumscribed, it terminates all its thoughts (and consciousness), it would not be inclined to crush itself with such labors or be tortured with so many cares and vigils, nor so often contend for very life itself." 7. *Nunc insidet quaedam in optimo,* &c. "Now there is implanted in each truly good man a certain principle of virtue which night and day rouses his mind by the incitements of glory, and admonishes us that the memory of our name is not to be dismissed with the (brief) time of our life, but to be equalled in duration with all coming posterity."

XII.

1. *Au vero tam parvi animi,* &c. "Do we all seem to be of so limited capacity of mind (and being), we, who are occupied in (the affairs of) the republic and in these perils and labors of life, that, when even to the extreme limit (of our earthly existence) we shall have drawn not one tranquil and peaceful breath, we are to judge that all things will die together with us." 2. *An statuas et imagines, non,* &c. "Have many very distinguished men been careful to leave behind them statues and images, not the likenesses of their minds, but of their bodies, and ought not we much to prefer to leave behind a representation of our counsels and virtues, delineated and finished by the greatest geniuses? I, indeed, with regard to all things which I did (in my public administration), even at the time and in the act of doing them, supposed that I was scattering and disseminating myself, as it were, into the (thoughts and) perpetual remembrance of the whole world. Whether this remembrance indeed will be absent from my consciousness after death, or, as very wise men have thought, will cling to some part of my mind, now certainly at least I am delighted with some thought and hope" (of such a perpetual remembrance). 3. *Quare conservate judices,* &c. "Wherefore, preserve, judges, a man of such modesty and virtue, as you see to be accredited both by the dignity and also the long-continued attachment of his friends, of such genius moreover, as it is fit that should be esteemed, which you see to be sought after by the minds of very distinguished men, in a cause of such a character as to be established by the favor of the law, the

authority of a municipal town, the testimony of Lucullus, the (unimpeachable) tables of Metellus. 4. *Petimus a vobis judices,* &c. "We ask from you, judges, if there ought to be some indulgence and favor not only from men, but also from a divine source, in the case of so great geniuses—that this man, who has always extolled you and your commanders and embellished the exploits of the Roman people, who also in these recent perils of mine and your domestic dangers, promises that he will give an enduring testimony of praise —and he is of that number, too, who have always been held sacred by all and designated as such—[him] you would so receive into your confidence, that he may appear rather to have been rescued by your kindness, than to have been injured by your severity. What I have spoken in the cause, according to my custom, with brevity and directness, I trust, judges, has been approved by you all; what I have said not in accordance with the usage of the forum and a public trial, relating both to the genius of this man and his avocation in general, (as a poet), towards himself, these things, judges, I hope will be accepted by you in good part; by him who acts as presiding judge in the cause, I certainly know", (they will be so accepted).

www.ingramcontent.com/pod-product-compliance
Lightning Source LLC
Chambersburg PA
CBHW031252250426
43672CB00029BA/2295